Nancy Mitford

[英] 南希·米特福德 ◇◆ 著

罗峰 ◆◇ 译

腓特烈大帝

Frederick the Great

上海人民出版社

共 感
Sympathy

———

关注值得注意的人物、事件、观念与思想

总　序

一

英国小说家南希·米特福德（Nancy Mitford）是里兹代尔男爵二世戴维·米特福德的长女，自幼酷爱文学。自 1923 年定居伦敦不久，她便开始为《淑女》《时尚》等报刊杂志写稿。尽管并非专业记者，《独立报》称她的随笔毫不做作，令人"极度舒适"，无愧文坛"鬼才"之誉。尤其是她早期"风俗喜剧"（comedy of manners）类的文学创作，"在轻松愉悦的外表之下，有一种淡淡的哀伤和无以名状的悲观主义"[1]。正如批评家所指出的，她的写作风格轻快而不失犀利，充满调侃和戏仿，与她后期小说明显的阴郁风格大相径庭——小说家坚信，尽管生活难以忍受，但仍须为之裹上一层幽默的罩衣，并以超然物外的轻松戏谑加以处置。

传记作家汤普森（Laura Thompson）在近著《米特福德六姐

---

[1] Allan Hepburn, "The Fate of the Modern Mistress: Nancy Mitford and the Comedy of Marriage", *Modern Fiction Studies*, Summer 1999, Vol.45, No.2 (Summer 1999), pp.340—368.

妹》（*The Six：The Lives of the Mitford Sisters*，2016）中对南希及其姐妹的刻画极为传神。其中既有崇拜希特勒并投向纳粹怀抱的尤尼蒂（Unity），也有激进的共产主义者杰西卡（Jessica），二人的结局大相径庭——德国法西斯败亡后，尤尼蒂试图吞枪自杀，未果，后抑郁而终；杰西卡前往美国，成为一名出色的调查记者，以深入揭示美国殡葬业黑幕的《美国的死亡方式》（*The American Way of Death*）一书著称于世。姐妹中最为低调的帕梅拉，嫁给富豪科学家德里克·杰克逊，曾独自骑摩托环游欧洲，同时也是首位乘坐跨大西洋航班的女性。另一位姐妹德博拉（Deborah）是德文郡公爵夫人——作为公爵府邸查茨沃斯庄园（Chatsworth House）的女主人，她才华出众、能力超群，使得庄严的公爵府不仅成为一家著名商业品牌，也成为一座具有文化和历史意义的纪念碑。

当然，相对于其他姐妹，南希与黛安娜（Diana）的爱恨纠缠可谓"一言难尽"。20 世纪 30 年代，孤傲冷艳的黛安娜（伊夫林·沃形容她的魅力"像清脆的铃声在房间里回荡"）与一名法西斯官员奥斯瓦尔德·莫斯利爵士（Sir Oswald Mosley）一见钟情，随后搬迁至柏林。他们的婚礼在约瑟夫·戈培尔家中举办，阿道夫·希特勒是座上嘉宾。第二次世界大战后，黛安娜在霍洛威监狱（Holloway prison）被关押三年。出狱后，成为社会底层的"贱民"。直至临终之时，身居巴黎的黛安娜依然无怨无悔。2001 年，她在写给德博拉的信中表示："遭世人怨恨对我来说不算什么。"[1]

---

[1] Tina Brown, "Book Review of *The Six：The Lives of the Mitford Sisters*" in *The New York Times*, Sep.12, 2016.

黛安娜并不知道她被捕入狱乃是源于同胞姊妹南希的告发——后者在秘密证词中坚称与莫斯利育有儿子的黛安娜和莫斯利本人"同样危险"。根据传记作者的考证，在这一种"自以为是的背叛行为"背后，掩藏更多的是"南希长期压抑的嫉妒和对爱情失望的悲伤，而不是黛安娜或莫斯利投身于令人反感的政治"[1]。二战后，莫斯利一家流亡到法国奥赛（Orsay），婚姻美满，其乐融融，与孤苦伶仃的南希恰成鲜明对比。尤其是当原本爱慕南希的名作家伊夫林·沃拜倒在黛安娜石榴裙下之后，占有欲极强的南希顿时陷入疯狂的妒忌之中，不惜"大义灭亲"以泄私愤。

在 20 世纪的英国历史上，作为"消逝的贵族气质"的象征，特立独行的米特福德六姐妹不仅成为公众长期关注的话题，也成为文学家和历史学家研究的对象。米特福德一家的老友、被誉为英国 20 世纪最杰出文体家的伊夫林·沃曾以六姐妹形象为原型创作小说《邪恶的肉身》（1930）——该作与菲茨杰拉德的《了不起的盖茨比》并列"爵士时代"文学经典，堪称"总结与界定浮华喧嚣的 20 世纪 20 年代（Roaring Twenties）的小说珍品"[2]。2014 年 9 月，六姐妹中最后一位德文郡公爵夫人德博拉（享年九十四岁）离世，再次唤起民众对米特福德家族昔日荣光的追忆和崇拜。正如《卫报》专栏作家哈德利·弗里曼（Hadley Freeman）评论的那样，米特福德姐妹代表的不仅是荣耀和悲剧："她们告诉我，女人可以

---

[1][2]　Tina Brown, "Book Review of *The Six*: *The Lives of the Mitford Sisters*" in *The New York Times*, Sep.12, 2016.

突破家庭和社交规范，设计自己的生活，无论好坏。"——对很多崇拜她们的女性来说，米特福德姐妹代表的是"勇气和自由"。英国王储查尔斯夫妇出席公爵夫人葬礼，并在悼词中提及六姐妹"令人无法抵挡的魅力"。英国广播公司的报道标题为"一个时代的终结"——而报刊纪念文章引用最多的则是南希·米特福德《蓬帕杜夫人》的最后一句名言："自此以后，凡尔赛宫陷入无边的沉寂。"

二

　　1942 年，南希·米特福德与流亡伦敦的"自由法国"领导人、戴高乐将军助手帕莱夫斯基上校（Colonel Gaston Palewski）相识，她的生活由此发生巨变，后者也成为她随后几部小说男主人公的原型。1945 年，《爱的追逐》（*The Pursuit of Love*）以轻松愉悦而又不乏睿智的笔调征服了无数读者，成为英美两国的畅销书。另外两部小说《恋恋冬季》（*Love in a Cold Climate*，或译《寒冬里的爱恋》）和《福分》（*The Blessing*，或译《保佑》）分别出版于 1949 和 1951 年，同样在市场大获成功。《恋恋冬季》被《卫报》列为英国人"一生必读之书"——书中描绘了以马修大叔为家长的英国贵族家庭，其人物原型正是她的父亲戴维男爵。据说，《唐顿庄园》的编剧朱利安·费洛斯正是在南希·米特福德启发下，才塑造出格兰瑟姆伯爵夫人这一经典人物形象。该角色身上散发出英国上流社会特有的幽默感，恰好也是南希·米特福德小说创作的精华所在。

　　自 20 世纪 40 年代起，移居巴黎的南希·米特福德对法国历史产生浓厚兴趣，并着手翻译法国 17 世纪著名作家拉法耶特夫人的代表作《克莱芙王妃》（1678）。该书于 1950 年出版，在欧美学界却饱受指摘。小说家失望之余，开始将创作重心转向法国传记小说。"你觉得为蓬帕杜夫人撰写一部传记如何？"1951 年，南希·米特福德在信中询问她的出版商哈米什·汉密尔顿（Hamish Hamilton）。由此，南希·米特福德在凡尔赛宫附近开启了她传记文学创作的崭新事业。在此后十余年间，她先后完成《蓬帕杜夫人》（1954）、《恋爱中的伏尔泰》（1957）、《太阳王》（1966）、《腓特烈大帝》（1970）四部文学传记，以历史的考据和浪漫的笔触向读者展现启蒙运动与 18 世纪法国的恢宏壮丽，受到欧美文坛一致好评。美国《时代》周刊盛誉："在描写凡尔赛宫全盛时期的英语作品中，若论描绘浪漫光彩和隐蔽权力之功力，无人能够超越历史学家南希·米特福德。"[1]

1956 年，南希·米特福德推出一部充满趣味又不乏思想性的著作《贵族义务》（*Noblesse Oblige*），一本正经地记录以日常语言判断社会阶层的方式，并戏谑地提出如何划分"上流社会和非上流社会"（U and non-U）的新概念——她在书中说，"在英国，判别一个人阶级身份的最好方法就是听他讲话，正是通过其语言，上层阶级明显地区别于其他阶级"。本书问世后迅速成为 20 世纪 50 年代英国文化的象征，其中的名句如"共和政体里的特权阶级，就像一

---

[1] 美国当代著名小说家斯迈利评价南希·米特福德不仅是历史学家，也是一流的文学家，其文学风格酷似简·奥斯汀，堪称"伟大的小说家"。See Jane Smiley, "The Other Nancy Mitford", *Los Angeles Review of Books*, April 20, 2011.

只被砍去头颅的鸡，它或许能蹦跳一阵子，但实际上早已经死亡"更成为家喻户晓的名言。此外，南希·米特福德在二战期间将位于伦敦梅费尔区的一家书店改造成文学沙龙，使之成为欧洲文学家的避难所——她与这家书店老板海伍德·希尔之间的通信日后也被结集成书，名为《可胜街10号书店》（2004）。直到如今，该店仍是伦敦的文学地标之一（与查令十字街84号齐名）。据说，英国女王也是这家书店的主顾。

南希·米特福德最初凭借小说创作而蜚声文坛，然而正如她在1961年访谈中所说，她童年时代阅读的英法名人传记才是她真正的兴趣所在——"我所阅读的书籍中，最多的仍然是传记、回忆录和纯文学作品"。而在所有的传记中，她最为推崇的是1914年之前出版的作品，因为她认为晚近传记作品太过热衷于详细记录一些"小人物"的生平，失之于"平庸琐屑"。而她的作品则聚焦于能够影响历史的"大人物"，尝试从史料中推演和再现其思想与动机，并力求由个人际遇折射时代背景。她的传记作品语言睿智风趣，引人入胜，往往通过寥寥数语，便能揭示传主的性格特征与深藏心底的功名欲望。

"普通人物无法吸引你，"《恋恋冬季》中男主人公阿尔弗雷德曾尖刻地评价女主人公范妮，"除非卓尔不凡之人。"无疑，南希·米特福德和范妮属于同一类人——而她的历史传记写作，目的即在于刻画影响历史进程的卓尔不凡之人。正如蒂利亚德（Stella Tillyard）在《太阳王》一书《序言》中所说，"她喜欢嘲讽政治光谱中两极化的倾向，而且深信名人轶事和掌故八卦最有助于消弭生活的阴郁之气，其功效胜过任何官样文章"[1]。

三

　　南希·米特福德曾公开宣称法国小说家拉法耶特夫人及其《克莱芙王妃》是"我的最爱"，但私下里，她最仰慕的却是在法国宫廷呼风唤雨的蓬帕杜夫人。在蓬帕杜夫人成为路易十五的情妇之时，没有人相信她能获得国王长久的宠幸——她并非生于贵族之家，而只是资产阶级出身，在当时的社会条件下，这一缺陷简直可以算是致命伤。然而她却凭借美貌与智慧，成功吸引国王的注意，并顺利进入宫廷。对于放荡的波旁国王而言，她在生理上过于冷淡，似乎难以令国王保持长久"性"趣；此外，她树敌过多，以至于她常常无法在公共场合露面（否则就要冒着被扔泥巴和石块的风险）。而历史典籍对她的描述，几乎也是一边倒的"差评"。

　　蓬帕杜夫人（闺名让娜-安托瓦内特·普瓦松）原本注定默默无闻，直到她"碰巧"赢得法王路易十五的爱慕。后来，经过不懈努力，她成功处理好与几乎每个人的关系——包括王后在内，由此在宫廷一跃而成国王"最宠爱的情妇"。受宠的蓬帕杜夫人获得了巨大权力，实际上影响法国近二十年，介入制定若干重大内政外交政策，但绝大部分以失败告终——历史表明，她在文化艺术方面作出的贡献（如对伏尔泰、狄德罗等启蒙运动哲人的奖掖扶持）远胜过其宫廷政治的成就。

---

[1] Stella Tillyard, "Introduction" in *The Sun King*, London: Vintage Books, 2011, pp.xi—xvi.

　　蓬帕杜夫人生前遭受严厉的谴责，身后更是名誉扫地，但在南希·米特福德笔下，她似乎重新恢复了优雅的姿态——不仅因其貌美，以及出身于资产阶级却丝毫不受影响的魅力，还因为她对丈夫蒂奥勒及其家族的忠心耿耿。作为国王的情妇（在当时这是获得认可的官方封号），她成功取代王后掌管宫廷（因为王后沉闷枯燥的宗教虔信追求令路易十五极为"生厌"）；她长袖善舞，灵活运用自己的影响力和日益扩张的政治权力，成功化解其政敌黎塞留公爵及普通民众的仇恨；甚至在她与国王的肉体关系不复存在之后，仍能借助迷人的风度智慧，以持久的"柏拉图之恋"取代鱼水之欢；她不遗余力地赞助并鼓励艺术家和知识分子进行创作；她一向注意培养和提升自己在服饰及园艺方面的高雅品位，是当之无愧的"时尚女王"。在这里，除了偶尔的揶揄和微讽——与南希·米特福德之前的作品一样，《蓬帕杜夫人》以妙语机锋见长，尽管其中不乏精湛的学术研究，但较之于专业的历史著作，该书显然更具八卦色彩——南希·米特福德倾注了全部的同情和赞美，同时也表现出她本人天生对于高贵和典雅风范的激赏[1]。

　　南希·米特福德的第二部传记围绕夏特莱侯爵夫人和伏尔泰长达数年的恋情展开。夏特莱侯爵夫人是著名数学家，在伏尔泰的启发和帮助下，她将艾萨克·牛顿在物理学方面的革命性成就引入法国。该书讲述了两位卓越之人精彩绝伦的风流韵事，与此同时，它也是一部同样带有八卦色彩的 18 世纪生活指南，全面揭示出启蒙

---

[1]　Jane Smiley, "The Other Nancy Mitford", *Los Angeles Review of Books*, April 20, 2011.

运动时期法国上流社会及知识界的各种陈规和乱象。根据南希·米特福德的描述，除了伏尔泰，侯爵夫人还深爱着另一名数学家，法国科学院院士莫佩尔蒂；中年以后，她又不由自主地爱上法国文人圣朗贝尔。更令人意想不到的是，夫人也有不止一位"情敌"与之争夺伏尔泰的情意——先是普鲁士国王腓特烈大帝（详见下文），后来是这位哲学家的外甥女。所幸的是，至少，夏特莱侯爵夫人的丈夫并不妒忌伏尔泰，更不会找他的麻烦——三人一度同居于西雷庄园，相安无事，其乐融融。南希·米特福德一再向读者保证，在这一点上，夏特莱侯爵夫人与其丈夫二人表现得"同样完美"。

伏尔泰与夏特莱夫人的恋情始于他们共同的学术兴趣。他们一同探求自然科学以及恋爱哲学。而后他们的关系逐渐归于平淡，转为习惯和依赖。夏特莱夫人显然比伏尔泰更加多情，像南希·米特福德本人一样，她一直具有很强的占有欲，甚至当她与别人有染时，她仍试图对伏尔泰严加管控。正当伏尔泰彷徨无计之时，普鲁士国王腓特烈大帝促使他决意"暂时"离开西雷庄园和夏特莱夫人。其后经过数年的兜兜转转，在这段漫长的恋情接近尾声时，伏尔泰发现自己成了一名"又老又坏之人"，年纪太大，无法与夏特莱夫人相爱，却又轻易受到他年轻而孀居的外甥女的诱惑——可笑的是，恰在此时，与圣朗贝尔堕入情网的夏特莱夫人却意外怀孕，最终死于分娩，时年四十三岁。

照南希·米特福德的看法，伏尔泰是一位著名诗人，也是一名精明的投机商和成功的资本家。从一定程度上说，他与夏特莱侯爵夫人的相遇可以说是理性与感性的碰撞——在西雷庄园，两位杰出学者充满激情的爱情故事震惊了法国上流社会，他们在文学、哲学以及物理学上的开创性成就激起了政治和科学革命的浪花。南希·米特福德对于启蒙运动时期的情史描写，既有微妙的讽刺，更为这个理性时代增添了精彩——借用她自己的话，这一段历史"自始至终都令人惊叹"[1]。

南希·米特福德的第三部传记是《太阳王》。1643年，年仅五岁的路易十四（号称"太阳王"）荣登宝座。1715年，就在他生日前几天，路易十四与世长辞，享年七十七岁，在位长达七十二年。临终之前，他将王位传予曾孙路易十五。

《太阳王》一书按照时间顺序，全面地记录了这位帝王非凡的一生：自1661年马扎然去世路易十四"亲政"开始，到他大兴土木将其父简陋的"狩猎小屋"改建为一座功能齐全的王宫府邸——凡尔赛宫，再到他纵横欧洲大陆的丰功伟绩，最后在他最喜爱的凡尔赛宫谢世。在他弥留之际，他最担心的是他唯一的直系继承人、身体羸弱的路易十五能否存活下去——历史证明这位帝王的担忧纯属多余：路易十五不仅存活下来，而且活得很好；他享年六十四岁，在位近六十年，仅次于路易十四（也正是在这一时期，南希·米特福德另外两位传主蓬帕杜夫人和伏尔泰登上了历史舞台）。

南希·米特福德撰写的这部传记，绝非仅为这位有史以来法国最伟大的帝王大唱赞歌——她无意于对国王的私人生活、审美情趣、闲暇娱乐，以及内心世界等作烦琐考据，而是更为注重刻画国

---

[1]　Jane Smiley, "The Other Nancy Mitford", *Los Angeles Review of Books*, April 20, 2011.

内政治以及与之同步发生的对外战争，也正是这一点将该书与当代其他学术历史著作区别开来。与此同时，这部传记包含的内容令人眼花缭乱，读起来甚至令人"背负一丝罪恶感"，仿佛作者是一个徘徊在凡尔赛宫附近的小报记者，窥视并记录着贵族们的种种缺点和癖好。

在该书的开头，凡尔赛宫备受瞩目，因为路易十四刻意将其打造为"宏伟而又不浮华"的欧洲顶级宫殿，但绝大部分贵族并不支持国王将政府权力中心从巴黎转移到凡尔赛——如此一来，贵族的势力被削弱，不得不沦为在国王面前争宠的朝臣甚至弄臣。自首席大臣科尔贝以下，包括孔代亲王在内的王公权贵尽被国王玩弄于股掌之中，作为当时欧洲专制王权的头号代表，路易十四的权谋之术于此可见一斑。

当然，正如该书之前副标题"凡尔赛宫和路易十四身边的女人们"揭示的那样，南希·米特福德在书中不仅描画了路易十四及其贵族大臣，更刻画出幽居深宫的国王"情妇"（该书的焦点即在于蒙特斯潘夫人及其"闺蜜"曼特农夫人之间的勾心斗角：她们不仅争夺国王的身体，而且也争夺他的灵魂）的群像——尽管她们中的许多人成功地攀爬上御床，并为他诞育子嗣，但显然并非每个人都能如愿以偿。从拉瓦利埃到蒙特斯潘夫人，国王的注意力和兴奋点迅速转移到下一个"猎物"，对前者绝少眷恋之意。照南希·米特福德的说法，"国王对拉瓦利埃的关心越来越少，态度也越来越冷淡，但这并不妨碍他再让她生一个孩子充当临别礼物"；而前后与国王生育七名子女的蒙特斯潘夫人最后的归宿，是一座修道院。

除了讲述这位国王的生平以及他对凡尔赛宫和女人的浓厚兴趣，《太阳王》还涉及上流社会中猖獗的投毒行为和医师糟糕的行医水准等话题（在宫内施行外科手术时，夫人小姐"镀金的卧室就会变成屠夫的店铺"）。神通广大的拉瓦赞夫人通过调制春药和黑弥撒大发横财，但即便在东窗事发后，不少当事之人却总能逍遥法外——多半由于国王的恩赐。在太阳王神圣的光环之下，不知笼罩着多少肮脏和阴暗——从这一角度看，外表光鲜的凡尔赛宫无异于罪恶的渊薮。

尽管该书读起来饶有趣味，但故事讲述到路易十四（在王后去世后）与曼特农夫人秘密结婚时，叙事基调发生了显著变化——从轻松有趣转变为严肃沉重：路易十四一改往日作风，转变为虔诚的宗教人士（至少在表面上严格遵守教义），并试图将虔敬的信仰强加给他的臣民。更糟糕的是，随着年龄的增长，尽管他觉得自己相当强健，却眼看着自己的子孙相继夭亡，不免悲从中来——这也是南希·米特福德最擅长的反讽手法：世间万事万物，在一番喧嚣之后，总不免归于沉寂。连国王也不例外。

四

南希·米特福德最后一部传记是《腓特烈大帝》。这部传记生动活泼，既感人肺腑又极具启发性。南希·米特福德对这位普鲁士国王和他所处的时代饱含崇敬和赞美之情，并将这一时代精神展现得淋漓尽致。她不仅描绘出腓特烈悲惨的童年、他在莱茵斯贝格博览群书的经历，更着力刻画他与友人（尤其是伏尔泰）的爱恨情仇——腓特烈大帝曾言：令他平生倍感荣幸的有两件事，一是他人生的最初三年能够生活在路易十四时代，另一件则是他能够和伏尔泰生活在同一个时代[1]。

与前三部围绕凡尔赛宫和男女情爱的传记不同，女作家的"天鹅之歌"为何会选择以"武功"著称于世的腓特烈大帝？"我对腓特烈大帝的痴迷难以用语言描述"，在写给美国学者、18 世纪文学研究专家罗伯特·哈尔斯班德（Robert Halsband）教授的信中，南希·米特福德如是宣称，"然而令我感到困惑的是，其他作家居然把他的一生描述得如此枯燥乏味。"[2]——此处的"其他作家"无疑是指维多利亚时代的名人托马斯·卡莱尔。他写下了皇皇六卷本的巨著《腓特烈大帝传》。

对于南希·米特福德而言，腓特烈大帝这位普鲁士王国的英雄人物，既是一位战时领袖，又是一位古典学者（其政治檄文《驳马基雅维利》，主张君主以启蒙运动的理性与人道主义取代邪恶的权谋之术，受到欧洲文人一致追捧），亦曾资助过伏尔泰，因此算得上是作家心仪的"完美"传主。英国人常常将奉行侵略扩张政策的腓特烈大帝与希特勒相提并论，而南希·米特福德则希望能够呈现作为"开明专制君主（明君）"的腓特烈大帝支持启蒙运动的一面——"从欧洲视角提供一些帮助"，从而缓解英国与德国长期对立仇视的情绪。与卡莱尔有失偏颇的视角不同，南希·米特福德不

[1]　参见杨靖：《"高贵的商人"伏尔泰》，《东方历史评论》2020 年 3 月 14 日。
[2]　Kate Williams, "Introduction" in *Frederick the Great*, London：Vintage Books, 2011, pp.xi—xix.

仅能够真切理解腓特烈大帝的战争蓝图，同时，她对英法德诸国在启蒙运动中的不同表现也抱有"同情之理解"。而她借此书所要证明的是——腓特烈大帝（以及伏尔泰）的伟大正源于他所生活的那个时代。

1740 年，自称为"普鲁士第一公仆"的腓特烈大帝甫一继承王位，便发动旨在拓展疆土的对外战争。从奥地利手中攫取西里西亚之后，普鲁士遭到欧洲列强共同抵制，由此陷入连续不断的战争纷扰之中；1756 年，腓特烈大帝入侵萨克森更是拉开了欧洲历史上影响深远的"七年战争"的序幕。与此同时，在内政方面，他倡导政治经济改革，着力构建高效的行政官僚体系，通过改革废除刑讯逼供制度，并大幅减免农民地租和赋税——在当时的欧洲大陆，无论身居何处，农民都是最受压迫的阶层，腓特烈大帝却总是竭尽所能地帮助农民，从而赢得民众一致拥戴。然而，由于长期背负"好战"的恶名，他的对内政策往往为人所忽视，并未受到公正的评价——伏尔泰曾严词批判腓特烈大帝发动的侵略战争，但南希·米特福德却认为："战争使大量人口得以果腹，若没有战争，这些人反而可能会死于饥荒。"[1] 她甚至断言，拿破仑在腓特烈大帝墓地前的致辞"要是他还活着，我们就不可能安然站在这里"是对其人千秋功业最大的褒奖。对米特福德六姐妹极为仰慕的英国桂冠诗人约翰·贝杰曼爵士（Sir John Betjeman）曾慨叹："米特福德家的姑娘们！我因她们的罪恶而深爱她们。"道理或正在于此。

---

[1] Kate Williams, "Introduction" in *Frederick the Great*, London：Vintage Books, 2011, pp.xi—xix.

文学评论家凯特·威廉姆斯（Kate Williams）在《腓特烈大帝》一书的《序言》中指出，如果说《蓬帕杜夫人》一书体现出社交能力的巨大威力，《恋爱中的伏尔泰》彰显出爱情的崇高地位，《太阳王》描绘出王权专制的赫赫威仪，那么《腓特烈大帝》一书宣讲的则是"学习之乐趣"——"唉，我对各种无聊的餐会真是厌倦至极"[1]。早在该书动笔之初，南希·米特福德就发出如此感慨。她也不止一次宣称：和朋友甚至情人相比，书籍能够传递更多乐趣。像他钦佩的亚历山大大帝一样，腓特烈大帝即便身在征伐行伍之中，亦未尝废卷，堪称启蒙哲人好学不倦的楷模。

南希·米特福德在小说创作中经反复磨炼而自成一家的写作风格也同样体现在她的传记作品中，即令人难以置信的轻松文风和可洞穿一切的过人智慧贯穿其创作过程之始终。在《腓特烈大帝》一书中，她成功地将一个古板执拗的"战争狂人"描绘成一位独具个人魅力的历史名人，比如他严格的作息时间表：每天早晨 5 点必须被叫醒——尽管他讨厌早起，但直至他离开人世，每一天他都会强迫自己早起（并坚持吹奏长笛四次）。根据他的口谕，如果他不肯起床，宫廷侍卫可以用一块冷水浸过的布扔到他的脸上，以此促其"自醒"。再比如他曾下令关闭王家猎苑，交予农民耕种（并免费提供种子和农具）——他憎恨狩猎，认为猎人身份低于屠夫（因为屠夫猎杀动物是职业需要，并非发自内心，而猎人却以此为乐）。诸如此类的细节刻画，使腓特烈大帝这一文学形象得以永驻读者心

---

[1] Kate Williams, "Introduction" in *Frederick the Great*, London：Vintage Books, 2011, pp.xi—xix.

间，同时也使得阅读这部描摹生动、刻画入微且独具作家个性色彩的传记令人产生极度"舒适愉悦"之感。

　　作为南希·米特福德最后一部作品，《腓特烈大帝》以大量史实研究为基础精心锤炼打造，其文风轻快睿智，堪称是作家以平生之学识向腓特烈大帝致敬之作。此书出版后，《每日电讯报》评论"本书将成为最具权威性的人物传记"。著名文学评论家、《地平线》杂志创始人西里尔·康诺利（Cyril Connolly）也高度评价米特福德"将平凡的史料打造成引人入胜的文学素材，这一技能令所有历史学家羡慕不已"[1]。

　　在该书创作过程中，米特福德对她笔下这位"大人物"颇为艳羡，因为他经历了 18 世纪的辉煌历史。然而时至 1970 年，当这部著作出版之际，彼时已罹患霍奇金淋巴病的南希·米特福德最羡慕的则是腓特烈大帝麾下身体强壮的将士——"我多么希望能够成为一名年轻将领，跟随国王征战欧洲，而不必忍受病痛折磨"。同时，她也时刻以传主的英雄气概激励自己："腓特烈大帝在冲锋陷阵，而我在花园奋笔疾书"[2]，直至最终完成这一杰作。1972 年，南希·米特福德先后获得英法两国政府颁发的骑士勋章，表彰她在文学艺术领域作出的创造性贡献。次年，南希·米特福德溘然长逝。作为四部历史传记的最后一部，《腓特烈大帝》由此也成为这位 20 世纪英国著名作家的"天鹅之歌"。

---

[1]　Jane Smiley, "The Other Nancy Mitford", *Los Angeles Review of Books*, April 20, 2011.

[2]　Kate Williams, "Introduction" in *Frederick the Great*, London：Vintage Books, 2011, pp.xi—xix.

　　值得一提的是，正如美国当代著名作家斯迈利在传记书评中所言，"文学现代性的一个重要特征便是作家主体性在作品中的体现"[1]。纵览南希·米特福德包括四部传记在内的文学创作，几乎每一部都有她本人的影子：《爱的追逐》《恋恋冬季》等爱情故事被批评家视为"影射小说"；《太阳王》和《腓特烈大帝》是献给帕莱夫斯基上校的礼物，因为后者有"英雄情结"（并曾以路易十四自居）；而《蓬帕杜夫人》和《恋爱中的伏尔泰》等作品的主题，一言以蔽之，可以称之为"情妇的命运"——南希·米特福德本人对此感同身受：上校宣称结婚只为生子，而她则不愿充当"生育机器"（她宁愿独处，以便在安心写作的同时亦能享受高雅的社交生活），故二人终究无法成婚——唯其如此，二人的亲密关系得以维系始终（女作家临终之际，唯有上校陪伴在她身边）。这也是南希·米特福德始终不渝的信念："激情与婚姻本质上不可调和"（即伏尔泰名言"别互相爱得太过炽热，这样才能永浴爱河"之翻版）[2]。或许她毕生孜孜以求的正是伏尔泰与夏特莱侯爵夫人共同树立的"情人的典范"——人生可以没有婚姻，但不能缺少爱情。

杨　靖

于金陵依山苑

2020 年 10 月 30 日

---

[1]　Jane Smiley, "The Other Nancy Mitford", *Los Angeles Review of Books*, April 20, 2011.

[2]　Allan Hepburn, "The Fate of the Modern Mistress: Nancy Mitford and the Comedy of Marriage", *Modern Fiction Studies*, Summer 1999, Vol.45, No.2（Summer 1999）, pp.340—368.

谨以此书献给我的妹妹黛安娜

致 谢

本书得以完成，首先要感谢克拉尼亲王（Prince Clary）和尼古拉斯·劳福德（Nicholas Lawford）先生，在普鲁士王国研究方面，他们两位都是集大成者。克拉尼亲王审阅了我的书稿，纠正了其中的许多谬误；尼古拉斯·劳福德先生再一次用他的专长与学识帮助了我。弗兰西斯·卡斯滕（Francis Carsten）教授阅读了全书并热心地提供了一些大有裨益的建议。马道·斯图尔特（Madeau Stewart）小姐向我提供了大量的史实，以证明腓特烈大帝在长笛方面的造诣。戈丹夫人（Gaudin）对我帮助良多，并且打印了全书。艾琳·克列芬妮（Irene Clephane）小姐对本书进行了精细的整理并制作了索引。对于本书的写作，伦敦图书馆各位馆员的帮助不可或缺。我还要感谢彼得·弗利特伍德-赫斯基思先生（Peter Fleetwood-Hesketh）、米歇尔·卡塔吉先生（Michel Catargi）和马丁·冯·卡特先生（Martin von Katte）。

在布拉格，我有幸得到法国大使罗杰·拉卢埃特（Roger Lalouette）阁下的帮助，使我得以参观与本书相关的处所。在参观这座城市时，乌索夫斯基先生（Ousovsky）一直陪伴在我左右，波利森斯基教授（Polisensky）为我讲述了相关史实，德·帕萨旺（de Passavent）小姐的精心安排使我的行程轻松顺利。

在东德，劳夫人（Mrs Law）和我受到了极其热情的款待。德累斯顿绿穹珍宝馆的约阿希姆·曼扎萨（Joachim Menzhausen）博士、波茨坦的吉尔斯贝格先生（H.-J. Giersberg）和莱茵斯贝格的孔代恩（A. Kondeyne）夫人向我们展示了美妙绝伦的藏品。柏林的米腾茨威（Mittenzwei）教授为我们讲述了宝贵的历史知识。厄恩斯特·弗里德兰德（Ernst Friedlander）先生安排了我们的行程，他自始至终都是体贴入微。伊丽莎白·马修（Elizabeth Matthews）小姐在伦敦为我们把一切都安排妥当。我的妹妹帕梅拉（Pamela）热心地专程赶赴德国为我们提供了巨大的帮助。

因为疾病缠身，我无法亲自前往西里西亚，但是多纳斯马亲王（Prince Donnersmark）和格罗斯曼博士（Dr Grossman）为我提供了大量的相关信息。

最后，劳夫人是本书得以完成的最大功臣，没有她的帮助，我简直难以想象我能够完成本书的创作。

目录 ◆ *Contents*

父 王

The Father

　　腓特烈大帝出生于 1712 年 1 月 24 日，也就在这一年，德南战役爆发，此役标志着法国国王路易十四在西班牙王位继承战争中取得了最终的胜利；七十四年之后，当腓特烈大帝去世时，彼时世人的谈资已然是法国国王路易十六的王后玛丽·安托瓦内特的钻石项链了。毫无疑问，对于欧洲统治阶级而言，七十四岁已经是令人艳羡的高寿了，而其一生也几乎涵盖了整个 18 世纪的主要阶段。腓特烈大帝曾言，令他倍感荣幸的是，他人生的最初三年能够生活在路易十四大帝的统治时期，另一件幸事则是他能够和伏尔泰生活在同一个时代。腓特烈大帝是家中的第三个儿子，他的两位兄长皆在幼年夭亡：一个是在洗礼时被王冠压死，另一个则是受到褓褓旁为其庆生的枪声惊吓而殇。腓特烈大帝未受其害而得以幸存下来，同样幸存下来的还有他姐姐威廉明妮；后来的事实证明，这位姐姐的存在对于腓特烈大帝而言实在是一件极其幸运的事情。

那时，欧洲的头号强国是法国。法国比神圣罗马帝国更富有、更强大，也是欧洲艺术、文学与学术的中心。众多德意志邦国在政治上都处于法国人的掌控之下，而法国的意图也是昭然若揭：压制德意志，使其长期处于羸弱、分裂的状态。当德意志王公贵族们厌倦了山大王式的生活，从而向往更好的生活方式之时，他们会前往巴黎而非维也纳；喜爱阅读的人们也很少关注德意志本土作家（唯一的例外是普鲁士王后索菲亚·夏洛特，她对莱布尼茨的作品情有独钟），相反，他们会派人前往巴黎采购书籍；各个邦国的统治者和那些附庸风雅的人们都通过法语交流；各邦国的君主们更是肆无忌惮地压榨国民，耗费钱财修建宫殿、亭台楼阁、柑橘园、戏院和歌剧院等众多耗资惊人却毫无实用功能的建筑；这些建筑往往由法国建筑师加以设计，并模仿凡尔赛宫的风格，且奢华无比，以满足这些教化程度不高的德意志贵族的审美需求；这些建筑物中的家具、镶板等皆由手艺高超的德意志工匠制作，而其中最优秀的工匠都曾经在巴黎工作过，故而这些家具、镶板既具有法兰西风格，同时又兼具浓郁的德意志乡土气息。在新教徒国家，法国的影响更为明显，尤其是在普鲁士：成千上万的胡格诺派教徒因为受到法王路易十四的迫害而迁居此地；18世纪初，普鲁士大部分的中产阶级都出生于法国；腓特烈大帝母亲的外祖母埃莉诺·杜布斯即为一位逃离法国的难民，后来凭借美貌嫁给了策勒公爵，而这位公爵本人也是海军上将德·科利尼[1]（Admiral de Cloigny）的后裔。

霍亨索伦家族的首领从 15 世纪开始担任勃兰登堡选帝侯，并于 1701 年成为普鲁士国王。1714 年之后，汉诺威选帝侯成为英国国王，再加上成为波兰国王的萨克森选帝侯，总共有三位德意志选帝侯成为神圣罗马帝国疆域之外王国的君主。与所统治的王国相比，这三位选帝侯更看重他们自己的领地。从 1618 年开始，普鲁士被霍亨索伦家族控制。就地理位置而言，这里属于波兰的一部分，与勃兰登堡并不接壤，中间间隔着波兰的西普鲁士省，两地之间的交通极不便利。之后霍亨索伦家族散落于神圣罗马帝国各地的领地逐渐被统称为普鲁士；这些领地很难防御，连普鲁士人自己都说他们的军队在哪里，他们的防线就在哪里。同样，这些领地也很难统一管理；在所有领地中，地位最重要的是勃兰登堡，这里虽然没有被直接卷入三十年战争，但也惨遭交战双方军队的蹂躏，原因在于那时的统治者格奥尔格·威廉选帝侯太过孱弱而无力抵御外敌。他的儿子——大选帝侯腓特烈·威廉——是近代普鲁士王国的缔造者，年纪轻轻便极有魄力，可以说完全凭借自己的力量便使得普鲁士王国强盛起来。威廉改革并强化了军事力量，加之仰仗法国的帮助，在威斯特伐利亚和会上公开对抗神圣罗马帝国的外交政策，从而为普鲁士王国拓展了 600 平方英里的新疆域。他经常教导国民：国家利益高于个人利益。而他自己更是以身作则，视自己为王国的首席公仆。在其治理之下，普鲁士王国成为当时德意志小邦

3

---

[1] 　德·科利尼（1519—1572），法国宗教战争时期胡格诺派最重要的代表人物之一。其军衔海军上将为法国海军最高职位，重要性等同于当时的法国陆军元帅。

国中实力最为强大的一个，并因之一跃而成为神圣罗马帝国境内新教徒的领导力量。至此，哈布斯堡家族方才意识到，霍亨索伦家族对他们而言已成为越来越难以对付的邻居。

大选帝侯腓特烈·威廉的儿子就是普鲁士的腓特烈一世国王。腓特烈一世受过良好的教育，钟爱艺术，但是自身却也有一些令人啼笑皆非的毛病：尽管他是当时欧洲所有王国中最后加冕同时也是实力最为弱小的一个国王，却热衷于在各方面模仿全欧洲最有权势的国王——法国国王路易十四。可以说，他对路易十四的模仿已经到了非常盲目的程度。虽然他深爱自己的妻子，却还是找了一个情妇，仅仅是为了模仿路易十四。他的日程安排也与路易十四如出一辙，唯一的不同之处在于每到夜幕降临，路易十四会参加凡尔赛宫的晚宴，而腓特烈一世则开始其德意志式的夜生活——和一群烟友在一个烟雾缭绕的房间里抽烟、喝啤酒。他的王后索菲亚·夏洛特是莱布尼茨的朋友，也是英国国王乔治一世的妹妹。王后容貌美丽、天资聪慧、酷爱音乐，对丈夫的优缺点了如指掌；在其口中，腓特烈一世总是忙着处理一些无关紧要的琐碎之事。

当然，国家财政也常常会面临捉襟见肘的窘境，原因是显而易见的：腓特烈一世总是在一些毫无用处的地方挥霍无度，如购置了大量的银器、绘画作品和精美家具等等；他尤其热衷于讲排场、炫财富。一位才华横溢的建筑师安德烈亚斯·施吕特尔曾为其设计、建造了无数精美无比的宫殿，所幸其中的一些殿宇得以留存了下来。在修建自己的宫殿之前，腓特烈大帝就一直居住在腓特烈一世及其王后所居住的几座宫殿内，包括位于柏林的夏洛滕堡宫、索菲亚·夏洛特王后居住的城郊花园别墅以及位于波茨坦的宫殿。

后来，王后去世，两个王孙也幼年夭折，腓特烈一世决定续弦，以确保王室的血脉得以绵延，而事实证明这一决定既无必要也不明智。他的儿媳很快诞下第三个儿子，此即后来的腓特烈大帝，之后又连续生了十一个孩子。而年逾五旬的腓特烈一世已经无法与新王后同房，后者已无生育之机缘，倒是旁观了腓特烈一世的死亡。一个晚上，处于疯癫状态的王后身着内衣，偷偷溜进腓特烈一世的寝宫。腓特烈一世万万没有想到王后会在此时进来，错把她当成了白衣女人（White Lady），也即传说中霍亨索伦家族的死亡之神。惊恐万分的腓特烈一世大叫着"白衣女人"（Weisse Frau），随之就昏迷不醒，几天后便撒手人寰，而彻底疯癫的王后则被供养了二十年后才去世。腓特烈一世的儿子——腓特烈·威廉为父亲举行了旷日持久且耗资庞大的葬礼，仪式之隆重堪比皇帝的葬礼。之后，威廉便以一种完全不同其父的方式迈上了治国之途，彼时年仅二十五岁。

在腓特烈大帝人生的前二十八年中，他一直处于父亲的影响下。其父性情古怪、脾气火爆却又时常做出一些令人感动之举。当父子间曾有的激烈冲突消失后，已然成为腓特烈大帝的儿子在回忆录中如是描述其父："他拥有超自然的精神力量，比王国中任何一位大臣或将军都更加清楚王国的利益所在。"这些利益即繁荣的经济发展和强大的国防体系。在腓特烈一世时代，威廉就曾经亲身目睹过瑞典人和俄国人是如何操控羸弱而处于崩溃边缘的普鲁士王国的。他那时便立誓要保持国家的独立自主，而若要保持自主性，则需要一个充盈的国库。继位之后，威廉便开始厉行节约，以至于其他邦国的统治者都认为他已经吝啬到荒唐可笑的地步。与其他统治者不同，威廉从不把公共财政收入当成自己的私房钱。他解散了御前会议，借此削弱了大臣们的权力，甚至直接接管他们所负责的事务。他虽鲜有与其臣民进行沟通的渠道，也不擅长读书写作，但却在治国、理财以及外交事务方面独具天分。他曾说过，身为国王，不能指望像女人那样过上轻松的日子，"我是普鲁士财政大臣和陆军元帅的国王"。他制定了规模宏大的建设规划，以便吸引人们进入城镇居住。在三十年战争期间，这些城镇惨遭蹂躏，鲜有居民居住。他重组了治安力量，建设兵工厂和其他工业，为那些"既让我们觉得恶心又令我们同情的不幸者"建设了医院。

十年后，腓特烈·威廉建立了强大的财政体系，拥有了富足的国库收入，在当时的各个德意志邦国中，只有普鲁士做到了这一点。对于其父王曾经钟爱的事情，腓特烈·威廉几乎无一例外地感到厌恶，其中最为突出的一点表现在他对法国的态度：他憎恨法国人，且排斥法国人的生活方式。他下令给绞刑台上的死囚穿上法式服装，以此使国民对这种当时流行一时的服装充满恐惧。他推崇德意志式新教徒风格的道德观：忠于妻子、尊崇荣誉、英勇无敌、勤勉为公。甫一继位，他便卖掉其父的大部分骏马、精美的家具以及所有珠宝，遣返了绝大部分的侍臣，而自己过得简朴至极，如同一位毫无王室气魄的普通乡绅一般。在称谓的使用方面，他会使用"我""我的妻子"和"弗里茨"来称呼自己、王后和儿子，而其父腓特烈一世则会使用"朕""王后"和"伟大国家的继承者"等称谓。每天，威廉都会陪着妻子和孩子们共进晚餐，在当时那个年代，他陪伴家人的时间要远远超过大部分的上层社会人士。他出于爱情迎娶了自己的表姐，即乔治二世的妹妹索菲亚·多罗西亚。他对王后的情意从未改变。

腓特烈·威廉少有亲信，仅有的两名幕僚是他的表亲加密友安哈尔特-德绍（Anhalt-Dessau）亲王和将军冯·格伦布考（von Grumbkow）伯爵。在腓特烈大帝幼年时期，许多重大历史事件都经由上述这两人参与，尤其是格伦布考曾给予威廉很大的影响。安哈尔特-德绍被称为"老德绍"，是与勃兰登堡接壤的一个小公国的统治者，比腓特烈·威廉年长十岁，同时兼任普鲁士王国的陆军元帅。虽然他与国王威廉一样拙于言辞，但屡屡提供一针见血的忠言和建议。作为一位杰出的勇士和战略家，他的一生都在军营中度过，无怪乎他的脸色如同火药的颜色一样；他首创了现代演习模式，发明了"齐步走"等大部分沿用至今的军队口令，还设计了金属推弹杆，从而增加了步兵枪支的火力。欧根亲王认为，反法联军能够在布伦海姆取得胜利，全仰仗安哈尔特-德绍和他的普鲁士军队；他协助腓特烈·威廉把普鲁士军队改造成欧洲最现代化、最具战斗力的战争机器。老德绍性情暴戾而又意志坚强，年轻时他爱上了一个家境良好的药材商的女儿，竟然杀害了这个女孩的未婚夫，然后又惊世骇俗地与这个女孩结婚，其幸福婚姻持续了五十多年。出乎所有人意料的是，帝国皇帝居然还认可了这桩婚事，他们的孩子后来也被封为安哈尔特-德绍亲王。

与安哈尔特-德绍相比，格伦布考则是一个完全不同风格的人：

他是一位精明强干的大臣，温文尔雅而睿智多谋。腓特烈·威廉早就知道格伦布考曾经为奥地利宫廷效力，获取报酬，但却不以为意，还声称这样做只会换取外汇，而不会对其政策产生任何影响。然而他终究是低估了格伦布考的奸诈诡谲，或许也确实不了解他的臣仆们在多大程度上会被帝国皇帝所收买——柏林王宫的守门人是效忠帝国的人，连腓特烈·威廉派驻伦敦的使节也是帝国的卧底。帝国派驻普鲁士的使节——将军冯·泽肯多夫（von Seckendorf）伯爵工于人际交往，尤其擅长通过行贿或敲诈勒索的手段控制他人。他在军中也享有极高的声誉。欧根亲王曾经对皇帝说，如果他遇到麻烦的话，首先要求助的人就是泽肯多夫。或许正是出于同样的原因，腓特烈·威廉也对其眷顾有加，将之视为亲信和可倚仗的圈内人。相较而言，泽肯多夫的同行们就没有这份幸运了，鉴于腓特烈·威廉厌恶外国人，柏林当时曾被称为外国使节的炼狱。

　　不幸的是，人品高贵、治国勤勉、鞠躬尽瘁的腓特烈·威廉国王罹患重病。就像乔治三世一样，他也有家族遗传病，这种疾病在苏格兰玛丽女王的后裔中非常普遍，一旦感染，其所带来的持久剧痛会令人陷入癫狂状态。这种病症现在被称为卟啉症，是一种新陈代谢紊乱症，可以说是人类疾病中最令人痛苦的，与诸如痛风、痔疮、偏头痛、脓肿、疔疮及无征候无原因的胃部剧痛相比都有过之而无不及。即使是在病痛轻微发作之时，其带来的疼痛感也使腓特烈·威廉无法忍受而变得面目全非，一旦病症剧烈发作，其痛苦足以折磨得他行为怪异而沦为笑柄。逐渐地，他身边的人也开始对他忌惮万分，哪怕正常的话语或无意的表情都有可能使他暴怒，其中最能激怒他的词汇便是"法国"。国王屡屡徘徊在柏林的大街小巷，徘徊在王宫附近，不时玩弄着他的权杖，一旦遇到冒犯他的人，便会击打他的头部，甚至打伤他们的牙齿和鼻子；伤者不但得不到任何补偿，试图自卫的人还会被立即处死。国王自己饱受病痛折磨，其实内心深处却迫切希望得到百姓的拥戴。如果他觉得有人对他不够友好，就会对着那些人大叫"热爱我！"曾有一次，他砸烂了全套的餐具，仅仅是因为这些餐具产自"强力王"奥古斯都的领地梅森，他那时正对这位君主大为光火。腓特烈·威廉年轻时便已大腹便便、体态臃肿、双眼凸出、皮肤纹路粗糙；随着逐渐老去，饱受疾病折磨的他更是一日不如一日。

　　病痛使他转而酗酒。每天晚上，他都会来到吸烟室，用吸烟、喝酒的方式和其臣子们进行交流。陪同他的大多数都是军人，老德绍、格伦布考都会参加，泽肯多夫也是常客。这些人喝醉之后便会失去理智，行为放纵，此时，贡德林（Gundling）便常常沦为他们的打趣和折磨对象。贡德林是一个学者，同时也是他们眼中的蠢货。他任职于腓特烈·威廉的王宫，主要工作是在王室成员进餐时给他们读报纸。对于读报过程中出现的任何历史问题或地理问题，他都能详加阐释。他熟知各种光怪陆离、互不相干而又详细具体的信息，对此他都能娓娓道来，甚至事无巨细到令人感到乏味的程度。他就是这样一个有些迂腐而被经常戏弄的对象。每次在吸烟室里，当所有人都喝得酩酊大醉的时候，这些军人们就开始调侃戏弄酒喝得最多、醉态最为严重的贡德林，有时还会对其进行肉体上的折磨。他曾经被架在火上炙烤，苦于这种过分的折磨，贡德林会要求离开王宫，但腓特烈·威廉总有办法用各种方式让他留下来，诸如赐予他男爵的封号、给他加薪甚至于给他一个简单的拥抱。事实上，贡德林是不可能真的离开王宫的，他本性就是一个受虐狂，吸烟室的折磨对其而言是一种生活的幸福。

腓特烈·威廉最为怪异的爱好是建立了一支全部由巨人组成的波茨坦掷弹兵团，并痴迷于此。为了得到更多的高个子巨人（身高接近七英尺，大部分都是白痴），他不吝金钱，甚至不惧发动与邻国的战争。他派人通过绑架或贩卖的方式把这些巨人带回普鲁士国内，最终集结了两千多名巨人。为了进一步寻获巨人，他向各地都派遣了手下——一个叫柯克曼的爱尔兰巨人在伦敦街头被绑架；一个身材高大的奥地利外交官在汉诺威上车时被挟持，所幸他最后设法逃脱了，这一经历成为他终生都在谈论的餐桌话题。最高大的巨人是一名普鲁士人，中等身材的人甚至都无法伸手触碰到他的头顶。每当国王出行，这些巨人掷弹兵会手拉手地环护着国王的座驾，亦步亦趋伴随着行进的车队。鉴于通过绑架的手段获取巨人掷弹兵的代价高昂，腓特烈·威廉开始"培育"巨人。受其掌控的每个巨人都必须和一个身材高大的女子结婚，以便孕育体形过人的孩子。然而这种方法需要耗费太长的时间，且不是太可靠：这种巨人夫妻所生育的往往是身材普通的孩子。于是，国王只得重蹈覆辙，继续绑架巨人，同时还告诉其他国王自己收到的最满意的礼物就是巨人。对于他的要求和标准，俄国人和奥地利人满足得最为慷慨！

这个巨人掷弹兵团可谓是他的最爱，尤其当疾病发作或是心情抑郁之时，他就会下令让两三百名掷弹兵从其窗口列队经过，这种阅兵立刻会使他心情开朗起来。哲学家沃尔夫曾被文明社会公认为腓特烈·威廉治下的普鲁士最优秀的学者，然而有人向国王举报，说沃尔夫曾经提出过一种说法，其核心意思是即使这些掷弹兵没有犯下什么反对上帝的罪行也应该被开除。只凭一人之言，仅仅因为涉及国王最爱的掷弹兵的命运，沃尔夫便惨遭流放，而且还被警告，如果再次违背命令的话，就会被处以绞刑。

腓特烈二世的姐姐威廉明妮在自己的回忆录中记录了腓特烈二世的童年和青年时代。她的记述基本上是属实的，各国外交官发给本国政府的报告也印证了其内容的真实性。威廉明妮和腓特烈姐弟两人长相酷似，如同一对双胞胎。他们偶有争执，但却始终和谐相处、关系亲密。在幼年时代，威廉明妮就鼓励弟弟多阅卷、勤攻读，时常激励弟弟发愤奋进以博取功名。阅读她的回忆录，读者往往会有一个印象，即家中似乎只有他们两个孩子，而事实上，这是一个庞大的家庭：王后索菲亚·多罗西亚几乎每年都孕育一个孩子，总共生了十四个孩子，其中四个夭亡。但是在十个长大成人的孩子中，威廉明妮和腓特烈二世是最有趣的两个，在两人早年生活的风浪之中，他们始终团结一心、互相扶持。

虽然腓特烈·威廉厌恶并蔑视法国人，他还是派了两位法国新教徒负责照顾他年幼的儿子。德·卢库尔夫人（Mme de Roucoulle）受命担任王室子女的家庭教师，雅克·杜安·德·让丹（Jacque Duhan de Jandun）则担任腓特烈二世专属的导师。腓特烈·威廉就是由德·卢库尔夫人抚育成人的，后者人如其名，说话时温声细语、面目和善、对人和蔼可亲、笃信宗教却时有愚昧之举。她和前王后索菲亚·夏洛特相交甚厚，也总是热衷于谈论关于这位王后的事情；小公主威廉明妮受此影响极为喜欢祖母，希望成为像她一样的人。

雅克·杜安对于腓特烈二世进行教育培养的作用不容小觑。他出生于1685年，其父曾担任过路易十四麾下将领蒂雷纳的秘书，于1687年移民到勃兰登堡。这些新教徒流亡家庭总是能够得到他们在法国曾经从事过的工作，老杜安即是如此。他顺利进入军队，并教育自己的儿子雅克·杜安达到入伍年龄后也投身军队。在一次保卫战中，雅克·杜安因其勇猛无敌而得到腓特烈·威廉的青睐。当时国王并不知道他还是一位学者（这位国王一直惧怕知识分子），如果他知道雅克·杜安不仅是一位勇敢的士兵还是一位学者的话，是绝对不会把自己的孩子交给雅克·杜安的。

除了导师外，腓特烈二世七岁的时候还有了一位总管，时年六十岁的将军芬克·冯·芬肯施泰因伯爵（Finck von Finckenstein），一位闻名欧洲的勇士。在那个年代，一名士兵只要不与自己的国王为敌，就可以加入任何一支军队，人们认为这样可以培养士兵跟随不同将领战斗的能力。1676年芬克曾参加奥兰治亲王对抗法国的战争，后又加入卢森堡所率领的法国军队与西班牙人交战，之后他追随腓特烈大帝的曾祖父大选帝侯，从此便常年参加对法战争。布伦海姆战役后，帝国皇帝应允了欧根亲王的请求，册封芬克为贵族。腓特烈所受的家庭教育还来自冯·卡尔克施泰因（von Kalkstein）中校和另一位普鲁士人伦策尔。伦策尔擅长军事训练，也是一位长笛演奏家，他在任腓特烈二世的音乐启蒙教师期间，教会了腓特烈二世吹奏长笛，这一爱好对于腓特烈二世而言极为重要。腓特烈二世对这些老师推崇备至，并视之为终生的挚友，而这些人也影响了腓特烈二世一生的足迹：法国文化、战争与音乐。

腓特烈·威廉制定了很多规则以规范对儿子的教育。儿子不得学习任何 16 世纪之前的历史，之后的历史教育也只是学习了与霍亨索伦家族有关的史实。不得学习拉丁语，古典文明在日耳曼民族手中并没有发扬光大，腓特烈·威廉对这些文明嗤之以鼻。他所能接受的只能是那些源于日耳曼民族的政治、社会、宗教与艺术流派，而那些源于法国的流派则被认为非正统且缺乏阳刚之气，因而被弃之不用。腓特烈·威廉认为，腓特烈二世将会在那个世纪统治普鲁士，因此要选择合适的知识进行学习，许多知识虽然对于神圣罗马帝国皇帝和法国国王而言大有裨益，但对于腓特烈却只会扰乱他的头脑而毫无益处（腓特烈·威廉似乎认为人的大脑就像一个盒子一样，只能容纳固定数量的知识）。当然，一些陈腐的繁文缛节也不用学习，这位普鲁士国王早上起床不需要别人的服侍，晚上抽完烟后觉得累了就可以去睡觉。作为王子，腓特烈必须清楚地知道其父的领地——这些领地遍布欧洲中部的各地，还得了解王室拥有主权的领地：西波美拉尼亚 *、西里西亚、梅克伦堡、于利希和伯格。他必须学习数学，因为数学对于军事学而言至关重要；他必须学习政治经济学和人权理论；他必须能够用法语和德语清楚且优雅

10

---

* 腓特烈·威廉国王此时已经占领了西波美拉尼亚的大部领土，其余的部分到 1815 年欧洲划分势力范围时也成为普鲁士的领土。——此类注释为原注，下同，不另标出

地表达自己的思想（腓特烈·威廉本人在与王后聊天时总是使用法语）。王子必须举止优雅迷人，不得懒散，不得接受天主教的影响。腓特烈大帝一生都厌恶懒散生活，对所有的宗教都嗤之以鼻，尤其是天主教，他认为天主教是最为荒谬有害的。他必须学习一些神学理论，并且要像他的父王一样希望加尔文教派和路德教派弥合差异（两者的不同部分在于对最后的晚餐上基督话语的阐释，路德说"是"，加尔文则说"代表"）。无论白天还是晚上，腓特烈二世都不能独自一人，早上六点必须起床，要跪拜感谢上帝的恩赐，使他能够活过前夜，并祈求上帝的庇佑，使他不会做任何违反教义之事。之后，他要快速地洗手洗脸，而且不能使用香皂；在喝茶或咖啡时，仆人会给他梳头，但是不能使用发粉。早上六点半，杜安会率领腓特烈所有的仆人来和他一起做祷告，诵读《圣经》的一个章节，共唱赞美诗。从早上七点到十一点，腓特烈二世要上课。下课后，他要用香皂洗脸，使用发粉整理头发，之后和国王一起待到下午两点。从下午两点到五点又是上课时间，五点之后，他就可以随心所欲了，一直到晚上十点半为止。腓特烈·威廉国王是一个有洁癖的人，他的房间里不许摆放软包家具，不能挂窗帘，以避免污迹，因此他对腓特烈二世的要求也是如此："他必须保持干净、整洁，不能太邋遢。这是我的最低要求。"但腓特烈大帝一生都不重洁净。

在腓特烈二世八岁之前，一切进展顺利。到了他八岁那年，他开始恳请杜安教授他拉丁语和古典历史。杜安原本就想把这些知识传授给他，因此很快同意了腓特烈二世的请求。有一天，当腓特

烈·威廉国王走进房间时，他们师徒两人正在学习《金玺诏书》
（the Golden Bull），这是事关德意志统治者选举的帝国大法，因此杜
安认为国王会允许腓特烈二世学习的，但是不幸的是，他忘了一
点：这份诏书是用拉丁语撰写的。腓特烈·威廉国王怒不可遏地胡
乱挥舞着他那从不离手的权杖，怒吼道："我要把你们撕碎了！"
（I'll Golden Bull you）虽然杜安并没有因此被赶走，但腓特烈二世
从此再也不能学习拉丁语了，这令他抱憾终身。国王命令他们要学
习更多的神学知识，腓特烈二世说"每个人都认为父王要让我成为
一名神学家！"杜安是一位优秀的老师，很快就教会了腓特烈二世
如何利用书本自学。腓特烈二世对法国散文了解颇多，也因此痴迷
于法国文学，并对历史和地理有了初步的了解。他阅读了很多遍路
德翻译的《圣经》，这本《圣经》堪称德语的典范之作，但是他的
德语仍然很差，总是会出现各种怪异可笑的错误，所以他很少说德
语，也几乎不能用德语进行书写。

最初，腓特烈·威廉国王对小腓特烈疼爱有加并引以为荣，他
曾经希望他和他的儿子能像朋友而非父子那样友好相处。他会带着
小腓特烈一起去视察军事演习，还组织了一百三十一名儿童作为王
储士官生，由他负责训练。彼得大帝和小腓特烈的外祖父乔治一世
都曾经视察过这些小学员的训练。他们还因精湛的枪法获得过一桶
啤酒的奖励。但是不久，父子间原本和谐的关系开始出现了阴影。
腓特烈·威廉国王的疾病令他痛苦不堪，开始失控。为了转移注意
力，他开始学习绘画，在他奇怪的画作上，他会这样签名：腓特
烈·威廉作于病痛中。早在1719年，就有人认为他会很快死于肾

绞痛；八年之后，他又罹患神经衰弱，于是开始讨论让位事宜；随着他的疾病愈发严重，他的脾气也日益暴躁。

12 　　雪上加霜的是，王后索菲亚·多罗西亚也没有对国王施以援手。她清楚国王深爱着她，总是对她礼敬有加，也从未对她拳脚相加（除了她和军官，其他人都被国王殴打过），但是依然装出一副充满畏惧的样子。她厌恶这种简朴的生活，觉得自己无法像一个真正的王后一样拥有自己的宫殿，没有成群的绅士贵族围绕在自己身边，无法为来访的君主们举办舞会。她更希望能嫁给像她老公公那样的国王，过上奢华的生活。她喜欢四处说长道短，唠叨得令人生厌，是个势利之徒，看重那些细枝末节的琐事，而且看不起霍亨索伦家族。1714 年，她的父亲加冕成为英国国王，这更加令她目中无人。她对腓特烈二世和威廉明妮的负面影响很大，总是在孩子们面前抱怨他们的父亲，唆使他们针对自己的父亲，故意惹父亲生气。她喜欢奢华的生活，她的嫁妆都是在巴黎购买的，由路易十四的弟妹亲自挑选，而她在王宫里的房间也是按照她的要求装修的，安装了窗帘和软包家具。对孩子们而言，王后的卧室如同蛮荒之地里的一处现代文明绿洲，因此他们都喜欢和她待在一起。腓特烈二世和姐姐在年幼时对母后言听计从，成年后当他们真正了解自己母亲的时候，她已垂垂暮年，他们还是对她充满亲情。王后的确魅力无穷，但同时她又是一个内心肤浅、无所事事、矫揉造作的人。她似乎喜爱艺术，但是从未想过要真正地学习理解艺术；她对政治阴谋情有独钟，但是却没有任何政治常识。

　　终其一生，她最大的愿望就是让威廉明妮和腓特烈姐弟能够与英国王室结亲。她想把威廉明妮嫁给威尔士亲王弗雷德里克，让腓特烈二世迎娶阿米莉亚公主，然而与英国王室通婚的愿望还是破灭了，最终徒留下无数的相关文件。卡莱尔在《腓特烈大帝传》中，把这些文件专门罗列为八卷中的一卷。当时，这件事情也成了一个令人充满好奇又令人啼笑皆非的外交案例。虽然这两个孩子尚不知晓爱情为何物，但是却一心与豪门联姻。他们的父王对英国王室并没有好感，于是王后便老调重弹，指责是他们的父王在破坏他们的幸福。另一方面，英国乔治一世国王或许支持这种通婚，但是乔治二世国王则对此反应冷淡，因为他对他的表弟兼妹夫腓特烈·威廉心存芥蒂。年幼时，乔治曾经惨遭威廉欺凌，以至于他的祖母（威廉的外祖母）不得不勒令禁止腓特烈·威廉前往汉诺威，因为她担心威廉会杀死小乔治。为此，威廉对乔治也是心怀不满。这种不满同样体现在他们对彼此的称呼上：乔治称威廉为"我的军士弟弟"，而威廉则称呼乔治为"我的戏子哥哥"。至于索菲亚·多罗西亚，赫维勋爵（Lord Hervey）认为乔治二世对她既嗤之以鼻又嫉恨在心，嗤之以鼻这一态度可以理解，但是嫉恨在心这一腹诽就令人有些莫名其妙了。必须要说明的一点是，索菲亚对其命运多舛的母亲一直很好，其母一直都被乔治一世国王监禁，她竭尽所能地想要把母亲解救出来。策勒的多罗西亚在其丈夫薨逝前一年去世了，否则的话，她女儿就可以成功地把她接走了。

　　腓特烈二世十二岁时，他和父王的关系跌到了谷底。腓特烈二世举止文雅、内心细腻，反感各种粗鲁的行为，致使其经常被父王惩罚：大冷天戴手套会被打，使用银质刀叉进餐要被打，从脱缰的

13

野马背上跳下去也会被打。父王的恼怒令腓特烈二世恐惧，同时也令他感到莫名其妙。后来，他会和威廉明妮一起故意惹怒父王，比如他们会一起壮着胆子戏弄父王，等父王暴怒的时候则赶紧逃之夭夭。这时候，他们母后的房间就成了他们的"家"或他们的避难所。王后的房间里摆放了很多屏风，孩子们可以藏在屏风后面，也可以在屏风的遮挡下从边门逃跑或者藏到床下，他们会一边躲藏一遍开心地发出咯咯的笑声，甚至有时会故意敲打屏风，让他们可怜的父王知道他们是在故意挑衅和戏弄他。索菲亚·多罗西亚从未替丈夫考虑过，她明明知道他病情严重，但却从未对其表现出一丝一毫的同情怜悯，反而逢人便说国王已经疯了，而她自己则是生活在恐惧之中。腓特烈二世也从没想过要让父王开心一点，反而把自己的父亲当成敌人，尽其所能地激怒父王。他故意对一些事情表达怀疑之意，明知这样会伤害自己的父亲；他蔑视《圣经》、嘲笑鬼神，同时又擅长用神学知识在辩论中打败父王，这着实令其恼火。很多时候，他在心底是同意父亲的观点的，但是他绝不会承认这一点。这对父子看上去毫无相似之处，腓特烈·威廉国王喜好狩猎，而腓特烈二世一生都讨厌狩猎，虽然他喜爱骑马，每天都要纵马疾驰，但却认为狩猎既残忍又无聊。在他被迫和父王一起骑马纵犬打猎时，他会不时地踪影全无，最后却被发现正在母后的马车旁陪她聊天，或者在树荫下吹奏长笛，这些举动令国王恼怒不已。更为严重的是，他仇视或者说是假装仇视一切与军队有关的事情。国王知道儿子甚至把自己的军装称作自己的寿衣。无数次地，腓特烈二世被殴打、被禁食挨饿、被羞辱或者被用其他方式虐待，究其原因，往往往都是他咎由自取或与其母后脱不了干系。

腓特烈·威廉国王对儿子的种种作为不仅感到恼怒，还百思不得其解，"他的小脑袋瓜里到底在想什么呢？"腓特烈二世从不向别人吐露心声，就连唯一能够和他分享秘密的威廉明妮也并不真正清楚他的本性。他极为自律，从不发火，每次被父王殴打惩罚的时候都表现得无动于衷，这使得国王更加疯狂。毫无疑问，他所遭受的惩罚是极其残酷、令人无法忍受的。王宫内充满了恐惧，不断怀孕生子的王后几乎每天都在哭泣。幸好国王总是去全国各地视察，待在王宫的时间并不多。

十四岁的时候，腓特烈二世被任命为波茨坦掷弹兵团（亦即巨人兵团）的少校，因而便要在波茨坦待上一段时间。他看上去一定是个非常矮小的少校，即便已经长大，他的身高也仅有五英尺七英寸。他显得瘦弱憔悴，一眼望去，瘦窄的脸上似乎只剩下两只大眼睛了。但他的眼睛炯炯有神，像太阳一样熠熠生辉，令人难忘。从此时起，他开始了社交活动，常去参加德·卢库尔夫人的周三宴会，有时候去芬克那里，有时候则逗留在他父王的吸烟室。只要在吸烟室，他就得装模作样地吸烟喝酒，而事实上，他一生都厌恶烟酒，而此时他的父亲则会瞪着一双布满血丝的眼睛看着自己的儿子，想着"他的小脑袋瓜里到底在想什么呢？"

但凡接触他的人无不会惊叹于他那与日俱增的过人智慧。杜安陪同他一起驻扎在波茨坦，他们一起初步建立了腓特烈大帝的图书馆。时至今日，腓特烈大帝亲笔书写的书目依旧得以保存，其中包括了数学与科学类的书籍，各种历史书籍，艺术、音乐和政治方面的书籍；经典作品的译著，几乎都是法语版，甚至包括讲述德意志历史的书籍。这里还有自拉伯雷以来所有法国作家的作品、伏尔泰业已出版的所有著作、盖恩夫人的著作以及一部法语韵律字典。他渴望成为一名法语诗人，更是对巴黎钟爱有加。就像众多的法国崇拜者一样，他热爱法国的原因说起来会被法国人所耻笑。如拉维斯所言，如果一个身在柏林的法国移民举止不端的话，他会认为这是其在德意志被德意志人影响的结果。在父王面前，他丝毫不掩饰自己对法国的热爱，相反，为了戏弄他的父王，他还会故意炫耀。他会讲一些法语笑话（幽默是法国人的天性），也会尝试着显得更加优雅一些——譬如把头发留长，然后束成法国风格的发型，但这些尝试常常失败。每当腓特烈·威廉国王看到他的发型，就会立刻带他到理发师那里，命令理发师把他令人恶心的长发剪短。为此，腓特烈二世每每伤心痛哭，而此时好心的理发师就会拿着剪刀"咔嚓咔嚓"地四处挥舞，但实际上几乎一点头发都没有剪下去，仅仅把他的头发弄湿压平，等国王一走，这些头发又可以恢复原状了。

　　起初腓特烈·威廉国王较为喜爱自己四岁的次子奥古斯都·威廉，曾说"我不会下赌注保证哪个孩子最优秀，但是我认为这个孩子一定会成为一位诚实正直的人"。这位做什么事情都喜欢走极端的国王，有时甚至会抱着这个可怜的孩子亲上十五分钟。见此情景，人们都认为国王肯定正在考虑剥夺腓特烈二世的王位继承权，而把王位传给奥古斯都·威廉。腓特烈二世甚至开始筹划针对父王的反制措施，以试图建立自己的势力，一旦父王被囚禁，他就可以依靠自己的势力继承王位。于是，他开始不露声色地暗地采取行动，心机之深远非一个普通的十四岁孩子所能做到。他和法国驻柏林大使罗滕堡（Rothenburg）结为好友，并向他透露了自己的想法和拟采取的行动，当然鉴于这些想法和行动太过危险，这位大使是没有胆量向本国政府汇报的。此时，在勃兰登堡，越来越多的人厌倦了国王的统治，他们变得日益不满与愤怒；或许人们更多是目睹国王屡屡疯癫的言行而对其丧失信心，而国王本质上的睿智已经被逐渐遗忘。幸亏罗滕堡为人谨慎，屡屡如长辈般和腓特烈二世谈心，劝告他不要匆忙行事，而应安心等待，并重新得宠。与此同时，貌似糊涂、实则洞察一切的腓特烈·威廉国王也开始怀疑腓特烈二世，曾经把腓特烈灌醉后进行审讯，好在腓特烈二世未吐露实情。

　　是否与英国王室通婚是整个事情的症结所在。一方面，王后和两个孩子都赞同通婚，威廉明妮公主已经到了谈婚论嫁的年龄，腓特烈二世也到了可以订婚的年纪。然而另一方面，国王在联姻这个问题上可以依赖的唯一顾问格伦布考却听命于维也纳，而帝国的皇帝是坚决反对德意志邦国与英国王室通婚的。当时的法英两国正处于罕见而又短暂的蜜月期，这更加令皇帝焦虑不安，他此时尤其不希望英国的影响力再进一步渗透到德意志。整体而言，腓特烈·威廉国王所推行的国策是忠于帝国的，尽管他看不起查理六世，认为他可怜得像个画师，但还是坚信德意志必须有个依附于哈布斯堡家族的皇帝。他可不愿意与法国结盟去对抗哈布斯堡家族的首领。同时，皇帝越软弱越好，这样他就不太可能干涉各个邦国的内部事务。查理六世曾答应过腓特烈·威廉，承诺会安排让他继承于利希

16

和伯格，此即后者一直觊觎的两个领地，这两个领地的统治者均没有子嗣。然而皇帝做出的这一承诺绝非出自真心，而是要拉拢这位国王使其臣服。

腓特烈·威廉对于子女婚姻的政策从未改变过，不过为了让妻子停止唠叨，他时而表现出配合她的姿态。他并不反对威廉明妮去伦敦，但绝不允许腓特烈二世娶英国女人为妻。格伦布考已经向国王灌输了这样一个观念：在见利忘义之徒遍布的柏林，一个来自英国的富裕王妃会拥有太大的影响力。如果腓特烈·威廉对此信以为真的话，那就说明他太不了解腓特烈二世的性格了。与此同时，乔治二世国王始终坚持的立场是："要么普鲁士王子和公主都和英国通婚，要么就都不通婚。"乔治一世国王在世的时候，威廉明妮还有一丝希望能够嫁到英国，但可惜的是，这位国王在1727年去世了。腓特烈·威廉一生都厌恶的人——乔治二世继位后并未遵守先王的遗愿，这令他怒火中烧。索菲亚·多罗西亚本来也应该继承父王的一笔财富，但是最终却一个子儿也没得到，这使得通婚更加遥不可及。

17　　很多驻柏林的使节都向本国政府汇报了这些信息，他们甚至还提到，腓特烈·威廉国王看上去愈发憔悴、脸色苍白而神情焦躁，似乎苍老了很多。整个欧洲都在关注腓特烈二世这个饱受折磨的可怜男孩。

不幸的家庭

The Unhappy Family

　　1728 年，普鲁士宣布腓特烈·威廉将对德累斯顿进行正式访问。萨克森选帝侯奥古斯都二世于 1697 年被波兰贵族推举为波兰国王，而作为普鲁士国王，腓特烈·威廉必须和这个邻国君主处好关系，原因在于如果他想前往东普鲁士的领地进行视察的话，就必须经过波兰领土。近来，这两位国王之间出现了一些争执，之后又因为普鲁士绑架萨克森巨人的事件而使冲突升级。这些冲突对双方都没有好处，因此奥古斯都派遣弗莱明（Flemming）陆军元帅出访柏林以表达和平意愿，并邀请腓特烈·威廉国王访问德累斯顿。弗莱明的访问大获成功，就连最近一直郁郁寡欢的腓特烈·威廉国王也因此而变得兴致盎然。弗莱明夫人是一位美貌时尚的女士，对威廉明妮更是钟爱有加，甚至亲自为她设计了最流行的发型，并对其着装提供了很多建议。这样一来，对国王的访问邀请被愉快地接受了。

虽然奥古斯都是一位可悲的统治者，但其优雅的性情、健硕的体魄、超人的气力为其在史书中赢得"强力王"奥古斯都的令名。据说奥古斯都出生于路德教徒家庭，却期冀成为天主教徒，因为大部分波兰人都是天主教徒，但是他的生活习惯却很像伊斯兰教徒。奥古斯都生活美满、妻妾成群，如同腓特烈·威廉收集巨人一样热衷于"收集"美女，当其离世之后，遗留下一个合法继承人和三百五十四个私生子，路易十六和乔治·桑都是他的后裔。历史学家对奥古斯都二世和其子奥古斯都三世评价不高，因为这父子两人为了满足自己对艺术品的痴迷追求而使萨克森从一个富饶之地沦为贫弱之国，然而在其统治期间，德累斯顿却是整个帝国中最具文化气息的城市。

虽然索菲亚王后非常希望能陪同腓特烈·威廉国王一同出访，国王却不愿带着这位品行端正的王后去访问这样的王室。至于已经长大的腓特烈二世，他就没有理由拒绝了，而腓特烈也下定决心要参加这次出访。这位王子迫不及待地想要去亲眼看看这个奇妙的世界，之前他只能通过书本或母后丰富多彩的想象来了解这些。实际上，对于这个世界，王后和腓特烈二世一样一无所知，虽然索菲亚的父亲、丈夫和兄长都是国王，但是她和她的孩子们还是无法想象英国和法国的中产阶层过着多么美妙的生活。最终，腓特烈·威廉还是决定不带腓特烈二世而单独前往德累斯顿，这使得他万分失望，威廉明妮甚至都觉得弟弟会因此大病一场，她只好向奥古斯都派驻柏林的大使冯·苏姆（von Suhm）伯爵求助。

　　苏姆很喜欢腓特烈二世，立刻写信给奥古斯都说明情况，恰好奥古斯都也想见见腓特烈二世，因此便转而请求腓特烈·威廉带上腓特烈二世。奥古斯都总是有办法能让腓特烈·威廉心气平和，因为他是一个非常和蔼友善的君主（卡莱尔把奥古斯都称为"一个永远开心的罪人，一个幸福的恶魔彼列之子"）。随后，腓特烈·威廉不仅带上了腓特烈二世，还嘱咐他准备一套新衣服，并给仆人也订购了干净整洁的新制服。这对父子在弗莱明的府邸住了一个月，在此期间，帝国各地的访客纷至沓来，参观这次外交盛事，而东道主更是殷勤款待，宾主尽欢。腓特烈二世有生以来第一次观看了话剧表演，更令他激动的是，他还平生第一次观看了歌剧，而各种晚会、宴会更是让他们应接不暇。这位年轻的王位继承人第一次感觉自己被看作成人来对待：每个人都在认真严肃地和他讨论问题，并愿意倾听他的见解。在一次晚宴中，宾客们讨论了哲学问题，晚宴结束后，腓特烈二世在写给威廉明妮的信中，甚至署名为"哲人腓特烈"。虽然腓特烈·威廉深知这一次儿子在上层社会的表现和留下的印象比自己要好，但却没有懊恼。的确，在德累斯顿，他所喜爱的酒后放纵是不合时宜的。在此期间，他还闹了不少的笑话，比如说在跳舞的时候因为用力过猛而撕破了马裤，多亏奥古斯都的从容处理才化解了这些令人尴尬的意外情况。

　　一天，奥古斯都还是没有忍住自己的恶作剧天性，戏弄了腓特烈·威廉。这天晚餐后，奥古斯都陪同客人们参观王宫内的一些房间。正当客人们对房间内的精美装饰称赞不已的时候，一道幕帘突然垂下，幕帘之后现出一张床，上面躺着一个裸体的女人。这一出人意料之举使腓特烈·威廉大为惶惑，匆忙喊了一句"她可真漂亮啊"，就急匆匆拉着腓特烈二世逃离了这个房间，并随即离开了王宫。随后，他派遣格伦布考面见波兰国王，声明如果再发生此类事件的话，他会立即回国。奥古斯都马上来向他当面道歉，这才使得这次访问继续顺利进行。

对于上述这件事，腓特烈二世并未像他的父王那样感到不满。那时，他和奥泽尔斯卡（Orzelska）女伯爵已暗生情愫，这位女伯爵是奥古斯都最为喜爱的情人，而且又是他的私生女。奥泽尔斯卡还爱着鲁道夫斯基（Rudorfski）伯爵，而此位伯爵则是奥古斯都的私生子，其生母大概是某位土耳其女士（18世纪时，当地有很多土耳其女性）。腓特烈二世相当年轻，奥古斯都明白这将是一个强劲的情敌，于是他和腓特烈二世做了一笔交易：腓特烈二世放弃女伯爵，奥古斯都则把上次戏弄事件中的裸体女人送给他作为回报。对于腓特烈二世而言，这是一个合算的交易，因为这样一来，他最终得到了两个女人。在此之前他很可能还没有机会和女人上床，因为无论白天还是黑夜，他都没有机会一个人独处。从这个方面看，他的德累斯顿之行可谓收获满满。

令人开心的德累斯顿之行持续了一个月，似乎结束得太快了，而同样很快也随之结束的还有腓特烈·威廉的好脾气。从德累斯顿回国时，腓特烈二世似乎感到从未有过的烦躁和郁闷。更糟的是，国王全家都要前往武斯特豪森，此处是腓特烈·威廉喜欢光顾的狩猎宿营地，却是王后和孩子们最为厌恶之处。此处的房间狭仄，所有人都要局促着挤在上下铺睡觉，尤其令人难忍的是室内昏暗而令人感到压抑，仅有的一个宽敞的房间被国王用作了他的吸烟室。宿营地周围有一条臭气熏天的护城河，当吸烟室里的人们酒醉之后，会恶作剧地把贡德林扔到河水里（有时候他们忘了河水已经结冰，而被扔下去的贡德林就会在冰上弹来弹去，样子很是滑稽可笑）。吊桥桥头拴着两头狗熊和四只老鹰，这些被禁锢的野兽猛禽已经变得异常烦躁，而此时，腓特烈·威廉却命令他的副官们从这些野兽猛禽身边陆续通过且往返多次。

在这种与德累斯顿截然不同的恐怖氛围中，腓特烈二世感到生活枯燥、令人沮丧。一旦他能够躲开父王的监督，就会给他的新朋友冯·博尔施中尉（von Borsch）写信："我从心里崇拜你……"他告诉博尔施，在武斯特豪森的日子太过恐怖，他真希望能够把在这里度过的每一天都从自己的记忆中抹去，如同自己从未经历这些噩梦。他也给他的父王写了信，在这封最终证明毫无用处的信中，他乞求父王不要再这样残忍地仇视他。之后，他仅仅收到了一封以第三人称书写的、内容含糊不清的回信。为了能让父王不再对他铁石心肠，在一次晚宴中，他故意大声甚至是故作姿态地向苏姆吹嘘他对父王的爱戴之情，之后又佯装喝醉，猝然扑倒在腓特烈·威廉的脚下，狂吻父王的双手。腓特烈·威廉感慨儿子终于能像个男人一样了，这着实令人欣慰——实际上，他所谓的"像个男人一样"，言下之意是儿子终于能醉酒了。遗憾的是，除此之外，他对儿子的态度没有丝毫变化，又开始用他的权杖不停地敲打腓特烈二世，还当着仆人和军官们的面对他拳打脚踢、拉扯他的头发，用这种方式进一步羞辱他。

21

　　回到柏林后，腓特烈二世告诉罗滕堡自己想逃离这个国家，然
后去法国或赴英国。罗滕堡向本国政府汇报了这一情况，政府命令
他要不惜一切代价阻止腓特烈二世这样做。如果普鲁士的王位继承
人叛逃到法国，将会令法国政府极其尴尬。此时的腓特烈二世看上
去一脸病容，瘦骨嶙峋。医生们诊断他可能患了肺结核，但威廉明
妮认为主要的原因是腓特烈二世在经历德累斯顿的风流韵事之后，
又困扰于传统的贞操问题。"他是因为爱情而大病一场的"，她写
道。不管源于何因，腓特烈二世的病情似乎愈发严重，看上去几乎
将不久于人世了。这时，腓特烈·威廉懊悔不已，紧紧拥抱并亲吻
着儿子，试图弥补他在武斯特豪森的过失。"只有在孩子重病的时
候，我们才能知道我们到底是多么深爱他们。"后来腓特烈二世病
情逐渐好转，王后、医生和他本人都想方设法让国王觉得他依然病
情严重，以此来尽量延长这段幸福时光。最终，国王对儿子的病情
感到放心了，启程前往东普鲁士视察，他的随从们也终于松了一口
气。国王对芬肯施泰因下令，嘱托他可以允许腓特烈二世多参加一
些娱乐活动，但是前提是他必须遵守上帝的命令和父王的旨意，同
时仍需要受到昼夜不停的监管。

　　国王不在王宫的日子确实是一段幸福时光。王后常常举办晚会
和音乐会，腓特烈二世每次都会参加，而且每次都表现得乖巧伶
俐。他和姐姐一起表演乐器二重奏。他的长笛被称为"公主"，威
廉明妮的鲁特琴则被称为"王子"，这对天使般的金童玉女的表演
令人印象深刻。在其他的大部分闲暇时间里，腓特烈二世就像野
小子一样四处游逛，他的老师们已经无力对他进行控制，从白天

22

到晚上的监督更是无法实施。腓特烈二世找到了两个新的伙伴，基思（Keith）中尉和汉斯·赫尔曼·冯·卡特（Hans Hermann von Katte）中尉，据说这三人在一起时尤为放荡。威廉明妮曾经暗示说，腓特烈二世在这个时期得了某种疾病，令医生忧心忡忡，腓特烈·威廉回来之后更是大发雷霆。

基思（这个基思与基思勋爵[1]毫无关系）来自苏格兰，品行不端，干过很多非法的勾当。卡特则是一个完全不同的人，他出身于一个历史悠久、人脉极广的家族，他的妹妹嫁入了俾斯麦家族，他的一位女长辈是肯德尔女公爵（Duchess of Kendal）美露莘·冯·德·舒伦堡（Melusina von der Schulenburg），也是乔治一世的情妇。他的祖父是陆军元帅，父亲是将军，家里的装饰品皆是在拉米伊战役中缴获的枪支。和腓特烈二世一样，卡特也喜爱音乐和阅读。他的母语是法语，最大的喜好是用法语谈天说地。他是一个无神论者（后来在面对险境的时候，他否认了这一点，声称只是为了赶时髦才假装是一个无神论者）。他真心热爱着将要继承王位的腓特烈二世，但与此同时，他也是一个野心勃勃的人。卡特头发顺滑，相貌英俊迷人，死后埋葬在武斯特，他的头发则被放在该地供人瞻仰了两百多年，直到后来被一个英国游客偷走。

腓特烈·威廉刚回来，整个王室又重新陷入恐怖之中，充满了眼泪与惊惧。国王很快就发现腓特烈二世和基思在一起干不了什么好事，于是下令让基思收拾行囊返回其部队所在的克莱沃。作为报

---

[1] 基思勋爵（1693—1778），苏格兰贵族，和他的兄弟詹姆斯·基思同在普鲁士效力。

复，腓特烈二世和威廉明妮则又开始用各种巧妙而不怀好意的手段来戏弄父王。那时贡德林在餐桌旁的角色已经被一位充满激情的牧师所取代，他会在进餐时朗读宗教文章并加以评论。孩子们故意做出要取笑这位牧师的样子——他们调皮地坏笑，低声发出咯咯的笑声，用这种方式激怒父王。饱受痛风之苦的腓特烈·威廉经常需要坐在轮椅上，这使得他在追逐孩子们的时候行动不便而愈发恼怒，结果就是盘子、拐杖和其他物品在空中乱飞，直至他最后抓到腓特烈二世，撕扯着他险些要将他活活掐死。进餐时，他命令腓特烈二世坐到餐桌的最远端，坐在那里几乎够不到任何的饭菜。王后不得不派人给他送去"一盒冰冷的鸡肉"，以免他营养不良。腓特烈·威廉对儿子说："别指望我会对你好一些，我只会对你越来越差的！"

十四岁的弗雷德里卡·路易丝（Frederika Louise）公主嫁给了安斯巴赫边境伯爵（Margrave of Ansbach），但这桩婚事对王室没有产生任何影响，腓特烈二世和威廉明妮仍然是家里的焦点。在这些异常团结的兄弟姐妹里，路易丝是最不受宠的孩子。她和安斯巴赫之间缺乏感情，彼此仇视。

腓特烈二世的两位老师都辞职了，要么是因为他们实在不愿意看到每天不得不目睹的惨象，要么是因为他们觉得已经再也无力控制这位王子了。腓特烈·威廉挑选了另外两个人接替他们：上校冯·罗霍（von Rochow）和中尉冯·凯泽林（von Keyserling）伯爵。腓特烈·威廉选择凯泽林令人意外，按理说他应属于那种被国王鄙视的对象。凯泽林受过良好教育，品位与卡特和腓特烈二世相近，后来他也确实成为腓特烈二世最为喜爱的挚友。腓特烈·威廉自认是一个警惕性很高的人，但是这次，对儿子的强烈不满却使他放松了警惕。他告诉罗霍，腓特烈二世为人慵懒，喜欢一些娘娘腔的娱乐活动，骑马的时候身体会弯曲着做鬼脸，而且他不修边幅、全身肮脏、精神不济、生活无趣，如同一块肮脏的破布。罗霍的任务就是要把这么个不争气的东西改造成一位军官和一位绅士。

奥古斯都对普鲁士的回访给这个不幸的家庭带来了短暂的美好时光。索菲亚·多罗西亚在腓特烈一世生前所居住的夏洛滕堡宫和她自己的蒙比欧宫接待了奥古斯都国王。奥古斯都国王有两根脚趾做了手术，因而只能乘坐一顶华丽的轿子进入王宫。不过他忍着疼痛，站立着和索菲亚王后交谈良久。索菲亚王后如鱼得水——她终于得到了一个机会可以招待国宾，并且得以展示自己的外交风采。奥古斯都的随从们穿着华丽的服饰，装扮讲究，令柏林附近的乡下人瞠目结舌。腓特烈·威廉和其随从们基本上都身着军服，站在身着华服的萨克森人身旁，简直如同寒碜的麻雀一样。奥古斯都的女儿兼情人也随同国王来访，她很快和腓特烈二世旧情复燃，威廉明妮曾言目睹过他们多次秘密约会。而威廉明妮自己也被奥古斯都国王的阿谀奉承屡屡迷惑，兴奋不已，直到后来她才想明白，这个五十八岁的老鳏夫实际上是对她图谋不轨。如以往一样，奥古斯都在哪里，哪里就充满了轻松愉快的氛围。此次回访顺利结束，当奥古斯都回国后，普鲁士的很多人都依然想念他。

随着两个孩子都到了谈婚论嫁的年纪，索菲亚·多罗西亚愈发迫切地要推动他们与英国王室的通婚。新任法国驻普鲁士大使索弗

24

泰尔（Sauveterre）成了王后的至交密友，他们无所不谈，甚至连国王在床上说的话，王后都会告诉索弗泰尔。索弗泰尔自然会把这些信息汇报给凡尔赛宫，报告中还提到这位王后的愚蠢实在令他感到震惊。腓特烈二世觉得自己已经疯狂地爱上了阿米莉亚公主，虽然他们还未曾谋面，他还是给公主的母亲写了很多感人至深的信件。

与此同时，为奥地利效力的泽肯多夫和格伦布考则在竭尽所能地阻止这桩婚事。腓特烈·威廉派驻在圣詹姆斯宫的使节赖兴巴赫（Reichenbach）收受了他们的酬金，其发给普鲁士政府的外交信件也是按照他们的意思撰写的（在此事曝光后，乔治二世开心不已）。为了让索菲亚·多罗西亚不再啰嗦，腓特烈·威廉佯装他在等待伦敦方面的消息，但实际上已下令绑架了几名汉诺威巨人并拒绝归还，这一举动破坏了他与乔治二世之间的关系。作为报复，乔治二世下令绑架了一名普鲁士军官，并未经同意强行通过霍亨索伦家族领土前往汉诺威，这一举措是违背外交礼仪的。乔治一世在这种情况下，都会客气地提前申请。一夜之间，英国和普鲁士猝然陷入战争的边缘，其他列强则幸灾乐祸。教皇公开祈祷这两个异教徒国家能够开战，而帝国皇帝却对属下强大邦国之间的混乱状况丝毫不以为意，泽肯多夫更尽其所能地煽风点火。

腓特烈二世这时已经升为巨人兵团的上校，他立刻率部赶往汉诺威边境。他的父王对他们的行军纪律大加赞赏。这对脾气火爆的表兄弟最终还是冷静下来，这场小题大做的风暴也骤然平息了。之后，腓特烈二世率领巨人兵团返回了波茨坦。

腓特烈二世逃亡的欲望愈发强烈，他将此想法偷偷告诉了威廉

明妮。后者惊恐万状，她很清楚这一行动将给她和母后带来多么可 ²⁵
怕的后果。一天，她在母后的房间里看到一个英俊的法国青年，其
实这是化装后的腓特烈二世。腓特烈·威廉似乎有一种神奇的能
力，能够预知他儿子打算干什么，他已经命令罗霍严密监视这位王
子。此时的腓特烈二世负债累累，他的所有兴趣爱好皆花销不菲；
为了给自己的图书馆采购书籍、收集乐谱，他也是出手大方。为
此，腓特烈·威廉突然下令，任何胆敢借钱给未成年王室成员的人
都将被处以死刑。

这时，腓特烈二世结识了音乐家匡兹（Quantz）。匡兹是应索
菲亚·多罗西亚之邀从德累斯顿来到柏林的，并且打算以后定居柏
林。他也确实从此一直居住在柏林，直至1773年去世。他是一位
作曲家，撰写了音乐经典著作《论长笛演奏》；他还改进了长笛，
当时的长笛还只是一种非常原始的乐器。匡兹对腓特烈二世在音乐
方面的成长帮助巨大，在其影响下，腓特烈二世也开始在自己的公
寓里偷偷举办音乐晚会了。每次举办音乐会的时候，他总是身着一
件刺绣的华丽长袍，头发蓬松，他自认为这样看上去自己就是一个
地道的法国人了，可以尽情地享受几小时的欢乐时光。为了提防腓
特烈·威廉国王的突然来访，他派人在门口望风，国王一来，望风
的人就会大喊"当心"。一天晚上，卡特冲进来报告说国王来了，
腓特烈二世匆忙脱掉长袍藏匿起来，而其他人则把长笛和乐谱藏到
一个存放柴火的壁橱里。他们刚收拾好，国王就闯了进来，他看到
腓特烈二世的头发，感觉闻到一股老鼠的味道（也可能是卡特的味
道，他一直怀疑这两个小伙子之间有什么不正常的关系），于是便

开始搜查房间。他很快就找到了长袍并扔到了炉火里，接着又找到了一些法语书籍，这使得他大为光火，甚至都忘了再去搜查壁橱。他派人找来了城里的书商，让书商把所有的书籍都搬走，告诉他可以自行处置（这个书商保留了这些书籍，并且答应腓特烈二世随时都可以去借阅）。匡兹和卡特一想到这次九死一生的经历就吓得浑身发抖，尤其是匡兹，因为他那天穿了一身红色的衣服，这种颜色是最能激怒腓特烈·威廉的，就像激怒一头斗牛一样。

1730年初，乔治二世国王似乎打算考虑与普鲁士王室的通婚问题了。他派遣上校查尔斯·霍瑟姆（Charles Hotham）爵士来协商此事。霍瑟姆是约克郡一个古老家族的首领，像其他讨人喜欢的英国军人一样，他成功完成了很多的出访任务。他是一个地道的约翰牛（John Bull）[1]，却举止优雅，能说一口流利的法语，外国人每每看到他都会觉得有趣。和他相处一段时间后，普鲁士人惊叹于他在艺术和文学方面渊博的知识，而他在水力学、农业与工程等方面的造诣也让他们印象深刻，谁也不曾想到一个约克郡的绅士竟然会如此博学多才。王后和她的孩子们热情地迎接了霍瑟姆，一见面，爵士即对腓特烈二世产生好感："这位王子富有魅力，令人愉悦，早晚有一天他必定大有成就，我们一定能够听到他的好消息。"起初，连腓特烈·威廉国王都喜欢上了霍瑟姆，他甚至送霍瑟姆去参观了奥古斯都的军事演习，这场军事演习充分体现了萨克森人的奢

---

[1] 这是英国的拟人化形象，源于1727年苏格兰作家约翰·阿布斯诺特所出版的讽刺小说《约翰牛的生平》，主人公约翰牛是一个头戴高帽、足蹬长靴、手持雨伞的矮胖绅士，为人愚笨而且粗暴冷酷、桀骜不驯、欺凌弱小。

华做派。演习结束的时候，所有的士兵都可以参加聚餐，他们坐在搁板桌旁，尽情享用牛肉和蛋糕。这个巨大的蛋糕是用五百个鸡蛋和一吨的黄油烘焙而成的，要分割这块蛋糕，得派团里的木匠才行。

霍瑟姆回到柏林后，腓特烈·威廉在夏洛滕堡宫为他举办了一场只有男人才能参加的宴会。宴会上每个人都喝得酩酊大醉，他们的祝酒辞都成了"为了威尔士王妃威廉明妮干杯"。这个消息当然很快就传到了王宫里，王后觉得自己的心愿终于实现了，她开心不已，拥抱着威尔士王妃，兴奋地称呼威廉明妮的女老师德·松斯菲尔德小姐为"夫人"。这种乐观情绪持续了好几天，腓特烈·威廉似乎也在考虑查尔斯爵士的提议。但是乔治二世仍然坚持自己最初的原则：要么两桩婚事同时进行，要么根本不通婚。腓特烈·威廉则坚持认为自己的儿子还太小了，尚未到结婚的年纪，又提出英国人对欧洲大陆政治干涉过多，而且他们热衷于维持各个强国之间的平衡，最终的结果就是法国会取得支配地位。之后，他又愤怒地对霍瑟姆说，他从伦敦得到的消息是：英国人希望一旦腓特烈二世与阿米莉亚公主结婚，普鲁士就会成为汉诺威的附属国。霍瑟姆告诉腓特烈·威廉这都是泽肯多夫和格伦布考散布的谣言。为了证实这一点，他还向腓特烈·威廉出示了一封格伦布考写给赖兴巴赫的信件，信里明确指示赖兴巴赫在下一封外交信件里应该怎么说。这使得腓特烈·威廉勃然大怒，因为他认为霍瑟姆这是在挑拨他和他的臣子之间的关系。他对着查尔斯爵士大声怒骂着，用力把信件扔在地上，甚至有人说他要抬脚去踢爵士阁下，之后，怒气冲冲的腓特烈·威廉冲出房间，"砰"的一声摔门而去。后来他说其实他早就知道格伦布考的所作所为，但他觉得自己还是可以利用一下这个混蛋的。霍瑟姆的遭遇令其国王蒙羞，他自己本人也别无选择，只能收拾行李离开柏林。虽然腓特烈·威廉事后也发来了抚慰的信函，腓特烈二世也含泪请求他不要走，他还是决然离去。与英国王室通婚的事情就此彻底结束了，泽肯多夫和格伦布考赢得了最终的胜利。

逃 亡

Escape

　　查尔斯·霍瑟姆爵士的回国使腓特烈二世陷入彻底的绝望之中。腓特烈·威廉国王告诉他，他目前暂不适合结婚，这也意味着他不能自立门户，而只能继续和父王住在一起，忍受父王对他与日俱增的虐待，而这种暗无天日的日子不知何时才能结束。霍瑟姆在柏林的时候，他感觉自己还有一丝希望，而现在已经没有任何指望了。腓特烈·威廉对他说："如果我的父王像我对待你这样对待我的话，我是绝不会忍受的，要么我会自杀，要么我会逃走。"腓特烈二世热爱生命，毫无自杀之意，所以他下决心要逃亡他国。

　　英国又向柏林派来了一位新的特使，即盖伊·迪肯斯（Guy Dickens）上尉，孩子们也称呼他为吉迪金斯（Gidikins）。在卡特的陪同下，腓特烈二世在波茨坦宫门口偷偷地与迪肯斯见面，并把他带回到自己的密室，将自己的计划向他和盘托出：他打算去巴黎停留六个星期，之后就去英国。迪肯斯向乔治二世汇报了这一信息，如同路易十五不希望腓特烈二世前往法国一样，乔治二世也不希望他前往英国。因此，乔治二世让人转告腓特烈二世，目前时机尚不成熟，请其推迟行程。乔治二世还承诺说，如果腓特烈二世能够推迟行程，他就可以替他还账，在此之前他已经多次替腓特烈二世还过账了。腓特烈二世当时欠着七千塔勒（thale）[1]，但是他却张口要了一万五千塔勒，答应决不会从波茨坦出逃。这时，冯·罗霍上校也听到了一些风声，感觉似乎正在发生什么事情，于是他便去找卡特询问。腓特烈二世的成年朋友们都清楚他身处危险中，但是正如这位王子几年后自己所说的那样，他的行为举止既夸张又欠考虑，而卡特与他相比更是有过之而无不及。卡特向罗霍上校做了一些隐晦的暗示，同时又夸耀了王储对他的信任。腓特烈二世逃亡需要的现金、地图和灰色外套都由卡特保管，而当时驻扎在韦塞尔的基思中尉和他的兄弟也参与了这一计划，后者是腓特烈·威廉国王的一位助手，极不情愿却又迫于无奈参与这一出逃计划。

29

　　1730年7月，腓特烈·威廉国王开始了他的德意志地区之旅，他要穿越几个邻国才能去视察那些散落在偏远地区的领地。几经权衡，他还是决定带上腓特烈二世，这样总比把他放在柏林安全。腓特烈二世则把这次行程当作了逃亡的天赐良机，因为其间他们可以靠近法国边境。与他同乘一车的有罗霍、冯·濮登博（von Budden-

---

[1] 塔勒，当时德意志地区流通的一种银币。

brock）将军和另外一位军官——一位曾经与欧根亲王一起参战多次的优秀老兵。他们的任务是监视腓特烈二世，使其不能脱离他们的视线。基思中尉的兄弟要服侍国王，卡特又落在了后面，虽然多次试图赶上队伍却都未果，而原本的安排是一旦腓特烈二世发出信号，卡特就应该不惜一切代价地立即赶到。现在那件灰色外套还在卡特那里，腓特烈二世之后又买了一些红布，请人缝制成外套。冯·罗霍上校察觉到了王子这些不同寻常的举动。

这次巡视始自莱比锡、阿尔滕堡、萨尔费尔德、科堡、班贝格和埃朗根等地。在埃朗根，骑兵上尉冯·卡特前来拜见腓特烈二世，他是腓特烈二世的好朋友卡特的堂兄弟，当时正在埃朗根搜寻巨人。参访团途经纽伦堡和海尔布隆前往安斯巴赫与腓特烈二世的妹妹会合。在这里，腓特烈二世收到了卡特派遣部下士兵送来的一封信，他是在路过埃朗根的时候从骑兵上尉卡特处得知王储在这里的。卡特言谈间不够谨慎，骑兵上尉卡特也得到一些关于这次冒险逃亡计划的传言，所以他也让这个士兵另外带了一封信给罗霍，请他提高警惕。腓特烈二世在给卡特写回信的时候，忘了标注收信人是柏林的卡特，结果这封信被交给了骑兵上尉卡特，这位卡特打开并阅读了这封信后派人交给了罗霍。

参访团离开安斯巴赫后途经布伦海姆战役的战场，那时，马尔博罗刚去世八年，欧根亲王尚在人世，腓特烈·威廉国王手下的许多将领都曾经参加过这场战役，如老德绍和泽肯多夫等。他们陪同王储参观了这片当年的战场，详细向他解释了战役的过程。对于马尔博罗和欧根所参与过的每一场战争，腓特烈二世都是兴致盎然。

30

之后他们抵达奥格斯堡，腓特烈二世在那里再次致信卡特，他在信中说，鉴于他们一直无法会合，他们只能放弃前往法国边境的计划，一旦卡特得到通知，他就必须立即赶往海牙去找阿尔贝维尔伯爵（Comte d'Alberville）。他要带上伯爵的大衣和钱，并且要时刻铭记一旦出现意外，伯爵会前往一个天主教修道院避难，因为无人会想到一个异教徒会跑到那里去。他命令侍从基思准备两匹好马，基思虽然对这一冒险行动不以为然，但也不敢违背王子的命令。腓特烈二世本来指望能在路德维希堡与卡特会合，他和父王要在这里会见符腾堡的埃伯哈德·路德维希（Eberhard Ludwig）公爵，然而他还是未能如愿。

他们的下一站是小镇辛茨海姆。腓特烈·威廉不喜欢这里的小旅馆，更喜欢住在农舍附近。他们找了两个谷仓，一个供腓特烈·威廉居住，而腓特烈二世和他的三个同伴则住在另一个谷仓里。腓特烈二世认为这是个绝好的机会，机不可失，时不再来。他决定黎明时分就和基思一起溜走，基思已经准备好了马匹，这样他们就可以在别人追上他们之前渡过莱茵河。清晨两点，天刚破晓，他的卫兵们犹在酣睡之时，腓特烈二世已悄悄穿好衣服，披上新大衣溜出谷仓。但是经验老到的罗霍早已做好了防范，其贴身仆人叫醒了他，告诉他王储穿着一件红色大衣出门了。罗霍随即赶了出来，发现腓特烈二世正倚靠在一辆马车上，基思骑马赶来，手里还牵着另一匹马。

"怎么了？你们在干什么呢？"罗霍问道。基思镇定地回答说他牵的那匹马是为另一个侍从准备的，因为他觉得他们要提前出发。

"要到五点之后才会出发的，把马牵回马厩吧。"罗霍命令道。

腓特烈二世朝着国王居住的谷仓走去，路上碰到了泽肯多夫。罗霍对泽肯多夫说："您觉得王储殿下穿这件红色大衣怎么样啊？"

当时没有人把这件事情告诉腓特烈·威廉国王，参访团继续既定的行程。虽然腓特烈二世的马车比国王的马车早出发一小时，国王还是先抵达了曼海姆。他非常烦躁不安，甚至无法与东道主——帕拉丁选帝侯举行会谈。于是选帝侯派他的侍从武官去寻找王子，好在王子距离不远，很快就赶到了。此时国王已经知晓了一切，可怜的基思早已惊慌失措，在路上就全部交代了。罗霍到达后，腓特烈·威廉国王立即讯问了他，他也只好讲述了实情，证实了基思所说的话。国王什么都没说，只是在晚宴开始前对腓特烈二世说："你还在这儿啊？我还以为你已经到达巴黎了呢！"国王经常这样说，所以腓特烈二世也不知道他究竟是何用意。

下一站是达姆施塔特，黑森亲王在此处盛情款待了他们，之后他们就前往法兰克福，准备乘船经过波恩和科隆前往韦塞尔，这里是隶属于霍亨索伦家族的领地。当腓特烈二世的马车即将抵达法兰克福之际，罗霍告诉他自己要奉命直接把他送到王家游艇上，腓特烈二世要在那里等候出席当地欢迎仪式的国王归来。情况开始愈发不妙，甚至超出了腓特烈二世及其同伴们的预料。在法兰克福，腓特烈二世写给卡特的最后一封信落到了国王的手里。这封信先被错送到了骑兵上尉卡特那里，这位骑兵上尉又把它交给了国王。现在已经找不到这封信了，但是我们可以想象，这封信肯定是用法语写成的，语气愉悦调侃。腓特烈二世和朋友们的信件一贯如此，这一点令腓特烈·威廉国王勃然大怒。

　　直到他们抵达法兰克福，国王一直在压抑着自己的愤怒，以免令东道主难堪。现在，他们已经登上了归属于霍亨索伦家族的游艇，再加上这封信火上浇油，国王的怒火终于爆发了。甫一登船，国王就导演了恐怖血腥的一幕：他拔出佩剑冲向王子，冯·濮登博将军迅速挡在王子面前，说："您要杀死王子，除非先杀了我。"国王便挥舞着权杖痛打王子，打得王子满脸是血。最后，冯·濮登博将军和其他人把王子救了出来，并让他赶紧逃到另一艘船上去，这时船队才起航前往波恩。这是腓特烈二世有生以来第一次见到莱茵河。到达波恩后，腓特烈二世设法让人告诉韦塞尔的卡特上尉，让他尽快逃走，卡特上尉立即照办了。王子还非常谦卑地去找泽肯多夫，恳求这位将军能够尽其所能地帮助基思和卡特。在韦塞尔，他再次面见了父王，当然过程与第一次差不多，这一次腓特烈·威廉国王回想起曾经因为自己的坏脾气被儿子揶揄嘲弄，更是怒火愈旺。这次谈话后，国王囚禁了腓特烈二世，指派两名佩刺刀的士兵严密监管他。

　　与此同时，柏林方面也知道了这里发生的事情。腓特烈·威廉国王给王后的女侍长德·卡梅克夫人（Mme de Kamecke）写信说明情况："弗里茨试图叛逃，我不得不将其逮捕。请告诉我的夫人，但是不要让她受到惊吓。请您考虑一下一个极其悲伤的父亲的感受。"他同时下令逮捕卡特。倘若不是因为卡特不知死活的拖沓，他本来是不会被抓到的。卡特的上校给了他一天时间逃走，那天下午，他的一个同僚竟然在大街上发现他："卡特，您怎么还在这里啊?"他却含糊其词地回答说他晚上就走。第二天早上，卡特还是没走，其他军官就只好逮捕他了。后来，腓特烈二世才知道卡特迟迟不走的原因是他正在追求某个女孩。

国王一行不急不慌地返回柏林，而此时柏林的人们都在急不可耐地等他们尽快回来。他们返回柏林时，这里立刻陷入了恐怖的气氛中。驻柏林的外交官们向本国政府汇报了这里的情形，他们自己都觉得这些报告令人难以置信。腓特烈·威廉国王对威廉明妮拳打脚踢，怒吼着说他知道威廉明妮曾经为卡特生过一个孩子。之后，他又追打其他的孩子，吓得他们四处奔逃。德·卡梅克夫人忍无可忍，对他喊道："滚开！不要碰这些孩子！"若非如此，肯定会有孩子被他活活打死。第二天，冷静下来的国王为此感谢了德·卡梅克夫人。即便这样，他还是把威廉明妮和德·松斯菲尔德小姐关在两个小房间里。王后不得不眼看着英国影响力的衰败，只能喝闷酒消愁；一个法国人因为借钱给腓特烈二世而被宣布处以绞刑，事后这一法国人逃跑了，所以只能象征性地执行了这一判决；一个曾经和王储表演过二重唱的女孩被公开执行了鞭刑。腓特烈·威廉国王派人把卡特押送到柏林，毒打一顿后交给军方进行审讯。国王还希望对卡特进行刑讯，但格伦布考反对这种做法。除了他们都已经知道的情况外，卡特并没有说更多的事情，他仅坦白道：自己虽誓死追随王子，却始终坚信王子不会真的逃亡他国。

腓特烈二世被单独关押在昆斯特林城堡里，每天牢门会打开四次，有人给他送一日三餐以及打扫他的便桶椅，任何人不得和他交谈。腓特烈二世忍受不了这种孤独，要求做祷告。腓特烈·威廉知

33

道王子的这一要求仅仅是希望有个人和他说说话，哪怕是个牧师也行。他派人传话给儿子，一定要等到军事法庭审讯他的时候他才有资格说话。作为军事审判的预审，格伦布考和其他军官前来审讯腓特烈二世，后者回答问题时依然是玩世不恭，但回答的内容却充满睿智。军方律师们或许试图让他承认策划叛逃，但他却坚决否认——如果他没有策划叛逃的话，此事也就仅仅是王子和父王之间的家庭事务，他并没有违反任何法律。当腓特烈·威廉看到自己的儿子如此聪明的时候，既感到愤怒也感到满意。

看押他的士兵们很快就对他充满同情之心。昆斯特林的长官只服从腓特烈·威廉国王的命令，虽然监牢的门不予打开，但他派人在牢房的天花板上开了一个洞，他七岁的小儿子就从这个洞里给腓特烈二世送来了书籍、纸笔和美食。之后老德绍派遣上尉拉·莫特·富凯（La Motte Fouqué）男爵来陪伴他，这是一位极有个人魅力的人，日后成为腓特烈二世终其一生的挚友。

腓特烈·威廉陷入极度的痛苦与折磨之中，他不知道到底应该如何处置这个孩子。他的反应是狂暴的，但与此同时，他对当时的形势也了如指掌。他深知腓特烈二世已经走到了人生的十字路口，他的将来以及这个国家的将来都取决于他所选择的道路。作为父亲，腓特烈·威廉有责任帮助自己的儿子做出正确的选择。如果他做不到这一点，那么他能够把他为之操劳一生的国家、把一支世界上最强大的军队交给"一个法国小贵族"、交给一个轻浮的废物吗？在他心底，他知道腓特烈二世并非这样不堪的人，同样，腓特烈二世也坚信，自己的父王绝非一个戴着王冠的恶魔。腓特烈二世在后来回忆起这段往事的时候说："我一直对父王充满着崇敬。"他也提到了腓特烈·威廉极其敏锐的洞察力。王后本来可以在这两个男人之间发挥重要的协调作用，但她却只会毫无意义地哀叹王宫的简陋，抱怨没有能够与英国王室通婚。腓特烈·威廉国王唯一的知己就剩下老德绍了，他告诉老德绍，他对得起自己的良心。为了让这个孩子健康成长，他一直对他严格要求。当格伦布考告诉他，腓特烈二世依然是玩世不恭、笑对一切时，他震惊了，难道他对一切都不在意吗？他必须得明白人生绝不只是吹吹曲子、开开玩笑、读读法国诗歌那般轻松惬意。

1730 年 10 月底，军事法庭成立了，人员包括审判长冯·德·舒伦堡（von der Schulenburg）中校（他是卡特的亲戚）、格伦布考和将军什未林（Schwerin）伯爵（他是腓特烈·威廉手下最杰出的军人，看着腓特烈二世长大，从小就很喜欢他），还有另一位将军和其他九位军官，其中最低的军衔是上尉。卡特被判处终身监禁。对于王储而言，如果他被认定叛逃罪名成立，那么就会被处以极刑，但是法庭认为他们不能审判一位神圣罗马帝国的王子，因此此案应交由国王亲自审理。在法庭的报告中，使用了之前的尊称和头衔来称呼王子，自从王子试图逃跑后，这些尊称和头衔就没有再被使用过。同时在报告中，并没有明言宣称王子是在叛逃，而是使用了撤退、逃脱和脱岗等字眼。

国王将卡特的判决改为了死刑，他说卡特的罪行并非是年少轻狂的恶作剧，况且他也不是一名普通的军官，而是国王的卫队成员。如果都像他这样不忠于国家的话，那么整个国家将处于危险之中。卡特是在和王储一起图谋不轨，如果他被轻判的话（所谓的终身监禁也只能是执行至腓特烈·威廉国王去世之时），国王就永远无法再信任他的卫队了，因此判决必须要公正。腓特烈·威廉做出如此严厉的判决或许是因为他确信腓特烈二世和卡特实际上是情人关系。卡特的父亲是一位将军，他写信给国王求情，国王回复道："您儿子是一个恶棍，我儿子也是一个恶棍，对此我俩都是无能为力的。"卡特的祖父是一位陆军元帅，他也写信给国王求情，收到的答复虽然充满同情，但是同样是拒绝的。之后，腓特烈·威廉国王拒绝会见任何来求情的人，卡特的母亲无法接受这一事实，伤心而亡。

11 月 6 日早上，一位年长的军官和几名士兵来到腓特烈二世的牢房叫醒了他，他们个个都眼含泪水。腓特烈二世以为他们是来处死自己的，要求他们快点动手。但是他们告诉他，卡特前天就已经被押解到了昆斯特林，马上就要在腓特烈二世牢房外的空地上被斩首。王子彻底崩溃了，他恳求看守找理由推迟执行死刑，给他留一点时间致信国王求情。只要能够救卡特一命，他宁愿放弃继承王位的权利，但是其要求被拒绝了。到了规定的时间，卡特被押送到腓特烈二世牢房的窗外，王子"看到了他心爱的乔纳森[1]"*，他看似一直很开心，仿佛是在表演一出话剧，或者是认为最后一刻他就会得到赦免。腓特烈二世向他做出了飞吻的手势，用法语说"我

---

[1] 乔纳森是腓特烈二世为卡特取的爱称。
* 关于这个场景，有很多不同的描述，此处的描述引自一位目击者写给冯·卡特将军的信。

亲爱的卡特，我只能祈求您的宽恕"。"殿下，"卡特深鞠一躬说，"您并没有做错什么！"然后，他跪下来开始祷告，之后他的头颅被军刀砍下。腓特烈二世没有看到这最可怕的一幕，因为他早已昏厥在地。

4

赦　免

Rehabilitation

卡特死后，腓特烈二世以为下一个被处死的就是他自己了。国王派遣了一位牧师来为他做祷告，他和这位牧师进行了一番充满隐喻的对话，已经完全做好赴死的准备。然而，人们都坚信即使是在最生气的时候，国王也并非真的要处决自己的儿子。据说，他最终没有处死儿子是因为他收到很多其他德意志邦国统治者的求情信，就连帝国皇帝查理六世本人也写信给他，指出腓特烈二世是一位帝国的王子，因此只有帝国的司法机构才能对他进行审判。其实，腓特烈·威廉早就知道会有这样的结果，如果他真的下定决心处死腓特烈二世的话，这些来信绝不可能阻止他。

在卡特被处死两周后，腓特烈二世突然被释放，并且被安排在昆斯特林地方政府工作。他要跟着议员希勒（Hille）学习市政管理，希勒举止文雅、学识渊博。在这里，腓特烈二世必须遵守严格的戒律，他不能外出就餐，不能接待朋友来访。但是毕竟他得以死里逃生，又可以住在一个小房子里，还有两个幽默的年轻副官陪他聊天，低落的情绪逐渐高涨起来，而那可怜的卡特则似乎很快被他抛诸云外了。鉴于市政议会里已经没有他的位置，腓特烈二世申请了海军的岗位——这有什么不行的呢？毕竟流经这里的奥德河最终汇入大海。市政议员们都很喜欢这个爱开玩笑的年轻人，感觉这位王子如同一只快乐的蟋蟀一样乐天、幽默。希勒对王子要求严格，从不对其轻易让步，好在两个人在一起的时候总是相处愉快；他也从不对王子讨好献媚，总是坦白直率、实话实说。希勒告诉王子，他所写的诗歌对于一位王储而言已经很不错了，但是对于普通中产阶层而言就显得乏善可陈。他发现腓特烈二世能够熟练背诵亚里士多德作品的法文版，但对德意志的历史却一无所知，似乎他的祖先们是打着牌就轻易赢得如此广阔的领土。希勒向腓特烈二世讲解了有关工业、贸易和农业的知识，并告诫王子，只要西里西亚继续阻碍贸易往来，勃兰登堡就永远无法得到繁荣，因为勃兰登堡没有足够的贸易通道。腓特烈二世注意到了这一点，也记住了其他的一些地理知识，比如说由于被波兰包围，霍亨索伦家族的领地才被分裂开来，从而带来很大的麻烦。欧根亲王曾经收到过王储在这段时间里的谈话记录，王储曾言等到他继位之后，邻国就会有麻烦了。

37

　　对于腓特烈·威廉国王而言，把王子派遣到外地工作实在是一个明智之举，哪怕他们父子之间的关系依然不睦；在这段时间里，格伦布考负责维系他们之间的联络。腓特烈二世总是感觉格伦布考试图说服国王除掉自己，但事实上这是不太可能的。格伦布考的确是个无赖，但绝非野蛮人，他的后台老板——帝国皇帝也不希望腓特烈二世被处死，格伦布考本人更没有什么理由要除掉腓特烈二世。腓特烈二世曾经取笑甚至侮辱过格伦布考，但后者也会以牙还牙，在此之外，格伦布考似乎还挺喜欢这位王子，总是称其为"年轻人"。腓特烈二世的内廷总监曾说过他们都认为自己处于格伦布考的保护之中。

腓特烈·威廉国王听说儿子最近开始相信宿命论了。这小子是真的相信吗？是什么人向他灌输这些异端邪说的？腓特烈二世曾经送过来一个书单，里面的一些书籍的确含有宿命论的学说。啊哈！一定是什么人向王子推荐的这些书，会是谁呢？最有可能的人当然就是杜安，于是杜安很快便被解职，甚至连退休金都没有得到。据说腓特烈二世因此而大病一场，这也算是宿命论的表现吧！但是他肯定死不了，正所谓野火烧不尽。之后，腓特烈·威廉下令不得向腓特烈二世提供牡蛎、阉鸡等美食。腓特烈二世决定不再相信宿命论了，这对他而言很容易做到，但这种悲观的理论毕竟已经渗透到他的言行之中了。1760 年，他这样写道："上帝就像园丁培育鲜花一样，把人们塑造成各自的样子：水仙花、茉莉花、万寿菊、康乃馨或是紫罗兰，然后就把人类安置在尘世中，不再干涉，让其自然地成长。"这时的腓特烈二世已经一文不名了，他请求国王能赐给他一些夏季的服装，腓特烈·威廉国王回复他说，真正的德意志人绝不会想到要买夏季的服装，只有那些颓废的法兰西人才会要这些东西；他希望能得到一些书籍，却被告知只要诵读《圣经》就可以了，他就是因为读了太多的书才变成了今天的样子。不久之后，他便厌倦了昆斯特林的生活，因为在这里陪着他的人——他的内廷总监和那两个副官，已逐渐变得乏味无趣。每次给父王写信的时候，他都会恳求父王恩准他离开这里，但是腓特烈·威廉国王却告诉他，在他洗心革面、不再虚伪做戏之前，他不能离开，"我会告知你什么时候才算洗心革面的"。

舒伦堡来拜见王子，询问他是否同意一桩极可能成功的婚事。当时，腓特烈二世最大的愿望就是能自立门户而又不被婚姻束缚，他对舒伦堡说如果国王坚持的话他会服从国王的命令，但婚后他和王妃会井水不犯河水，各自独立生活。"国王肯定会发现这种情况，让您的生活痛苦不堪。此外，您也会毁掉您自己的健康的。""您难道不知道我会变成什么样子吗？"谈话后，舒伦堡认为王子应该被派去统领一个军团。"对我而言，唯一不可能的事情就是再次和国王住在一起。"王子回答道。

这时，威廉明妮和德·松斯菲尔德小姐已经在柏林的一座王宫里被关押了六个月，仅靠难以下咽的食物勉强糊口，但是威廉明妮并没有因此而畏惧退缩，对她的看管也逐渐宽松起来。1731 年 5 月，这座王宫的看门人——此人也是个奥地利间谍——告诉她，她被许配给萨克森-魏森费尔斯（Saxe-Weissenfels）公爵了。威廉明妮听说过这位公爵，此人是个酒鬼，她一直很鄙视他。但如果她拒绝的话，就会被终身监禁，而德·松斯菲尔德小姐也会被施以鞭刑。盖伊·迪肯斯的确曾经听腓特烈·威廉国王说过，如果德·松斯菲尔德小姐不促成这桩婚事的话，他就要把她关到囚禁妓女的大牢里。德·松斯菲尔德小姐人缘很好，深受尊重，被称为"每个人的阿姨"，迪肯斯的说法看似荒谬可笑，但谁也无法预测腓特烈·威廉国王能做出什么样的事情来。虽然受到威胁，德·松斯菲尔德小姐依然勇敢地鼓励公主拒绝这桩婚事，王后也同样反对此事，她仍然寄希望于女儿嫁给英国的威尔士亲王。

国王与王后当时住在波茨坦。一天，格伦布考和其他高官一起求见威廉明妮公主，在一番辞藻华丽的开场白之后，他告诉威廉明妮她的新郎将是拜罗伊特边境伯爵，他是勃兰登堡家族的成员。格伦布考还说，虽然公主从来没有见过伯爵，但是一旦见面，她肯定不会反感此人的。如果她拒绝的话，那么她就会被关押到一个城堡里，德·松斯菲尔德小姐也会受到惩罚；而如果她能够接受的话，腓特烈二世就可以被平反并恢复名誉。考虑到这些条件，威廉明妮答应了，王后对此愤怒不已，发誓一辈子都会恨她。

之后，国王在柏林举行了阅兵式，帝国各地的王公们都赶来参加。腓特烈二世也请求参加，但是被拒。威廉明妮坐在窗边看着宾客们抵达，突然她注意到了一个素不相识的年轻人从马车上走下来。"这是谁？"这就是拜罗伊特。第二天，在阅兵式上，拜罗伊特被引荐给王后，但是王后对他极不友善，威廉明妮则躲在侍女的马车上偷偷地看他。在宴会上当她正式见到这位身材高大、相貌英俊、气质高贵的年轻人时，还是心怀委屈地流下了眼泪。拜罗伊特对王后说，如果威廉明妮讨厌他的话，他最好还是离开这里。国王在晚宴上正式宣布威廉明妮与拜罗伊特订婚，他还当众拥抱了德·松斯菲尔德小姐以示奖励。这场晚宴令人沮丧，国王一如既往地感觉失常，喝得酩酊大醉，病倒在床。王后禁止威廉明妮与其未婚夫交谈，当她看到威廉明妮朝着拜罗伊特眨眼示意的时候竟然勃然大怒。国王还灌醉了拜罗伊特，想看看他到底是一个什么样的人。拜罗伊特觉得这里的环境太险恶了，便向国王申请率领一个军团驻扎到外省去，等到 11 月举行婚礼的时候再返回柏林。离开柏林前，拜罗伊特含情脉脉地与威廉明妮话别，威廉明妮也是心花怒放，王后却不合时宜地赶来打断了他们的谈话。此时的王后已经变得歇斯底里了，她依旧盼望着能从伦敦传来与王室通婚的消息；在没有得到消息之前，她命令威廉明妮和拜罗伊特以兄妹相处，以为这桩婚事早晚会被取消的。她这样做，对威廉明妮太残忍了，腓特烈·威廉国王对威廉明妮最狠心的时候也不过如此。这时的威廉明妮心里只有一个想法，就是永远离开这个家。

这年的 8 月 15 日是腓特烈·威廉国王四十三岁的生日，腓特烈二世的内廷总监得到命令，要他通知他的"属下"，国王即将前来看望他。"当我看着他的眼睛时，我就知道他有没有洗心革面了。"格伦布考参与了这次会面并做了详尽的记述。腓特烈二世一见到国王就跪倒在地上，国王要他站起来，然后就开始详细回顾了他们父子之间的关系，从一开始直到腓特烈二世逃亡。"我一直期待着你能够承认自己的错误，但是你却从来做不到。你反而变得愈发固执。我已经竭尽所能了，甚至试着对你更加仁慈，但是你却始终不愿意跟我说实话。我要替你还债时，你不愿意告诉我你是因何欠债，而是转身就走，去找一个法国人借钱。你这是自取灭亡，你根本就不信任我。"当国王说到这里的时候，腓特烈二世再次跪倒在地。

40

国王继续问道："你是想逃往英国吗？"

"是的。"腓特烈二世回答道。

"你从不为你的母后考虑，如果你逃往英国的话，我一定会认为这是她的主意；你也不为威廉明妮着想，我会把她终身监禁的；你也没有考虑过因为你的逃亡，我们会与汉诺威开战，整个普鲁士王国都会陷入战争的状态之中。是你策动卡特逃亡的，还是他策动的你？"

"是我策动的他。"

"你今天能告诉我实话，我很高兴。你在这里怎么样？肯定比武斯特豪森要好一些吧！我想你不喜欢和我在一起吧——我是一个德意志国王——我没法用法语说笑话，而你却痛恨我所喜欢的一切。但愿仁慈的上帝能够保佑你，弗里茨。至于我嘛，我已经宽恕你了。"

说到这里，父子两人都已经泪流满面，国王拥抱了王子，这让所有的人都感到很高兴。之后，国王跑上马车，驾车而去。腓特烈二世告诉格伦布考，有生以来，他第一次感觉父王是爱他的。

这次会面之后，那些令腓特烈二世的生活枯燥乏味的清规戒律开始变得宽松一些了。他可以去参观农场和庄园，看看这些地方是如何经营管理的，他可以接待朋友来访，甚至可以外出就餐了，但是仍然不能与任何女人会面。他前往弗拉希（Wreech）上校家做客，上校家里有座美丽的庄园叫作坦塞尔（Tamsel），距离昆斯特林大约六英里。上校的夫人比上校年轻十岁，面若百合玫瑰。这座庄园是她的产业，最初，此庄园是为其祖父而建，建造者都是在与土耳其的战争中被俘获的希腊工匠。不久，腓特烈二世爱上了上校夫人，给她写了不少蹩脚的诗和感人的情书。后来上校夫人怀孕了，各种传言满天飞。格伦布考直截了当地问腓特烈二世上校夫人怀的这个孩子是不是他的，他回答说："不是的。"腓特烈·威廉国王也听到了这些谣言，但是并没有很生气。这个孩子出生不久便夭亡了。腓特烈二世离开昆斯特林的时候送给弗拉希夫人一幅自己的画像，希望她时不时地看一下，能够说："他还不是个坏东西，他之所以离开我是因为他太爱我了，也是因为他的这种不应该有的爱情会时不时地惹我生气。"六年后，他对伏尔泰说："在我很年轻的时候，一个伶俐可爱的人，一个堪称大自然所创造出来的小奇迹般的人给了我两方面的激情：一个是爱情，一个是诗歌。在爱情方面，我成功了；在诗歌方面，我失败了。"

41

　　威廉明妮的婚礼定在了 11 月 20 日，当天举行了各种庆典活动，只有王后闷闷不乐。威廉明妮已经深深爱上了拜罗伊特，她生来就是一个活泼开朗的人，所以整个婚礼上她都是兴高采烈的。晚上，当她正在跳舞的时候，格伦布考对她说："快看站在门口的人是谁！"她看了又看，居然是他的弟弟。她冲过去扑到了弟弟的怀里，但是腓特烈二世却冷若冰霜，这对威廉明妮而言太不公平了，因为她之所以同意这门婚事，就是为了让腓特烈二世能够被赦免。而且腓特烈二世对拜罗伊特也是非常冷淡，好在这种情况只是持续了一两天，他们姐弟之间就恢复了原来的亲密关系。

　　国王带着腓特烈二世来见王后，对她说："夫人，咱们的小弗里茨又回来了！"但是小肚鸡肠又敏感的索菲亚·多罗西亚王后并不开心，因为她觉得腓特烈二世是因为参加姐姐的婚礼才回来的，而不是为了回来看望自己，所以她对待腓特烈二世就像对待威廉明妮和拜罗伊特一样冷淡。一直期望着阖家团聚的国王对威廉明妮说："事实上，咱们家里所有的麻烦都源自你母后和她的心机。"

在这次流放期间，腓特烈二世长高了也长胖了，看上去更像个堂堂男子汉。腓特烈·威廉国王的将军们在老德绍的带领下，一起恳请国王原谅腓特烈二世过去的错误并让他率领一支部队。国王爽快地同意了，让腓特烈二世重新穿上军装前往鲁平，担任上校并统率驻扎在那里的一个团。在那里，他拥有两座小房子，开始热衷园艺，因为他终于第一次拥有了属于自己的房子。"阿玛耳忒亚（Amalthée）[1]——这是我心爱的鲁平花园。"在这里，他种植甜瓜，静坐冥思，吹奏长笛。他的下属、建筑师克诺贝尔斯多夫（Knobelsdorff）在这里为腓特烈二世修建了阿玛耳忒亚小庙，这是他为腓特烈二世修建的第一座建筑，之后他又为其修建了很多其他的建筑。他还有很多的同龄人陪伴着他，其中就包括凯泽林，凯泽林早就和他相交甚厚了，在腓特烈二世逃亡事件发生后，他遇到了不少的麻烦，幸亏腓特烈二世设法把他调到了自己的身边。最重要的是，在这里，腓特烈二世可以随心所欲地阅读书籍了："和已经故去的作者对话要比和活人进行对话更令人着迷。"他创作了很多的法语诗歌，与吹奏长笛一样，这也成了他最大的爱好。在此期间，他还结识了一位终身的好友。冯·什未林将军一直喜爱并且理

[1] 腓特烈大帝为花园取的名字来自古希腊神话中宙斯的乳母。

解腓特烈二世，因此从自己的部队里选派了一名叫弗雷德斯多夫（Fredersdorf）的列兵去伺候腓特烈二世，希望他们能和谐相处。他们的确相处得很好，从此弗雷德斯多夫就一直陪在腓特烈二世身边，直到1758年弗雷德斯多夫去世。弗雷德斯多夫身材高大、相貌英俊、聪明伶俐，话不多但彬彬有礼，而且非常擅长吹奏长笛。因为在驻扎鲁平期间，国王不允许腓特烈二世和音乐家或音乐教师在一起，只有弗雷德斯多夫可以和腓特烈二世一起吹奏长笛，这也就成了最令他开心的事情。当弗雷德斯多夫不在身边的时候——后来，他经常外出执行秘密任务——腓特烈二世几乎会每天给他写一封信，从信里的内容可以看出他们的关系非常亲密。他会询问这位侍从的健康状况，很明显是在担心他的身体。有些信件里的内容充满了情色内容，而有些信的语气则更像是父亲写给儿子的。不管这两个人之间到底是什么关系，可以确定的是他们异常亲密。

婚　姻
Marriage

　　现在，腓特烈二世必须要考虑自己将来的生活了。大部分的德意志王子在成家立业之前都会进行一次大旅行（grand tour）[1]，但腓特烈二世知道父王绝不会同意自己外出旅行，所以根本没有必要去请示。在父王终于对自己态度好转之后，他又不愿意再去惹恼、激怒父王，当然，他不停地向格伦布考提及此事，请他为自己说情。就像伏尔泰一样，他最向往的地方也是意大利，然而和伏尔泰一样，他的意大利之行也未能成功。既然不能去旅行，那就只能考虑结婚的问题了。他并不急于成家，但却有志于立业，而对于一个年轻的王子而言，不成家是不可能建立自己的基业的。格伦布考和泽肯多夫两人已经成功地阻止了王子与英国王室通婚，这时两人

---

[1]　大旅行，特指当时作为欧洲贵族青年教育一部分的欧洲文化之旅。

便开始提出他们的主子所推出的人选——帝后的侄女，来自不伦瑞克-沃尔芬比特尔家族的伊丽莎白公主。这位公主与腓特烈二世门当户对，年龄相仿，还是一位新教徒。腓特烈·威廉国王完全赞同，写信给腓特烈二世告知他这桩婚事。国王在信中还说只要腓特烈二世生了儿子，他就会允许他外出旅行。

腓特烈二世从未见过这位公主，却对她十分反感，他给格伦布考写了很多信件表达自己的反对。在每封信中，他第一句话都是问候将军，祝他健康，之后就说他会服从父王的命令，但是他会为这位丑陋的公主感到难过，因为世界上又会出现一位不幸的王妃——他催促格伦布考得赶紧教习这位公主各种知识，因为他宁可被一位聪明的妻子戴上绿帽子，也不愿意被一个蠢货逼疯。她必须要能背诵莫里哀的《太太学堂》。为什么呢？因为他宁可娶失去继承权、相貌丑陋的耶特小姐（其实耶特小姐就是格伦布考的女儿），也不愿意娶一位蠢笨的公主。他知道格伦布考是一个老色鬼，所以他也肯定更喜欢一个善于调情的女人而不是一个假正经的女人。腓特烈二世得有多么痛恨小说里的女主人公啊！他只有在自己得到愉悦的时候才会喜欢女人，事后就会对她们嗤之以鼻，他天生就不可能成为一个好丈夫。

格伦布考赶往不伦瑞克，又向腓特烈二世汇报了公主的情况。他说他不会过分地夸赞这位公主，以此让王子对她产生虚假的好感，但是这位公主的确很优秀。之后，腓特烈二世称这位公主为"符合您需要的可恶之人"。腓特烈二世陷入极度悲伤之中，他无法忍受和这样一个蠢货一同出现在公众面前。作为一名基督徒，国王也应该考虑一下他所造成的另一场婚姻悲剧，想想安斯巴赫夫妇吧，他们之间已经水火不容了。

表面上，腓特烈二世还在插科打诨开着玩笑，内心却痛苦万状、悲伤难抑，甚至开始谈及自杀的事情。他的一名部下给格伦布考写信，问后者能否阻止这桩婚事，格伦布考回复说他可不想因为帮助腓特烈二世而被国王砍头——王子的确很不错，但是还得有一些惩罚和磨砺，这才是他需要的。

1732 年 3 月，王子订婚了。庆祝仪式上有一位极富魅力的来宾，是洛林公爵弗朗茨。此人从小就在奥地利宫廷长大，一直是皇帝的宠儿，奥地利女大公玛丽亚·特蕾莎也是从小就对其芳心暗许。据说时候一到，他们就要结婚了。他和腓特烈二世彼时已经成为朋友。当腓特烈二世把戒指戴到公主的手指上时，人们看到他的眼里满含泪水。他写信告诉威廉明妮："这个公主说不上美，也算不上丑；有些头脑但是未曾好好受教；性格羞涩……我和她之间既不会产生爱情也不会有友情。"（当威廉明妮见到这位公主的时候，她说公主很可爱，像个孩子一样，就是牙齿不整齐。）他写给格伦布考的信则更加可怕："我会遵守我的诺言，与这位女士成婚，但是我们也只能相敬如宾，见面会说'早上好，夫人，祝您今天好运'。"现在，他要前往不伦瑞克，但是对他而言，这不是什么开心的事情，他也知道他这个傻老婆会说什么。公主曾经寄来一个瓷质鼻烟壶，但到他手上时已经破损，这预示了什么呢？但是他还是告诉威廉明妮，说他并不像他表现出来的那样讨厌这个傻老婆，他请威廉明妮帮公主好好打扮，同时他也希望国王能够知道，在这件婚

45

事上，他为了取悦国王而做出了巨大的牺牲。

就在腓特烈二世的婚礼前，"强力王"奥古斯都去世了，去世前他还曾宴请了格伦布考，所以他的突然去世对格伦布考震动巨大，后者从此改变了很多。奥古斯都的去世引发了波兰王位继承权的争议：路易十五希望自己的岳父、曾经的波兰国王（1704—1709年在位）斯坦尼斯拉斯回波兰继续担任国王，而帝国皇帝的人选则是奥古斯都的儿子。查理六世皇帝一直以来都在谋求建立反法同盟，现在急于取悦英国人，他建议腓特烈·威廉取消腓特烈二世的婚约，迎娶阿米莉亚公主。腓特烈·威廉对这样一个令他丢脸的建议怒不可遏，这位皇帝先是想方设法地阻止了普鲁士与英国通婚，现在又试图在婚礼前夜搅黄另一桩婚事，令一位年轻的公主蒙羞，腓特烈·威廉绝不能原谅皇帝的这种劣行。他很欣赏伊丽莎白公主，而这时的伊丽莎白公主也已经深深地爱上了腓特烈二世，并且对他钟情一生。

因此，在不伦瑞克的婚礼如期举行。腓特烈·威廉国王把柏林附近的美丽堡（palace of Schönhausen）[1] 赏赐给儿媳，后来当腓特烈二世出征作战时，伊丽莎白公主就居住在这座宫殿里。腓特烈·威廉国王派遣了一万名士兵帮助皇帝抵御法国军队，当时法军包围了莱茵河畔的菲利普斯堡，奥地利军队则由欧根亲王统帅。一想到自己可以在这位传奇人物的统领下开始第一次真正的战斗，腓特烈二世就欢喜异常，但他很快发现，欧根亲王已然年迈，雄风不

[1] 又名申豪森宫。

再。双方并没有交战，菲利普斯堡就陷落了，腓特烈二世唯一的收获就是发现帝国军队已经不堪一击。他曾经说过，虽然他身在奥地利军队一方，但是内心却希望法国军队获胜。

在这次围困菲利普斯堡的战斗中，他还结交了一位法国朋友——沙索伯爵（Comte de Chasot）。伯爵在一场决斗中杀死了一名势力强大的布夫莱尔（Boufflers）家族成员，不得不逃亡到帝国军队这边，还随身带来了一封有他的上校签名的信件。信中解释说为了荣誉，伯爵不得不参加这次决斗。腓特烈二世请他一同进餐，他很高兴能见到一位来自法国的真正法国人。宴会气氛热烈，沙索本来就是一个乐天派，这时他在法国的战友们又把他的几匹战马都送了过来，他愈发开心了。欧根亲王说："您最好把这些战马都卖掉，我们可以送您一些会说德语的战马。"列支敦士登亲王当场高价买下了这些战马。奥兰治亲王说："把马匹卖给吃得开心的人总是很合算的。"沙索留在了腓特烈二世身边，他没有和自己的祖国作对，而是和腓特烈二世一起畅谈，一起吹奏长笛。

相较于沙索，对于腓特烈二世而言更重要的朋友当属汉斯·卡尔·冯·温特费尔特（Hans Karl von Winterfeldt），腓特烈二世也是在这里第一次遇到他。他只比腓特烈二世大五岁，但腓特烈·威廉国王已经常常指派他执行一些特殊任务了。汉斯是一个头脑聪明、做事专心致志、为人可靠、值得信赖的德意志战士，他不说法语，从不装模作样，而是一心钻研军事。腓特烈二世始终对他十分看重和倚赖："他是我的朋友，一个好人，一个真正有思想的人。"

在回家途中，腓特烈二世专程前往拜罗伊特探望威廉明妮。他语气生硬地告诉威廉明妮，以后她不能再过这种贵族生活了，而应该像农妇那样过日子，只有这样，她才能还清所欠的债务，而他是不会替她偿还外债的。听到这些，威廉明妮大为震惊，痛哭起来。腓特烈二世演奏了一会儿音乐来安慰她。他经常这样戏弄姐姐，但是姐姐终究还是他在这个世界上最爱的人。此外，他们还谈论了重病的父王，觉得他可能不久于人世了。腓特烈二世非常期待能继承王位，他说起了他是多么欣赏他岳父不伦瑞克公爵的做法：为了展示他对儿子的尊重，他及时地去世以便儿子能早日继承王位（同样是在这一时期，威尔士亲王也在迫切地盼望着父王乔治二世能够在前往汉诺威的路上淹死）。威廉明妮则盼望着母后能够早日孀居，"这对她而言将会成为一个沉重的打击"。

回到波茨坦后，腓特烈二世亲身目睹父王日渐病情危重，看样子他很难熬过这一关了；他对父王极尽孝道关爱，同时也开始为父王的去世做准备。他打算利用帝国军队的薄弱之处，立即占领西里西亚。但是正在这时腓特烈·威廉却康复了，他决定放弃对皇帝的效忠，不仅仅是因为皇帝在与英国通婚之事上的所作所为令他耿耿于怀，而且在于这位皇帝还曾经背叛过他：皇帝本来答应把于利希和贝格划归普鲁士，但是后来又答应把这两个地方划给冯·祖尔茨巴赫伯爵（Count von Sulzbach）。腓特烈·威廉一直都在用各种方式支持帝国皇帝，但是却没有得到任何的回报，因此他决定下一场战役绝不会再派兵支援帝国了。这场战争临近尾声，1735 年 10 月，路易十五和查理六世达成协议，决定由斯坦尼斯拉斯·莱克辛斯基统治洛林地区，而这一古老省份的公爵，也就是玛丽亚·特蕾莎的

47

未婚夫，将统治托斯卡纳大公国。他对此非常焦虑，洛林人也同样非常焦虑，因为这样一来，他们实际上就成了法国人。萨克森的奥古斯都被选为波兰国王。在就此协议进行谈判时，查理六世甚至都没有征询过腓特烈·威廉的意见，而他明明知道，关于波兰的任何事务对于腓特烈·威廉而言都是至关重要的。

1735 年夏季，腓特烈二世开启了对普鲁士的视察之旅。在腓特烈·威廉刚刚继承王位之时，这里贫穷、野蛮，一片荒芜，那些条顿骑士团破旧的城堡里，依然悬挂着老旧的日耳曼神像。腓特烈·威廉吸引了大量的宗教难民，其中很多人都来自萨尔茨堡，在那里的新教徒遭受了严重的迫害。他本人亲自组织了移民迁入和管理的每个环节：城镇的规划、需要种植的粮食、需要清除的有害动物——从狗熊到狼再到松鼠。胡格诺派移民必须学习并使用德语。腓特烈二世一直看不起普鲁士地区，他对哥特人过去的历史嗤之以鼻，对于任何会让他想起这些的事情也充满鄙视。他认为，在整个普鲁士地区，就没有一个能够独立思考的人。但是，在这次视察过程中，他还是竭尽所能地取悦父王，甚至会把当地农民的面包寄给父王。虽然在一些信件里，他也说他快要被这些野蛮人烦死了，但是他还是清楚地看到了腓特烈·威廉国王所统治的区域与周围的波兰领土之间的巨大差异：在普鲁士，一切井井有条，一派繁华景象，还有成百上千的孩子们；而波兰的领土则是一片荒芜，宛如沙漠。

在普鲁士的首府柯尼斯堡，腓特烈二世拜见了流亡在那里的斯坦尼斯拉斯·莱克辛斯基，后者已经是第二次从波兰被放逐了。腓特烈·威廉国王顶住了来自奥地利与俄国的压力保护他，甚至还给了他些许补助金。这位前国王与腓特烈二世相谈甚欢，他们聊了很多腓特烈二世感兴趣的话题，如精神不朽等。斯坦尼斯拉斯受过良好教育，幽默而又有些愤世嫉俗，他是一位罗马天主教徒，然而不是那么虔诚，他的女儿是法国王后，一直竭力使她的父亲虔诚些，但是收效不大。腓特烈二世对基督教充满仇视与鄙夷，因为在三十年战争中，正是基督教给德意志地区带来了巨大的破坏。他一生都对上帝抱持一种自相矛盾的态度。伏尔泰对他的影响是巨大的，如同伏尔泰一样，他也认为存在一个像上帝一样的超级生命（Superior Being），但他认为这样一个超级生命绝不会干涉个人的生活。在他内心深处，他似乎相信神灵，但是他更希望能用一个融合了培尔（Bayle）[1]的形而上学与伏尔泰的笑话的学说来威慑百姓。

当腓特烈二世结束普鲁士之旅，回到勃兰登堡时，他与父王之间的关系日趋融洽，父子两人都意识到，只要他们不住在一起，就可以相安无事。腓特烈二世说："离朱庇特（Jupiter）远一些，你就不会被雷电击中。"

---

[1] 培尔（1647—1706），17世纪下半叶法国最有影响的怀疑论者。

从伦勃朗到华托

Out of a Rembrandt into a Watteau

  鉴于腓特烈二世在鲁平的两座小房子已经无法安排储妃入住，腓特烈·威廉在邻近的莱茵斯贝格又为儿子买了一处房产。在他外出作战的时候，这座房产就交由克诺伯斯多夫翻建，翻建时完全遵循了腓特烈二世的喜好：环境宜居、光线明亮，每天都令人感到无忧无虑。人们常说，从武斯特豪森搬到莱茵斯贝格，感觉就像是从欣赏伦勃朗的画作到观赏华托的作品，其画风迥然相异。1736 年，这对年轻的夫妇便迁至此处开始了他们的共同生活。腓特烈二世将此处称为雷穆斯伯格（当地有一个不是很可靠的传说，称雷穆斯[1]就是在此处去世的，并且就埋葬在湖里的一个小岛上）。在这里，他的周遭皆是情趣相投的人，与其说他们是他的仆人，还不

---

[1] 雷穆斯（约前 771—约前 753），罗马神话中罗马市的奠基人之一。

如说是他的客人，他人生中第一次感到如此开心。在武斯特豪森，他曾经乏味到绝望，希望能把这段时间从记忆中抹去，而现在他再也没有这种感觉了。每天，他会去鲁平履行军中公务，然后其他的时间就全部由自己自由支配了。

对于脑力工作者而言，乡下的居所是最令人神清气爽也是最能出成果的了——你可以随心所欲地待在自己的房间里；等到下楼进餐或散步的时候，周围的人也都是情趣相投的知己；可以和睿智的人谈心；到了傍晚则可以欣赏音乐或者戏剧。在莱茵斯贝格，腓特烈二世就享受着这样的生活。他和克诺伯斯多夫在翻建房屋的时候专门保留了两个圆形塔楼，其中一个就是图书馆，他常常在里面待上很长时间。

腓特烈二世有一个强烈的愿望，希望能够发现世间万物的源头，他觉得要想做到这一点，最好的方法就是研究文学和哲学。到他晚年时，他已经发现要想找到万物之源殊非易事，他曾经自嘲过自己年轻时的雄心壮志。但是，在莱茵斯贝格的大量阅读，为他掌握古典时期之后的欧洲思想打下了坚实的基础。与此同时，他也在为继承王位做着准备工作。"良好的意愿、对人类的热爱、个人的努力拼搏都会对社会发展带来益处，让我感到满意的是，在这个社会里，我还不属于那种懒惰的无用之辈。"在写给绍姆堡-利佩（Schaumburg-Lippe）的信中，他如是说道。他写这封信是为了感谢绍姆堡-利佩曾帮助他为父王找到了一个巨人。在莱茵斯贝格，他唯一想要的东西就是书籍、更多的书籍以及用于购书的钱款。他向很多德意志邦国的君主借过钱，他曾言要是自己死了的话，替子还

50

债就会成为腓特烈·威廉最为痛苦的事情。他每天阅读六七个小时，有时候更是会通宵达旦。每天傍晚他都会安排音乐会，或者是一家人穿上戏服，表演拉辛或者伏尔泰的戏剧。到了周日，腓特烈二世不和其他人一起去教堂，他要赶到鲁平，大声诵读一位法国传教士撰写的布道词，然后再用法语向士兵们宣讲。波舒哀撰写的所有布道词，他都能熟记于心。莱茵斯贝格的居民中有一半都是法国人，也包括这里的厨师，所以在这里，人们从来都不说德语。

　　腓特烈二世家里大概有二十个人。储妃有六个侍女和一个教士。这些女士们都来自普鲁士，很是土气，但个个生气勃勃，乐天知命，人们注意到，其中没有一个人成为腓特烈二世的情人。这时的腓特烈二世并不反对女性参加社交活动，他还说过，如果没有女士参加的话，任何谈话都会变得死气沉沉。他有三位随身侍卫：拉·莫特·富凯、凯泽林和那位法国叛逃者沙索，他们都是终生服侍腓特烈二世的军人。虽然腓特烈二世很欣赏凯泽林和沙索，但是他对富凯的感情更加深厚些。富凯年近四十，面目严肃，无欲无求，他总是说腓特烈二世给予他的东西太多，而这样说的结果是腓特烈二世对他的喜爱远超他人。1739 年，他与老德绍发生争执，不得不离开勃兰登堡。腓特烈二世一直照顾着他的孩子们，还把他们送到距离自己居所很近的学校上学，第二年他继承王位后马上把富凯调回到自己身边，从此再未分离。富凯可谓是腓特烈二世最为倚重的一位将领，腓特烈二世很多朋友都英年早逝，有些则战死疆场，而富凯却得以颐养天年。腓特烈二世在莱茵斯贝格遇到的另一个让他珍视一生的朋友是他的秘书，夏尔·艾蒂安·若尔丹

（Charles Étienne Jordan），他时年三十六岁，是一位法国难民和新教牧师，家境富裕，妻子去世后独自带着一个女儿度日。为了从丧妻之痛中走出来，他开始四处旅行，曾经去过英国和荷兰。腓特烈二世一直说若尔丹是和他感情最深的朋友："若尔丹聪明而又谨慎，比伊拉斯谟还可爱。""好若尔丹是我的灵魂之交。""若尔丹心地如此善良，就连听到美洲发生的恐怖之事都会失声痛哭。"与这些评价一脉相承，腓特烈二世接着又写道："与其说我是你的国王，不如说我是你的朋友和兄弟。"腓特烈二世只对他一个人亲密地使用"tu"[1]来称呼。若尔丹没有住在莱茵斯贝格，他和女儿一起住在城里。

画师安托万·佩涅（Antoine Pesne）为王储和储妃以及他们大多数的朋友们画了像。这位画师是法国人，是被腓特烈二世的祖父腓特烈一世请到柏林的，当时他正从画师云集受教的意大利返回法国。此时五十三岁的佩涅已步入老年，是位仁慈长者。他和妻子安妮·杜·比松（Anne du Buisson）在罗马成婚，她和她的父亲以及三个兄弟、两个姐妹都是画师，擅长花卉描摹。他们一大家子原本都住在一起，在腓特烈二世的说服下，他们一家搬到莱茵斯贝格定居，在此安享祥和的生活。腓特烈二世的建筑师克诺伯斯多夫来自西里西亚地区，是一位新教徒，也曾前往意大利学习艺术，但是他看不起那些"奴性十足、背信弃义"的意大利人，觉得在君士坦丁大帝之后，意大利人就没做过什么让人刮目相看的事情。意大利人

---

[1] 法语，意为"你"，表示尊重时会使用"vous"（您）。

言必称希腊，于是乎，房屋内外到处都是花瓶、廊柱和雕像，全然一派希腊风格。在莱茵斯贝格，唯一的一个谄媚者就是比尔费尔德男爵（Baron Bielfeld），他描述了这里的生活。除他之外，其他人皆诚实勤恳、彼此和睦相处，一心一意为王子效力。

这种田园般的生活持续了四年，这对腓特烈二世那个年龄而言已经算是不短的一段时光了。当他们进入暮年时，他和妻子都觉得那些年的静谧生活是他们一生中最幸福的时光。对于储妃的生活，我们知之甚少，只知道她的生活比较枯燥，因而脾气暴躁，有些歇斯底里。她常常盯着腓特烈二世的眼睛，希望能从中发现他内心深处最隐秘的愿望。腓特烈二世说他和储妃同房过，但却始终没有生育一个孩子，这令腓特烈·威廉伤心不已。国王派人送来一张漂亮的绿色天鹅绒大床，但是依然没有结果。他很是疼爱这个儿媳，从来没有冲她发过火。他时不时地召见腓特烈二世，开始的时候会充满怜爱地拥抱着儿子，后来，因为身体的病痛，他开始变得愈发暴躁。"如果他不想看到我，为什么不让我安安生生地待在'雷穆斯贝格'呢？"有一次，腓特烈·威廉国王也为自己的粗暴而后悔，就把自己的养马场赏赐给了腓特烈二世，这个赏赐的效果很好，腓特烈二世深受感动，心情也随之豁然开朗。

1738 年，两名时髦、见多识广的上流社会人士来莱茵斯贝格进行访问。这两位一长一少，曾在此之前一同访问过俄国，之后又去了英国。其中一位是三十八岁的巴尔的摩勋爵（Lord Baltimore），他是威尔士亲王的属下。（据曾经在吕内维尔见过他的利特尔顿勋爵说）此人生活放荡，臭名远扬，是各国法院的常客，经济状况也非常窘迫。另一个是年轻英俊的威尼斯人阿尔加洛蒂（Algarotti），此人与腓特烈二世同龄，他有着意大利人所共有的光鲜表面——举止优雅、为人圆滑、头脑聪明、生活放荡，像孩子一样享受着浮华人生，这使得他在头脑没那么复杂的北方人群中愈发如鱼得水。这是腓特烈二世第一次碰到这种人，或许就是这两个人使腓特烈二世原本就有的同性恋倾向更加坚定，他对这两个人很是着迷，甚至爱上了阿尔加洛蒂。赫维勋爵、伏尔泰、夏特莱夫人、玛丽·沃特利·蒙塔古夫人等也非常喜欢阿尔加洛蒂。后来，随着腓特烈二世对他的了解更加深入，他身上的光环也逐渐消退——这是一个擅长与人圆熟相处的人，具有多重性格，但是同时他也是个目标明确的骗子。虽然腓特烈二世认识到了这一点，但是他还是很喜欢这个人。切斯特菲尔德勋爵称他是"显示出赫维勋爵智慧的……一个完美的花花公子"，伏尔泰说他是"最可爱的意大利人，和他交谈无比愉快"。阿尔加洛蒂曾写过一些哲学书籍，现在已经失传了。两位访客在莱茵斯贝格只停留了几天，不过很快那个意大利人又再次返回。

腓特烈二世一生痴迷于写信和收信，邮袋可以给他带来无上的快乐。在信笺上，他会署名"费代里克"（Fédéric），这个更像法语，因而也显得比"弗雷德里克"（Frédéric）更加有文化意蕴，而至于寓意和平统治者的"弗里德里希"（Friedrich）这种写法，他从未使用过。他在莱茵斯贝格定居之后不久，就给伏尔泰写了第一封信。这封信读起来就像是小学生写的作业一样——感觉他似乎誊写了一遍又一遍，因为他希望能让伏尔泰满意并且能够留下一个好印象，毕竟从他的童年时代开始，伏尔泰就是指导他前进方向的启明星了。信里的措辞没有什么闪光点，缺失原创的内容，甚至连个幽默的笑话也没有。虽然他很期待能够见到伏尔泰，但是他不得不谨慎行事，或许不能真的邀请伏尔泰到莱茵斯贝格来，在腓特烈·威廉国王带着他的权杖升天之前，这样做失之于鲁莽。之后，伏尔泰寄来了回信，他欢迎这位王子进入哲学王国，只要世俗的喧闹和人性的邪恶不改变他那善良的本性，普鲁士一定能够迎来黄金时代。当然，伏尔泰对于两人的会面也持谨慎态度，他也曾经听说过国王的种种作为。腓特烈二世派遣凯泽林作为自己的使节前往西雷（Cirey）拜访伏尔泰，此后，他和伏尔泰便开始通信，直至伏尔泰去世。

在莱茵斯贝格，他还和他的父王通信，向父王生动有趣地描述了当地发生的事情。和他通信的人也有"姆妈"卡玛，她是他母后的侍女，其丈夫是一位已经上了年纪的军人，此外，还有格伦布考以及各个行业里著名的外国人。他的每封信件都有一个令人感兴趣的话题，但是写给乌尔里希·冯·苏姆的每封信都很严肃，丝毫不见当时所流行的轻浮文风。苏姆曾经是萨克森派驻柏林的大使，从腓特烈二世少年时代开始，他们就成了朋友。现在，奥古斯都三世派遣苏姆前往俄国安娜女皇的宫廷担任大使。他们在书信中谈论了各种话题，从形而上学到欧洲政治。腓特烈二世希望能更多地了解俄国的情况，他一直在关注这个国家。苏姆在回信中强调了俄国辽阔的疆土，并预言：如果俄国的人口密度能赶上欧洲其他国家的话，那么俄国一定能够称霸世界。他还补充说，俄国的军队是不可战胜的，其士兵都是世界一流的且纪律严明。他热爱圣彼得堡，这

是一座美丽的城市，空气清新而寒冷。他很欣赏女皇的情人比隆
（Biron），腓特烈二世说凯泽林也很欣赏比隆，他们曾经就读于同
一所学校，此外，腓特烈二世还说他并不介意向比隆借钱，只要不
是向女皇直接借钱就行。他没有足够的经费购买书籍（在他继承王
位之前，他一直在抱怨这个问题），如果他能够保证还款的话，他
可以从俄国借到钱吗？此外，他还想要三十张黑貂皮。令腓特烈二
世深感悲伤的是，1740 年，苏姆在归国途中逝世于华沙。苏姆曾经
说过，腓特烈二世是他外交生涯中遇到的最可爱的人，一个真正的
好人。

　　腓特烈二世还开始了文学创作，这也是他一生砥砺而为的一项
事业。他文集的第一篇文章是一份论述欧洲现状的论文（1736
年），其中的大部分信息都是格伦布考提供的。文中总结了欧洲各
国的形势：德意志的致命之处是处于分裂状态，人们交际的语言也
都是一些粗野的方言，这里不啻为一片等待开发的土地；意大利也
是一个分崩离析的国度，就像一个即将播种的古老花园——所有的
街巷、雕塑和花瓶还都保存着，便于随时重新施肥、再次开花；纯
血统的英国人是幸福富裕的，但却没有一个画家、雕塑家或者音乐
家，也没有统治苦难的苏格兰的女强人和统治爱尔兰的专制君主，
因此英国很难在欧洲大陆产生什么影响；奥地利就像一个身着旧式
紫色长袍的老贵妇，国内危机暗伏，一旦皇帝薨逝，必将陷入危
境；荷兰就剩下奶酪制作一个强项了；法国自古以来就是一个无忧
无虑、充满乐趣的可爱国家，注定会富裕、强大（"如果说上帝是
为我创造这个世界的话，那么法国就是他创造出来供我娱乐的"）；

54

俄国是一团乱麻，刚刚建立起秩序，像是被一位造物主猝然抛到了历史发展的轨道上。腓特烈二世发现英国和法国永远都会势不两立，他可以按照自己的需要与其中的任何一方结盟。奥地利可以用来抵挡土耳其人，但是也不能因此而让奥地利牵制德意志。

从这篇文章可以看出，和路易十五一样，腓特烈二世对欧洲之外的地方没有一丝一毫的兴趣。他还撰写了著名的《驳马基雅维利》，在这本书中，他认为武力入侵是不道德的，对于统治者而言，最好的统治手段就是诚实。他在书中极力宣扬这两个观点，就连伏尔泰都认为有些言辞过激。

腓特烈二世的身体素来羸弱，他在莱茵斯贝格第一次罹患重病，也正是这种病在不久之后要了他父王的命。这种病的症状是内脏痉挛，他觉得自己真的挺不过去了。他描述说，胃部的静脉血液黏稠导致小肠收缩而无法蠕动，一部分的肠子绷紧进气，并且压迫内膜。两个月之后，他身体还不时会战栗发抖，自那以后，他就没有真正从这场重病中彻底恢复过来。

1740 年 5 月，居住在波茨坦的腓特烈·威廉国王病危。他的病痛愈发剧烈，已经完全无法入眠。床上摆满了木匠的工具，他从早到晚地做着小木箱，整个城市都能听到他敲打木头的声音。他的脾气暴躁，令人畏惧，甚至会四处扔东西砸人。他喊道等自己死了，会在坟墓里大笑的，因为腓特烈二世肯定会把一切都搞得一团糟。国王的病情日益恶化，腓特烈二世被召回，他急匆匆地从莱茵斯贝格赶到波茨坦。但当他到达时，只看到一大群人站在王宫外，他的父王衣帽整齐地站在那里，正在视察他为一个英国铁匠修建的铁匠

铺。见此情景，腓特烈二世感到稍微宽慰了一些。以前若是他突然
出现在父王面前的话，常常会挨一顿揍，但这次，腓特烈·威廉张
开双臂拥抱了他，腓特烈二世感动得热泪盈眶。他们一同回到王
宫，腓特烈·威廉向儿子阐述了他的外交政策，他说如果与俄国开
战的话，一定会弊大于利；奥地利绝不会容忍普鲁士的扩张，一定
要让英法两国相互敌视。他还补充说，千万不要轻易发动战争，因
为一旦开战，你就很难按照自己的意愿终止战争。

这段时间里，腓特烈二世与威廉明妮在给对方写信的时候都满
怀深情，毫无疑问，他们都对父王充满感情，同时又为他难过。腓
特烈·威廉对自己即将到来的死亡很感兴趣，他曾经这样谈论他的
葬礼："我要赤裸裸地走——嗯，也不能太赤裸裸，我得穿上我的
军装。"他要求参加葬礼的人们齐唱"打好这一仗"。他下令把他
的战马带到院子里，让老德绍从中挑选一匹，已经泣不成声的王子
照办了。国王曾说："王子一无所长，但你还是得选他。"临终前他
则说："能够留下这样一个优秀的儿子和继承者，我死而无憾了。"

去世的时候，腓特烈·威廉国王的脸已经被病痛折磨得扭
曲了。

登　基
The Throne

　　腓特烈·威廉国王去世后，腓特烈二世随即离开波茨坦，赶往夏洛滕堡宫。

　　当天晚上，克诺贝尔斯多夫急匆匆地越过莱茵斯贝格的木桥赶到比尔费尔德的家，对他说："赶紧起来，国王去世了。"比尔费尔德睡眼蒙眬地回答说之前就经常有这种消息，但每次国王都会康复如初。"他们正在给他的尸体做防腐处理呢，这次他是恢复不了了。"比尔费尔德从床上跳起来，匆忙中撞到了旁边的桌子，正好桌上有一些零钱，他便抓起零钱往外冲。克诺贝尔斯多夫对他喊道："您可真有意思，这会还在担心这半个便士，我们马上就要发大财了！"一位侍女奉命去通知新的王后，当其属下前来向她道贺的时候，她身穿一套黑白相间的便服，显得格外美丽。之后，她们一起赶往夏洛滕堡宫。在这里，新王后收到了腓特烈二世给她的留言，让她去柏林的王宫，"因为需要您在那里露面，但不要会见任何人"。虽然其后几年中，国王和王后还会偶尔共处一室，而且国王每次去莱茵斯贝格的时候都会偕王后同行，但是从这时开始，国王与王后便基本上开始了分居生活。而且，到了 1744 年，腓特烈二世把莱茵斯贝格赏赐给了他的弟弟亨利亲王，把武斯特豪森赏赐给了奥古斯都·威廉。那时，他正在为自己修建无忧宫，王后则从没有进入过这座新的宫殿。她没有什么可以说心里话的人，言行举止也无可挑剔，所以很难知道到底是什么导致了这样的结果。很明显，这一突如其来的分居也大大出乎王后的意料。新婚宴尔时，腓特烈二世写给她的信中满是亲密与温情，信的结尾常常都是"我希望您不会忘记我""我是您的"或者"我是您最温柔的爱"之类的话，但在登基后，他们之间的信件越来越短，结尾的问候语也更像是陌生人甚至是商人之间才会说的话。王后冬季住在柏林的宫殿，夏季前往美丽堡，一位王后所能享有的荣誉她都得到了。其他国家的外交官们向本国政府汇报，说腓特烈二世国王欢迎任何对王后致敬的行为。但据说王后开始变得不近人情，与她的会见越来越短，几乎只够说："夫人您好！再见夫人！"

腓特烈二世在写给阿尔加洛蒂的信中说："我的命运已经改变了——我正在急不可待地等着您来——别让我等您等得太憔悴了！"凯泽林也在信中对他说："快点来吧！"新任法国驻普鲁士大使瓦洛里（Valory）说，凯泽林和腓特烈二世在内室中一待就是几个小时，而且腓特烈二世还不允许他站在窗口，以免他被别人看到引起议论。

57

腓特烈二世登基之时没有举行加冕礼或者其他的仪式，他仅仅在柏林王宫的阳台上宣誓，在那里和民众一起度过了半小时，而后陷入沉思。之后，他还要赶往柯尼斯堡，在那里接受人们的祝贺并出席一些重要的仪式。腓特烈一世国王登基时，他率领的队伍由一千八百辆马车和三万匹战马组成，但腓特烈二世却没有带卫队，仅与凯泽林和阿尔加洛蒂一同乘坐着一辆小型的旅行马车前往柯尼斯堡。路上，他头枕着阿尔加洛蒂入睡，他们自称是古罗马皇帝奥古斯都与其宠臣梅塞纳斯。这之后，腓特烈二世就开始履行国王的职责——他派遣特鲁克泽斯（Truchsess）出使汉诺威（腓特烈·威廉国王刚一去世，腓特烈二世的乔治舅舅便来到了汉诺威），派遣他"姆妈"的丈夫卡玛出使巴黎。他告诉特鲁克泽斯要充分利用他对卡玛的任命。"您要装出嫉妒卡玛的样子，告诉汉诺威人，卡玛是我的亲信之一，他出使巴黎肩负着重要的使命，绝不是去串珠子玩的。"卡玛很快就告诉弗勒里枢机主教，腓特烈二世登基后，很快就会让欧洲战火重燃。弗勒里枢机主教是一位和平主义者，他和英国的罗伯特·沃波尔爵士协同配合，在过去几年中和平解决了多起欧洲国家之间的纷争。

腓特烈二世有着明确的方向，每一步都是精心安排，从不随心所欲地即兴发挥。他保留了父王手下的所有军官，甚至包括那些在他叛逃期间对其落井下石的军官。"强力王"奥古斯都在宴请格伦布考后突然薨逝，这令格伦布考受到惊吓，不久他也去世了，否则的话，腓特烈二世也会保留他的职位的。国王在莱茵斯贝格结交的朋友们并没有发大财，但是他们都得到了与能力相匹配的职位。好

人若尔丹成为一名"受人尊重的督察，管理穷人、病人、孤儿、精 58
神病患者以及普通人的住所"；凯泽林是一名副官，担任了骑兵团
的上校；腓特烈·威廉的老朋友什未林升任总司令；海因里希·
冯·波德维尔斯伯爵（Count Heinrich von Podewils）担任首席大臣，
实际上并没有多少工作要做，因为腓特烈二世要亲自管理这个国
家。他唯一的政治顾问是他父王的首席内阁顾问艾歇尔（Eichel），
这是一个神秘人物，人们对他知之甚少。腓特烈二世登基之后，他
每天都陪同左右，从来没有休过一次假，而且每天早上四点钟就准
时到达办公室。他对腓特烈二世忠心耿耿，认为这位国王不能犯任
何错误。外国大使们从来见不到他。这些大使们在柏林的日子并不
好过，他们无法和普鲁士官员一同策划阴谋，也不能贿赂这些官
员，除了他们接触不到的艾歇尔之外，这些官员掌握的信息并不比
他们自己多。腓特烈二世曾经说过，他和他的内阁大臣们都是骑马
的，所以要想刺探情报的话，就只能去向他们的坐骑行贿了。索菲
亚·多罗西亚太后居住在自己的蒙比欧宫，腓特烈二世在柏林的时
候会每天前去问安，但是他从不与她议论国事，因此这位太后对于
国政也没有任何的影响力。

腓特烈二世亲笔致信杜安，把他召回到自己的身边，在履行了
必要程序之后，任命他为列格尼茨学院的院长。"您询问您能够发
挥的作用，这些作用就是：挣一份工资，热爱我这个君主并过上幸
福的生活。您忠诚的学生，费代里克。"哲学家沃尔夫受邀重返柏
林。为了节约经费，腓特烈·威廉国王关闭了腓特烈一世建设的柏
林科学院，而腓特烈二世重建了这所学府并且邀请法国哲学家莫佩

尔蒂前来担任院长。卡特的父亲成为陆军元帅。波茨坦掷弹兵团被重组，这个团的军官们一向以相貌英俊而著称，他们得以留任，一些比较聪明的巨人成为王宫侍卫，比如说来自爱尔兰的柯克曼。其他的那些身材最为高大、智力最为低下的士兵们都被遣返了，一时间，通往欧洲各国的道路上，随处可见身材高大、智力低下的返乡巨人们。

对平民的酷刑被废除了。腓特烈二世自己就曾经遭受体罚折磨，因此他一直痛恨这种实施酷刑的做法。他认为在行刑前折磨犯人是一种"可怕而毫无益处的残忍做法"。曾经有人问过他为何不戴马刺，他回答说："找个叉子插到您的胃里，您就知道为什么了。"对士兵的鞭笞处罚得以保留，因为这对于防止士兵叛逃极为重要（除了法国之外，其他所有欧洲国家的军队都有这种刑罚）。人们可以信仰任何宗教，几年之后，腓特烈二世在柏林修建了一座罗马天主教教堂。新闻界享有完全的自由，也没有书籍审查制度。"我做我想做的事情，人民说他们想说的话。"腓特烈二世狂热地支持言论自由，而且随着年岁渐长，其热情愈发高涨，他认为这才是至关重要的事情之一。在一个冷夏之后，粮食短缺，他下令打开粮仓，平价出售小麦。所有的这些举措，大部分都在一周内得以实施。腓特烈觉得一天只有二十四个小时，实在是光阴短暂。

伏尔泰听说这些进步、开明之举后，写信给腓特烈二世，称他为"仁慈的陛下"。他们马上安排了盼望已久的会见。1740 年 7 月，腓特烈二世离开柏林，去视察那些位于莱茵兰地区的偏远领地。他安排在布鲁塞尔或者在布鲁塞尔附近会见伏尔泰。他在拜罗伊特停留了几天，但其到访却因安斯巴赫夫妇的出现而令威廉明妮感到不快。这对夫妇一直被人看不起，但是腓特烈二世却调皮地装出更加看重路易丝而轻视威廉明妮的样子。那段时间里，威廉明妮本来就很伤心，她深爱着丈夫拜罗伊特，也非常欣赏他身上的众多美德，但是不久她就发现丈夫迷恋上了自己身边的一位女士。很快，威廉明妮和丈夫又重归于好了，但她的心情还没有恢复过来，腓特烈二世的玩笑使她情绪愈发低落。当她沮丧失落的时候，她的良方就是研究法国文学。对于威廉明妮、腓特烈二世以及他们的小弟弟亨利而言，法国文学和音乐始终是最好的安慰剂。

在离开拜罗伊特时，腓特烈二世和阿尔加洛蒂突发奇想地打算乔装打扮去一趟斯特拉斯堡。这是这位国王唯一一次进入法国领土，这次乔装冒险并不成功。腓特烈二世给自己设计的身份是西里西亚贵族迪富尔伯爵（Comte Dufour），但是这个身份却很难令人信服，因为他带的随员太多了，不像是个伯爵。斯特拉斯堡长官德·布罗伊（de Broglie）元帅认为他是个可疑人物，险些下令逮捕他。幸亏一个巨人的叔叔认出了他，他虽未被捕，但身份已经曝光了。布罗伊派人去问国王，他是否需要符合国王身份的欢迎仪式，或者他希望继续隐瞒身份。腓特烈二世前去拜访了布罗伊，两个人似乎都不太喜欢对方，显然这次会见的结果是很糟糕的。腓特烈二世接受了布罗伊的邀请，正式访问这座城市，但是之后他却改变了主意，急匆匆离开了斯特拉斯堡。腓特烈二世自己也感觉这次的行为愚蠢而又粗鲁，懊恼的他对法兰西民族和这个国家愤愤不满。他致信伏尔泰，描述了这次行程，信中对布罗伊和其他斯特拉斯堡的官员进行了侮辱性的攻击。这是他第一次给伏尔泰写这样的信，后来，每当他试图取笑伏尔泰的时候，总是会诋毁一切与法国有关的事物。

当他们到达韦塞尔时，腓特烈二世突然染病，这时再前往布鲁塞尔也没有什么意义了，于是他邀请伏尔泰到他的克莱沃公国会面。伏尔泰于 9 月 11 日月满之日抵达，腓特烈二世在写给若尔丹的信里说："我已经见到了我一直希望结识的伏尔泰，可惜我自己发着高烧、头脑不清、身体虚弱。要想跟上伏尔泰的思路，您必须得身体健康、头脑清晰，他的谈话令人赞叹，只要把他说的话记录下来，就可以写出一本充满智慧的书。"伏尔泰在自己的回忆录中写道："我开始喜欢上这个人。他睿智而富有魅力，况且他还是个国王。"人们怀疑他是不是真的喜欢这位国王，但是他可以利用这位国王。腓特烈二世和伏尔泰都很享受这次会面，他们会出于同一个原因而放声大笑。他们在这里停留了三天，关系进入了蜜月期。然而，在此次会面之后，两人的关系出现了一些不和谐的音符。

在此次行程当中，伏尔泰并非腓特烈二世会见的唯一一位法国哲学家，声名鹊起的莫佩尔蒂也来到了韦塞尔。四年前，他曾经前往拉普兰[1]测量一条经度线的度数，回国后，他宣称在两极地区，地球是扁平的，他也因此被称为"地球扁平者"。他当时四十二岁，身材高大，相貌英俊，却爱炫耀，腓特烈二世赞誉他为美男子，虽然比不上阿尔加洛蒂。表面上他还是伏尔泰的好友之一。莫佩尔蒂

———————————

[1] 位于斯堪的纳维亚半岛最北端的北极圈附近。

曾经与伏尔泰的情人夏特莱夫人恋爱，后来或许一直保持着情人关系。实际上，伏尔泰痛恨此人，只是掩饰得比较好而已，但是这一次，伏尔泰向腓特烈二世推荐莫佩尔蒂担任柏林科学院的院长。

腓特烈二世前往莱茵兰地区并非仅是为了与哲学家会面，他还有其他公务要处理。他在此处有一块飞地，周边的一些公国都是由列日主教替帝国皇帝管理的。这块飞地里的居民不愿加入普鲁士军队服役，也不愿意在普鲁士交税，而主教似乎也在助长他们的这种歪风邪气。腓特烈二世要解决这个问题，他派遣了两千名士兵携带着和平主义者伏尔泰撰写的最后通牒去找主教，对于这位新朋友展示武力的做法，伏尔泰显得极为不安。主教向皇帝抱怨了此事，怒气冲天的皇帝致信腓特烈二世，就这起在帝国前所未闻的暴力事件进行交涉。腓特烈二世注意到查理六世只不过徒有虚名而已，因此他没有及时回信，甚至没有接待皇帝派来的特使，而是向主教提出他可以出售争议地区。主教同意进行交易，于是这个问题得以解决，而且也并没有经过维也纳方面的同意。腓特烈二世得到了数量不菲的一笔现金用于加强军队的装备。人们发现腓特烈二世这头小狮子开始露出他的利齿了，邻国也纷纷开始考虑他下一步会做些什么。

很快，他们就看到了答案。

挑战匈牙利女王

Check to the Queen of Hungary

　　1740 年 10 月，当威廉明妮回到柏林之时，腓特烈二世的身体尚未康复，还会偶尔发高烧。自从 1732 年结婚后，威廉明妮还从未返回过柏林看望自己的弟弟妹妹们，腓特烈二世的病情令她担惊受怕。10 月 20 日，在与列日主教签署了协议之后，腓特烈二世带着自己的姐姐和一些朋友前往莱茵斯贝格休假。到达莱茵斯贝格后，他仍然发着高烧，所有人都在为他担心。25 日晚上，弗雷德斯多夫跑来叫醒了他，向他报告了一个轰动性的新闻，神圣罗马帝国皇帝查理六世驾崩了。这个消息就像一剂特效药，腓特烈二世的体温很快便恢复正常，而另一种欲火则开始在他心中熊熊燃烧。

亲爱的伏尔泰，

　　我本来想和您聊聊天，但是一个极其意外的事件让我无法和您畅谈。皇帝死了，我的和平主义政策开始动摇……我和列日主教之间的纠纷结束了，新的形势意味着欧洲将会出现更大的变局。旧的政治体系即将瓦解，就像尼布甲尼撒的巨石即将摧毁他梦中四重金属建造的雕像一样，欧洲的一切都将被打破。我现在不发烧了，因为我需要充分利用这种新的形势……再见，亲爱的朋友，永远不要忘记我，也请您相信，作为您忠实的朋友，我对您始终怀有敬意。

费代里克

1740 年 10 月 26 日

　　掌控帝国长达三百余年的哈布斯堡家族终于丧失了权力。查理六世早年丧子，只有两个女儿，他当初承袭哥哥约瑟夫一世的帝位就是因为后者没有儿子，只有两个女儿，到查理六世去世的时候，哈布斯堡家族里已经没有一个男性继承人了。这一家族领地施行的是萨利克继承法，根据这一法律，女性是没有继承权的。约瑟夫和查理的父亲利奥波德皇帝当初曾经预料到这种情况，但是那时查理的女儿还没有出生，他便下令允许约瑟夫的两个女儿在查理去世后继承帝位，以防他们兄弟两人去世后没有男性继承人。查理六世甫一登基，就改变了这一法令，使之更加有利于自己的女儿们。他的想法是他的大女儿玛丽亚·特蕾莎应该继承自己的领地，而她的丈夫应该被选为帝国皇帝。为了达到这个目的，他制定了被称为《国事诏书》的协议，并做出了巨大的牺牲，让协议得到德意志选帝侯和欧洲列强的批准。已经去世的欧根亲王曾经对查理六世说，他这么迫不及待得到的同意签名实际上一文不值，玛丽亚·特蕾

63

莎巩固地位所需要的是十万名训练有素的士兵和充盈的国库。查理六世做不到这一点，但是在他去世之前，他已经得到了几乎所有人对《国事诏书》的签字同意，只有一个人除外，这就是巴伐利亚选帝侯查理·阿尔贝特（Charles Albert）。他是约瑟夫皇帝的小女婿，又因为他的曾祖母来自哈布斯堡家族，因而在血统上，他是最有资格继承帝位的。

查理六世去世后，奥地利女大公玛丽亚·特蕾莎成为匈牙利女王，她的丈夫，洛林的弗朗茨是托斯卡纳大公，他们指望德意志选帝侯们帮助他们成为神圣罗马帝国的皇帝和皇后，也指望着其他的欧洲王公们履行之前的约定，进一步承认这一事实。时年二十三岁的玛丽亚·特蕾莎就像一个洋娃娃一样美貌出众，她肤如凝脂，一头金发，双眸深蓝，齿如编贝，举止间透出皇家气质，看上去似乎平静安详又有些许木讷。事实上，她既不安静也不愚钝，除了天资聪颖外，她精力充沛、勇气过人、坚韧不拔，而且颇具感召力。她只接受过零星的教育，虽然能说大部分的欧洲语言——也包括拉丁语，且可以用拉丁语与自己的臣民交流——但对公共事务一无所知，甚至从来都没有学过骑马，这实在令人诧异。她缺乏幽默感，虽从未见过腓特烈二世，却和他争斗了一生，估计腓特烈二世的玩笑、戏弄和不加掩饰的无所顾忌比他的侵略更令她耿耿于怀。如果说玛丽亚·特蕾莎是一个典型的德意志人，那么，她的丈夫弗朗茨就是一个典型的法国人。他的外祖父是路易十四的弟弟"大殿下"。他的外祖母"大殿下"夫人在凡尔赛写过很多令人开心的信件，在信中她常常为了自己的女儿而悲哀，因为她的丈夫虽然讨人喜欢，却对妻子不忠。有这样一个父亲，再加上身上流淌的波旁家族血脉，弗朗茨不可能成为一个好丈夫。他在维也纳长大，在很小的时候，他未来的妻子就对其情根深种；他同时也很讨查理六世的欢心，从查理六世写给他的信里，我们可以看出，在皇帝的心里，他已经完全取代了已故皇子的地位。查理六世从来没有想过为女儿物色其他的夫婿，虽然作为洛林家族的族长，弗朗茨的才智实在是无法胜任这个角色。他被视为王室成员，仅仅是因为他的祖上曾经出过一位耶路撒冷国王而已。奥地利人对此心知肚明。和妻子一样，弗朗茨对政治一无所知，但却精于财政事务。

查理六世的去世对实施他的方案极为不利，这时，玛丽亚·特蕾莎在父亲的领地内几乎不为人所知，她的婚姻也不被看好。查理六世曾经打算等到弗朗茨夫妇生出儿子，而且弗朗茨本人也取得一些军功的时候，就选他做罗马人民的国王，这个计划得到了一部分军方人士的支持。但是直到此时，弗朗茨也只有两个女儿，而且他在与土耳其人的作战中乏善可陈。皇帝去世的时候，国库已然空虚，他留下的些许现金也被他的遗孀据为己有。军队的战斗力比腓特烈二世看到的还要弱，包括泽肯多夫在内，大部分的将军们都因为战败而入狱。在这样一个关键时刻，没人愿意让一个年轻女人登上帝位，玛丽亚·特蕾莎知道，很多人更希望查理·阿尔贝特继承帝位。查理六世的大臣们都已过七旬，年老体弱，即使他们不想背叛玛丽亚·特蕾莎，他们也会认为她已经身处绝境。英国大使托马斯·罗宾逊（Thomas Robinson）这样描述他们的状态："他们觉得土耳其人已经进入了匈牙利，匈牙利人则武装起来（对抗维也

65

纳当局），萨克森人占领了波希米亚，巴伐利亚人已经打到了维也纳，法国人是所有反对力量的核心。"然而，玛丽亚·特蕾莎召集这些人开会，在会上她聪明地展示了帝胄的权威，触动了这些老人的恋旧之情，从而赢得了他们的支持。始终陪伴在玛丽亚·特蕾莎左右的弗朗茨对所有人都和蔼可亲，这也在一定程度上使得民众开始支持他们。现在，唯一的威胁来自查理·阿尔贝特，他应该是得到了法国人的支持。无论是玛丽亚·特蕾莎还是她的丈夫，抑或是她的臣子，都没有关注过柏林的态度。腓特烈二世结识弗朗茨之后一直对他极为友好，两人始终保持着书信往来。他常常提及，在他出逃之时，多亏了已故的查理六世皇帝，否则他的性命不保。查理六世对腓特烈·威廉的种种冷待，诸如前者在于利希和伯格问题上的背信弃义以及他对普鲁士与英国之间通婚的阻挠等，所有这些恩怨都已经被淡忘了，腓特烈二世被视为年轻的弗朗茨夫妇的保护神。"对我们而言，他就像父亲一样。"

1740 年被认为是死神收获满满的一年。腓特烈·威廉国王与教皇克莱门特十二世先后去世，在查理六世驾崩后仅八天，俄国的安娜女皇也薨逝了。凯泽林的同窗比隆统治俄国仅仅三周就被一场政变推翻，流放西伯利亚长达二十二年之久，此后俄国内部纷争不断，已经无力顾及欧洲其他国家的事务了。

这时的柏林已经成为军事活动的中心。国王每天都和他的将军们在一起，部队也已整装待发，在通往西里西亚前线的方向修建了大批军火库和补给仓库。其他国家的统治者自然对此忧虑重重，不知道他意欲何为。玛丽亚·特蕾莎认为她丈夫的这位好友不会做任何对自己不利的事情，自然对此不以为意，出于些许的好奇，她派遣博塔（Botta）侯爵前去一探究竟。博塔并不像他的女主人那样信任腓特烈二世，他认为腓特烈二世的目标就是西里西亚。在与这位普鲁士国王交谈时，他试探着说，通往西里西亚的道路很难走。腓特烈二世回答说，他也听说过，这条路泥泞不堪。博塔说希望国王不要低估奥地利军队，普鲁士军队看上去威武雄壮，但是奥地利军队久经沙场、经验丰富。

盖伊·迪肯斯曾大胆地问腓特烈二世，为什么他的士兵在操练的时候如此杀气腾腾。"我有没有询问您贵国的海军要干什么呢？当然没有。我忍住不问您，而且希望你们不要被西班牙人痛击。"*当迪肯斯提到英国可能需要保障于利希和伯格的领土时，腓特烈二世说自己对莱茵河沿岸地区并不感兴趣，"但是在另一条战线上，海上强国是不会干预的"。

弗勒里枢机主教往柏林派驻了两名特使——瓦洛里侯爵和博沃侯爵，这两个人对当时的形势都是一头雾水，只是博沃曾经提醒过弗勒里，腓特烈二世仇恨法国人，总想着羞辱一下他们。现在弗勒里派遣伏尔泰前往柏林，看看能否了解到什么情况。伏尔泰向巴黎方面写了一封热情洋溢的信，信中说："世界上可能会有比腓特烈二世更伟大的国王，但是却几乎没有比他更和蔼可亲的人。他的父亲是一个如同食人魔一样的国王，他的周围都是战场上的野兽，这样的一个人能够理解巴黎的优雅与微妙之处，这简直就是一个奇

66

---

* 当时，詹金斯之耳战争正在进行中。

迹。他天生就是一个热爱交游的人。"腓特烈二世从繁忙的备战工作中抽出时间来证明，正如伏尔泰所言，他的国家热爱和平，就是当代的雅典。他还向伏尔泰展示了他购买的画作，其中大部分都是华托的作品（伏尔泰在腓特烈二世背后说这些画作都是赝品）；他吹奏长笛，陪着这位哲学家一聊就是几个小时。他们写给对方的便条充满柔情，互称对方为"妖女"与"情人"。腓特烈二世的宫廷之中充满了同性爱意的氛围。胖胖的法国大使瓦洛里专门举行了一次只有男人参加的宴会，在这次宴会上，温柔的阿尔加洛蒂和瓦洛里的秘书——漂亮的吕雅克（Lugeac）做了一些惊世骇俗的事情，这些事情都被伏尔泰写入诗中，流传下来。

伏尔泰要求腓特烈二世为他的这次出访买单，这一举动破坏了原本友好的气氛。腓特烈二世非常清楚伏尔泰是来打探情报的，觉得他的这一要求太过分了："和一般宫廷小丑们的费用相比，这笔花销实在是太高了。"瓦洛里说伏尔泰与腓特烈二世在一起的时候过于放松、随便——之前伏尔泰对腓特烈二世还是充满敬意的，但是不久就变得过于亲密，这个转变过程未免太快了。对于这一评论，伏尔泰显然没有介意，在写给莫佩尔蒂的信中，他说腓特烈二世是一个可敬的、非凡的、可爱的娼妓（whore）。不过，一直到他访问结束，整个氛围还是相当友好的，但是这次伏尔泰并没有完成他的任务，当他离开柏林时，他所了解的情况和他来的时候一样寥寥无几。

说到这里，读者们一定能够猜到，腓特烈二世的备战工作绝非虚张声势，他的目标就是美丽的西里西亚省，这是哈布斯堡家族最为富庶的领地。但是玛丽亚·特蕾莎却依然认为腓特烈二世是一个对她忠心耿耿的封臣，而腓特烈二世却觉得这对他而言是一种侮辱。在他撰写的《我这个时代的历史》一书中，他坦率地谈论了这个问题。他说他之所以发动这场战争，就是为了得到自己应有的荣誉和增强普鲁士王国的国力。他选择西里西亚作为目标，是因为法国人、英国人和荷兰人都没有理由阻止他，同时西里西亚的农业与工业非常发达，人口中又以新教徒为主（整体而言，新教徒都比较贫困，有钱人都是天主教徒），这样可以大大提升自身的实力。此外他还说，他的家族拥有这片土地的所有权。腓特烈二世并没有费心去研究这个所有权的来历，就像他对德意志的历史毫无兴趣一样。他命令波德维尔斯炮制一份毫无意义的法律文件来证明他对西里西亚的所有权，"这是一个优秀的骗子要做的事情"，之后他发布了一份声明："众所周知，普鲁士在西里西亚拥有巨大的利益，因此我将要接管此地，使之物归原主。"12月13日，他在柏林举办了一次假面舞会，第二天他便派出了他的军队将领们。只有一个人告诉腓特烈二世他正在犯下大错，这个人就是若尔丹，但这也只是因为他是一个和平主义者而已。国王命令他务必要告诉自己柏林人是如何议论此事的。

以下节选自若尔丹写于1740年12月14—20日的信件：

所有人都在等待着一个大事件的发生，没有人知道这件事的原因或目标。引起我注意的是有很多陛下的臣民都对此持绝对怀疑的态度，这已经成了一种流行的趋势。那些总是有理的人——如神学

家们——告诉我，陛下将要面临的情况是：当地新教徒会提出他们
在宗教方面的不满，天主教徒会要求减免税收。一些批评者认为这
一事件直接违背了《驳马基雅维利》一书中最后一章的主张。

68　　博沃说："我想象不出来是谁劝他进攻西里西亚的，但是这也
不算是个坏主意。"

匈牙利女王死于难产。

虽然不知道为什么，但是每个人都说陛下的权利是毋庸置
疑的。

所有人都说这是一次新教徒的十字军东征。

腓特烈二世于 1741 年 1 月 14 日写给若尔丹的信中说：

亲爱的若尔丹先生，甜蜜的若尔丹先生，冷静的若尔丹先生，
我优秀的、仁慈的、和平主义的、最有人性的若尔丹，我要向阁下
您报告征服西里西亚的消息。

实际上，腓特烈二世的出征没有遭遇任何抵抗，他抵达前线
时，大雨瓢泼，正如博塔所说，道路泥泞不堪，但是他却发现对方
居然没有任何防御措施。有两个当地的男爵前来拜访，当面抗议他
的入侵。腓特烈二世挽留他们一起进餐并用自己的魅力征服了他
们，第二天晚上，他和其中的一人畅聊，和另外一人共进晚餐。玛
丽亚·特蕾莎派驻西里西亚的爱尔兰裔长官克雷格迈因的沃利斯
（Wallis of Carrighmain）率领一千多人躲进格沃古夫（Glogau），强

化了这里的防御工事，等待着腓特烈二世的围攻。在此之前，他还烧毁了附近地区，这令当地百姓非常不满。玛丽亚·特蕾莎麾下的爱尔兰裔将军布朗（Browne）统率着自己的一支小部队奋力抵抗，最后撤往摩拉维亚。当地人似乎都在安静地等待着改朝换代。哈布斯堡家族在西里西亚并没有实施什么暴政——虽然这里的新教徒在子女就学方面遇到了一些阻碍，但是当局没有迫害新教徒，然而这里也没有人忠于帝国。腓特烈二世带领少量卫队骑马进入布雷斯劳，居住在大主教的官邸，并在那里举行了舞会，当时大主教已经逃走了。一些信仰天主教的贵妇没有参加舞会，但是整体而言这次舞会出席者甚众。

又过了很久，他才想起需要遵守的国际行为准则，并派遣特使戈特（Gotter）伯爵前往维也纳。戈特伯爵拜会了弗朗茨，玛丽亚·特蕾莎则躲在门后偷听他们的谈话。戈特说假如他的国王能够得到整个西里西亚，他就会完全听命于玛丽亚·特蕾莎，并竭尽所能地支持她的合理诉求，也会保证选举弗朗茨担任皇帝。弗朗茨并没有被他的话所蛊惑，他告诉戈特，即使玛丽亚·特蕾莎女王同意，她也无权放弃她和她的后人所继承的任何领地。戈特说如果是这样的话，那他就得马上返回柏林了。弗朗茨问他腓特烈二世是否已经抵达西里西亚，戈特承认了。这时玛丽亚·特蕾莎出面要求弗朗茨终止会谈，因为在普鲁士国王已经率领军队进入自己领地的情况下，她是不会与他进行谈判的。奥地利的大臣们向戈特阐述了他们对他和他的国王的看法，这令戈特觉得蒙受了巨大羞辱。

截至1月底，腓特烈二世只用七个星期就占领了西里西亚，之

69

后他返回柏林。由此产生的恐惧与愤怒席卷了整个欧洲，腓特烈二世称当时流行的说法是只有不信仰上帝的异教徒才会进攻奥地利，但是却没有任何人愿意帮助这位匈牙利女王。在维也纳，她是唯一一位还能正常工作的人，虽然出现了一些孕期反应，但是愤怒反而赋予她加倍工作的动力。她开始学习骑术，把奈佩格元帅从监狱中释放出来，并命令他统率驻守在摩拉维亚的军队。此前这位元帅因为把贝尔格莱德拱手让给了土耳其人而被查理六世关押入狱。玛丽亚想方设法筹集军费为这支军队购买了武器，这些钱或许来自英国谍报机构。她用自己的勇气鼓舞了臣民的士气，人们慢慢地恢复了信心。这年春天，好运降临，她终于生了一个人们期盼已久的男孩——未来的帝国皇帝约瑟夫二世。

1741 年 2 月，腓特烈二世重返西里西亚，这次他带着若尔丹、莫佩尔蒂和阿尔加洛蒂，他们都陪着他聊天。同行的还有瓦洛里，腓特烈二世对他很是欣赏。这时，格沃古夫已经沦陷。到了 4 月，奈佩格率军挺进西里西亚，10 日他在布雷斯劳附近的摩尔维兹（Mollwitz）与普军开战。在有生以来指挥的第一次战役的前夜，腓特烈二世想到了战死沙场。战前，他命令他的继承者——普鲁士亲王奥古斯都·威廉和若尔丹一道留在布雷斯劳，他写信给奥古斯都·威廉说："在战死之前，我要向您推荐我一生中最为欣赏的几个人：凯泽林、若尔丹、瓦滕斯莱本（Wartensleben，此人曾经是巨人掷弹兵团的上尉，这时已经成为腓特烈二世的副官）、诚实的哈克（Hacke）、可以信赖的弗雷德斯多夫和艾歇尔。"他要求亲王给他们所有的兄弟姐妹纪念品，尤其是威廉明妮。他对她写道：

"别忘了曾经如此爱您的弟弟。"在写给若尔丹的信中,他说:"如果我的生命到此结束,请记住我这个一直深爱您的兄弟。"

和其他的优秀将领不同的是,腓特烈二世在交战之前难以入眠,当战事不顺时也是如此。战前他常常通宵阅读,一般都是阅读拉辛的著作,或者是写诗。在摩尔维兹战役前,他度过了两个不眠之夜,在他彻夜写信的第二天,天降大雪,两军无法交战,所以战事耽搁了一天。他知道奈佩格人数占优,如果他赢得这场战役,就可以切断普鲁士的交通。腓特烈二世既紧张又急迫地等待开战。10日一早,雪停了,地上的积雪又深又硬。腓特烈二世率领军队分为五路进发,攻打敌军的营房。奈佩格没有想到普鲁士军队如此之近,大吃一惊,但是腓特烈二世却并没有像他此后那样立即进攻,而是摆开了战斗队形,他的命令没有得到很好的执行,奥地利骑兵来不及准备好就冒着连绵不绝的敌方炮火发动了反击,迫使普鲁士骑兵加入战斗。缺乏战斗经验的腓特烈二世被失控的战马带着左冲右突,他觉得今天的战斗肯定是要失败了。陆军元帅冯·什未林希望能按照自己的方式指挥作战,所以他督促腓特烈二世离开战场,说如果他继续待在这里的话,就有可能被奥地利军队俘获。腓特烈二世在莫佩尔蒂、一个法国贴身仆人和几名士兵的陪同下骑马离开战场。夜半时分,他们抵达了小镇奥珀伦(Oppeln),但此处已经被奥地利人占领,他们打开了城门。腓特烈二世说:"再见了,朋友们。我的骑术比你们都好。"然后他策马而逃,其他人则只好听天由命。好在他们的运气也并没有多差。莫佩尔蒂沦为战俘,被押往维也纳,在那里他的出现引发了上层社会的轰动,弗朗茨听说他丢了一块格雷厄姆（Graham）表，就把自己的表给了他，也是这个牌子的。

71　　再说腓特烈二世。什未林派遣几名士兵追上了他，告诉他普鲁士赢得了这场战役的胜利，于是他在骑马奔逃了五十多英里后，在拂晓时分又回到了自己的军队中。腓特烈·威廉训练出来的步兵、他的作战方法和他的战友们使腓特烈二世的这场战役转败为胜。十年之后，从不为自己找借口掩饰错误，也从不会陷入虚幻错觉的腓特烈二世对吉索尔伯爵（Comte de Gisors）描述了摩尔维兹战役："我们的士兵斗志高昂，纪律严明，但是缺乏实战经验。我是一个彻头彻尾的新手，唯一能够指导我作战的陆军元帅冯·什未林却没机会和我交谈。如果不是他的话，我早就完蛋了。他独自一人修正了作战中的错误，赢得了这场战役。"登基之初，腓特烈二世与什未林和老德绍的关系并不融洽，虽然这两人都是看着他长大的，也都被公认为当时在世的最优秀将领。对待腓特烈二世的命令，他们总会提出不同的意见。但是不久之后，他们再次赢得了自己的地位。每年的摩尔维兹战役纪念日，腓特烈二世都会举行阅兵仪式，尤其当他进入暮年的时候常常会对士兵们说："你们要学着像你们的祖辈一样优秀。"他自己阵前逃跑的事情衍生出了很多的笑话，给人们带来不少的快乐。伏尔泰说过，在这个世界上，腓特烈二世唯一感激的动物就是驮着他从摩尔维兹逃跑的那匹马。

当玛丽亚·特蕾莎听到奥军在摩尔维兹战役中失败的消息时，她哭了。罗宾逊对英国外交大臣说："维也纳陷入了彻底的绝望之中，而且他们绝没有孤注一掷的勇气。"

腓特烈二世风头十足，整个欧洲陷入一片动荡。巴伐利亚的查理·阿尔贝特宣称要得到帝位，教皇、皮亚琴察人和帕尔马人、西班牙的菲利普、萨伏伊的卡洛·埃马努埃莱，还有米兰人，他们也都要求得到帝位。法国人虽然没有提出这种要求，但是他们的所作所为却令人不安。他们的目标是让路易十五得到一直以来都属于神圣罗马帝国皇帝的地位：德意志邦国的最高君主和指导者。这一雄心勃勃的计划源自贝尔岛伯爵（Comte de Belle-Isle），他的祖父富凯是路易十四的大臣，因为谋逆而被捕入狱，贝尔岛的父亲，也就是富凯的儿子自愿流放外地。但是当贝尔岛长大成人后，路易十四在凡尔赛宫接见了他并且任命他为从属于国王本人的火枪队队长。72 据说这是因为曼特农夫人（Mme de Maintenon）[1]一直记得富凯曾经对她的第一任丈夫斯卡龙慷慨相助。贝尔岛曾在布伦海姆的战役中负伤，后又在里尔的战役中受伤，伤势严重，险些丧命。之后，他升为团长，又成为路易十五麾下的将军，因为在菲利普斯堡英勇作战而获得了圣灵勋章。在担任梅斯的长官期间，他美化城市，规划了新的街道、码头和花园。贝尔岛迎娶了贝蒂讷家族的一位女性为妻，也因而拥有了庞大的关系网：他的妻子与扬·索别斯基（John Sobieski）[2]有血缘关系，她的一位亲戚属于拉齐维乌（Radziwill）家族，还有一位属于雅布隆诺夫斯基（Jablonowski）家族。因此，与大部分的法国人相比，他对欧洲和欧洲所面临的问题

[1] 曼特农夫人（1635—1719），法国国王路易十四的第二任妻子。
[2] 扬·索别斯基（1629—1696），波兰国王，在 1683 年维也纳之战中率军击败奥斯曼帝国，被誉为"基督教的救星"。

有着更加清楚的了解。

贝尔岛时年五十六岁，身材高瘦，他担任了法国驻帝国议会的特命大使，这一机构位于法兰克福，职责是选举新的皇帝。他的使命是蛊惑德意志王公们推迟他们的审议，并且最终选举查理·阿尔贝特为新的皇帝。这样，德意志就会分裂为四个部分：巴伐利亚、萨克森、普鲁士和奥地利，而且这四个部分都会处于法国的影响之下。巴伐利亚是法国的传统盟友，查理·阿尔贝特的父亲曾经与路易十四并肩作战，对抗马尔博罗和欧根，此外，路易十五的祖母是一位巴伐利亚公主。查理·阿尔贝特是一个善良、和蔼的人，认识他的人都对他心怀敬意，令后人赞叹不已的阿马林堡（Amalienburg）就是他修建起来的。然而，他缺乏政治敏感性，又是个可怜的人，法国人可以很轻易地控制他。这就是贝尔岛的计划，而且也只有他自己支持这个计划。弗勒里枢机主教知道这个计划违背事实，无法实现，但是已经九十高龄的主教越来越无法影响那些好斗的年轻人，这些人已经组成了年轻国王的小圈子。路易十五天性热爱和平，他是为了艺术而生的，真诚地相信腓特烈二世所说的话："只有和平才能让艺术与科学蓬勃发展。"他已经拥有了想要的领地，国内的宗教问题层出不穷，经济也是萎靡不振。但是贝尔岛和他的计划还是很有说服力的。

在摩尔维兹战役之后，获胜的腓特烈二世在战场附近设立了他的指挥总部，这个指挥部很简陋，就是一个小小的帐篷，感觉来阵风就可以把它刮走，帐篷里只有一根蜡烛，也没有取暖设备。晚上，他就在这里接见列强的使节。白天他要训练他的骑兵部队，在摩尔维兹战役中，这支部队表现不佳，令他失望。贝尔岛为了给查理·阿尔贝特争取选票走访了德意志各个邦国的宫廷，当他听到关于摩尔维兹战役的消息时正在德累斯顿，便立刻赶来会见腓特烈二世。虽然不是很确定，但是人们认为在这次会面时，他向腓特烈二世阐述了他的欧洲计划，但是无论如何，腓特烈二世还不至于愚蠢到不清楚这些方案的真实目的。他最忌讳的事情就是法国在德意志地区谋取统治地位，与其如此，他宁愿选举弗朗茨担任皇帝。但是他很乐意与贝尔岛相处，因为他是自己最喜欢的那种人——一个睿智、风趣、举止优雅的军人，做事情完全符合宫廷的习惯。腓特烈二世欣赏优雅的举止，也常常会喜欢举止优雅的人。贝尔岛也同样为腓特烈二世所吸引，他在写给弗勒里的信中说：

> 他才华天纵、绝顶聪明，又因此而胸怀大志；他满怀激情；他慧眼识人，能够洞察别人的本质，迅速抓住别人的弱点并充分加以利用；他从不寻求他人的建议，确实，他很难得到真正的好建议，因为他身边的很多人都被奥地利人收买了。他绝对冷酷无情。

几天后，贝尔岛回到了查理·阿尔贝特那里，接着又去了法兰克福。

乔治二世派遣了海因德福德勋爵（Lord Hyndford）去拜会腓特烈二世。海因德福德性格狂暴，举止粗鲁，喜欢自吹自擂，腓特烈二世根本就无法和这种人相处。这场战争开始令英国感到不安，他们本来希望利用奥地利牵制法国，这样他们就可以攻打西班牙，洗掉詹金斯之耳战争中的失败耻辱。但是现在，腓特烈二世却牵制住了奥地利。此外，安哈尔特-德绍亲王在汉诺威边境集结大军，这也激怒了乔治二世。英国希望立即结束战争，不管玛丽亚·特蕾莎需要付出多大的代价。海因德福德勋爵询问腓特烈二世，如果普鲁士吞并西里西亚，他是否可以支持弗朗茨当选帝国皇帝。腓特烈二世回答说自己一直都是支持弗朗茨的。海因德福德希望腓特烈二世能够宽宏大度，实现和平，但是腓特烈二世对他说："勋爵阁下，不要和我谈论宽宏大量。作为国王，我必须考虑我的利益。我并不反对和平，但是我希望得到四个公国的土地，而且我也一定能够得到这些土地。"但是他拒绝透露他说的是哪四个公国（这四个公国是列格尼茨、布里格、雅格恩多夫和沃武夫）。

74   之后，维也纳的罗宾逊先生奉命去拜见腓特烈二世。他是一个单调乏味的人，每次说话就像是在发表演讲一样，他讲话的时候，他的英国朋友们很难跟上他的节奏。他深爱着玛丽亚·特蕾莎，按照腓特烈二世的话说，他是她的热情颂扬者。罗宾逊告诉腓特烈二世，如果他能见到玛丽亚·特蕾莎的话，也一定会爱上她，腓特烈二世对此大笑不已。腓特烈二世称他为"不知疲倦的罗宾逊"，他夹在这两位年轻的君主之间，日子很不好过。玛丽亚·特蕾莎对他的建议嗤之以鼻，只有在她需要英国的财政支持的时候才会接见他，而腓特烈二世则对他不停地讽刺挖苦。他苦口婆心地劝说了玛丽亚·特蕾莎几个星期，她才答应如果腓特烈二世愿意放弃对西里西亚所有主权的诉求的话，她可以授权罗宾逊把海尔德兰（Gelderland）和林堡（Limburg）割让给腓特烈二世。但是腓特烈二世对罗宾逊说，首先海尔德兰的大部分地区本来就属于自己，其次女王竟然考虑破坏《屏障条约》（*Barrier Treaty*，根据该条约，低地国家的领土是不可分割的），这令他感到震惊。谁能够为她的承诺做担保呢？罗宾逊想要回答这个问题，但是被腓特烈二世打断了。这年头谁能够遵守自己的担保承诺呢？英国和法国都曾经为《国事诏书》做过担保，但是它们并没有支援匈牙利女王。腓特烈二世还说，如果他胆敢放弃对西里西亚的正当主权的诉求的话，他的祖先们都会气得从坟墓里跑出来找他算账（罗宾逊经常听玛丽亚·特蕾莎女王说如果她放弃了西里西亚的话，她的祖先们也会气得从坟墓里跑出来找她算账）。罗宾逊回到维也纳，告诉玛丽亚·特蕾莎，她必须签订和平条约。女王把满腔的怒火都发泄在了他的身上："我真希望你们那见鬼的海峡并不存在，希望你们的国家也在欧洲大陆上，那时您就能明白动摇帝国是多么危险，触碰帝国的一个部分就等于破坏整个帝国的根基。对于帝国的国防而言，西里西亚至关重要。"

到了6月，玛丽亚·特蕾莎又怀孕了，她那年幼的皇太子像小松鼠一般活泼，他依偎在妈妈的怀抱里，她的丈夫陪伴在她的身边。他们一同前往普莱斯堡（Pressburg），按照传统那里会为她举行加冕为匈牙利女王的仪式。帕尔菲伯爵（Count Palffy）和当地掌握实权的贵族元老们在那里恭候她的到来。当加冕仪式结束的时候，人们发现女王之前的确有理由进行骑术训练。她像她的帝王祖先们一样跨骑着一匹漂亮的黑马，身后跟着眼含热泪的老帕尔菲和其他匈牙利贵族，登上一个可以俯瞰无尽平原的山丘。在这里，她

75

手握宝剑，向东南西北四个方向挥舞，与此同时，在场的人高声呼喊着："我们愿意为我们的国王玛丽亚·特蕾莎而死。"弗朗茨没能在现场分享这种胜利的快乐，匈牙利贵族拒绝任何与外国人有关的事务。但是托马斯·罗宾逊却出席了这一庆典，他满怀深情地描述了所看到的场景："圣斯蒂芬（St Stephen）[1] 破旧的国王长袍穿在了她的身上，搭配着她一如既往的奢华衣着——如果可以把钻石、珍珠和各种宝石称为衣服的话。"在国宴上，她光彩照人，她深爱着的丈夫再一次陪伴在她的身边，炽热的阳光使她耀眼无比，金黄色的头发卷曲着垂在两边。

当女王还在匈牙利的时候，法国派出了一支庞大的军队，由贝尔岛率领，来支持选帝侯查理·阿尔贝特担任帝国皇帝。法国军队与巴伐利亚军队一起占领了林茨（Linz），几乎兵临维也纳城下。同时，另外一支法国军队进逼汉诺威。乔治二世和其他的德意志选帝侯对于《国事诏书》越来越持怀疑态度，开始转而支持查理·阿尔贝特。意大利各邦国恢复中立态度，而且整体上更加偏向于支持法国。深感恐惧的罗宾逊于 1741 年 9 月 8 日从普莱斯堡写信给外交大臣："在这一重大时刻，所要决定的不仅仅是哈布斯堡家族或者是神圣罗马帝国的命运，而且是汉诺威家族、大不列颠和整个欧洲的命运。"

维也纳方面做了最坏的打算。有钱人运走了他们的金银细软，然后和穷人一起指责弗朗茨应该为所有一切承担责任，如果让查

---

[1]　圣斯蒂芬（约 970 至 975—1038），匈牙利第一任国王。

理·阿尔贝特担任皇帝的话，他们的命运就不会这么悲惨了。唯一一个能够振奋臣民士气的人是女王，但是她却不在这里。现在激动人心的加冕仪式已经结束，匈牙利人对女王的热情开始减退。玛丽亚·特蕾莎一度想要放弃，她说在这个世界里，她几乎找不到一个可以安享和平的地方。但是没有什么能让她长期退缩，这里是她的祖先安息的地方，最重要的是，她有着获取最后胜利的信心。她实施了一项大胆的新政策——她不顾家族传统和大臣们的建议，也没有顾及奥地利贵族们的恐惧，决定动员匈牙利人，并鼓励他们发动支持她的起义。奥地利人认为，如果允许起义的话，匈牙利人一定会反抗奥地利人并且会争取匈牙利的独立，这种事情过去就曾发生过。匈牙利部队给各个团起的名字也让奥地利人心生寒意：潘都尔团（Pandours）、托尔帕塞团（Tolpatches）、胡萨尔团（Hussars）、乌斯考克斯团（Uscocks）、斯拉沃尼亚团（Slavonians）和瓦拉斯丁尼团（Warasdinians）。这些士兵穿着各式军服，骑着未受训练的马匹，看上去就像要从东方入侵奥地利一样。事实上，他们虽然并不是一支优秀的正规军，却是一支破坏力极强的游击队。

　　玛丽亚·特蕾莎有着她自己的着装方式：她从头到脚一袭黑装，头戴圣斯蒂芬王冠。她召开了匈牙利议会，并用拉丁语在议会发表了演讲。她提到了别国对奥地利的侵略，提到了自己的孩子们，擦去眼泪说："在被所有人背叛之后，我们只剩下忠诚、军队和匈牙利人久经考验的勇猛。"会场里爆发出宣誓效忠的呐喊声。议会通过决议，建立并武装一支军队，甚至还接受弗朗茨担任共治者。会议结束时，弗朗茨呐喊道："我的鲜血和生命属于女王和王

76

国。"年幼的皇太子也出现在会场，让他未来的子民们观瞻。玛丽亚·特蕾莎很聪明，她安排了这么多充满柔情的伴随物，并展示在侠肝义胆的匈牙利人面前，他们深受感动，从未背叛过她。从那一刻起，情况开始变得对她越来越有利了。

外交噩梦

Diplomats' Nightmare

摩尔维兹战役之后几个月,那些不得不与腓特烈二世交涉的外交官们经历了噩梦一般的痛苦时光。其实腓特烈二世的目标是极为明确而且符合逻辑的,但这些外交官们却没有一个能够揣摩出他意欲何为,这足以说明他们有多麻木。他就是想控制住西里西亚,同时抵制法国在德意志地区的统治地位。而法国人则希望奥地利解体,同时限制普鲁士势力的增强。法国和普鲁士曾经秘密签署了一份从未公开的法普协定(1741 年 6 月 5 日签署),这份协定表明两位统治者为了对抗一个共同的敌人而结盟,但是他们两人的目标并不一致,也不信任对方。

法兰克福的帝国议会即将召开,在这里,人人都觉得贝尔岛的出席至关重要,所以他率领的法国军队和巴伐利亚军队都交由查理·阿尔贝特统率。法军方面的将领是莫里斯·德·萨克森(Maurice de Saxe），他是"强力王"奥古斯都的私生子，也是路易十五小圈子里的朋友之一。奥地利军队的主力被腓特烈二世牵制在西里西亚地区，能够防卫维也纳的只有六千多名士兵。但是出乎所有人尤其是维也纳人意料的是，查理·阿尔贝特并没有直接进攻维也纳，而是包围了布拉格。美丽的布拉格周围山势险要，易守难攻。匈牙利军队这时还没有出发，玛丽亚·特蕾莎觉得必须要向法国和普鲁士提出议和。作为盟友，这两个国家自然会相互交流她所提出的条件，也自然会决定拒绝她的提议。实际上，法国是真心实意要拒绝，而普鲁士则是装模作样。一天，瓦洛里不小心把一封凡尔赛宫发来的密函掉在了地上，这封密函要求他不惜一切代价阻止腓特烈二世占领山地要塞和格拉茨（Glatz），这里是西里西亚的要塞，按照法普协定，应该由查理·阿尔贝特控制。腓特烈二世用脚踩住这封密函，没有交还给瓦洛里，他还责问瓦洛里："你们何时才能把格拉茨交到我的手里？"瓦洛里回答说："我想我已经把它交到了陛下的脚下。"说完两人都仰面大笑。瓦洛里开始怀疑腓特烈二世，他想尽办法寸步不离腓特烈二世，而腓特烈二世也很喜欢瓦洛里陪同左右。当瓦洛里很想午休的时候，也不得不跟着腓特烈二世四处奔波，这个大胖子常常跑得上气不接下气。

这一段时间里，腓特烈二世一直忙于训练士兵，重组军队。他仿照匈萨尔利的模式，编组了胡萨尔兵团，交由齐藤（Zieten）率领。后来齐藤成为他麾下最为勇猛善战的指挥官，他不喜欢传统的作战部队，那时年过四十还只是个少校，但是在与匈牙利游击队的一次作战中，他因表现突出被腓特烈二世的朋友温特费尔特发现，此后一路高升，先是升为上校，不久又晋升为将军。在当时那种双方军队都着装华丽、近似玩笑的战争中，他和他的部下建立了传奇般的功勋。

1741 年 10 月 9 日，腓特烈二世声称要去视察各地的前哨部队，先打发瓦洛里去陪同安哈尔特-德绍的年轻儿子们进餐。他自己则在情报部门负责人冯·德·戈尔茨（von der Goltz）的陪同下秘密会见了号称"英国骗子"的海因德福德、奈佩格和其他奥地利将领。在一段冗长、粗俗的开场白之后，腓特烈二世表达了他对女王的敬重和对弗朗茨兄弟般的友情，他向奥地利人详细描述了法军在波希米亚的部署，并且向他们说明了攻击法军最好的方法。为了回报腓特烈二世的这种背叛法国的行为，奥地利人将会把尼斯城（Neisse）[1] 交给他，但是之前腓特烈二世要先包围这座城市，和城防部队的炮兵相互对射空包弹，之后奥地利人会放弃这座城市；除了各处的一些小打小闹之外，在整个冬季，奥地利人不会进行其他的反抗。作为回报，腓特烈二世再也不会进攻女王的领地。他还慷慨大方地建议，女王可以保留格拉茨，虽然法国人已经答应他把这个地区划归普鲁士。他还可以借给女王五万埃居（écus）[2]，并说他很愿意帮助女王。腓特烈二世拒绝签署任何书面协议，奥地利人必须相信他的金口玉言。他还提出，如果这一秘密协议被泄漏的话，他就只好收回诺言了，这也是达成该协议的条件之一。他知道玛丽亚·特蕾莎的宫廷里有很多喜欢传播小道消息的人，所以他相

79

[1] 此处指西里西亚的尼斯城，现归属波兰奥波莱省。
[2] 埃居，法国古代货币。

信中止条款很快就会得以实施。弗朗茨以为腓特烈二世在背叛自己后迷途知返，又成为自己的至交好友，他给腓特烈二世写信，请求他在帝国议会投票支持自己。腓特烈二世的回信里满是热情洋溢的废话，他说连他自己都不知道在信里说了什么。另一边他致信贝尔岛说："路易十五是所有国王中的仲裁者，贝尔岛元帅则是发挥其权威的得力干将。"

按照既定安排，尼斯城被包围，接着又被腓特烈二世占领。身为军人的瓦洛里感觉这里面有蹊跷：一般要围攻一座要塞城市是需要工程部队的，但这次还没等工程部队到达，这座城市就已经被攻占，而工程部队的任务则变成为普鲁士强化防御工事。然而，腓特烈二世向瓦洛里出示了海因德福德勋爵的一封充满绝望的信，信中说他无法与腓特烈二世对抗，只得弃城而去了，其实这封信是海因德福德勋爵按照腓特烈二世的本人意思事先写好的。这令瓦洛里为自己的猜疑而心怀愧疚。但是之后又发生了更多奇怪的事情，瓦洛里在给贝尔岛的信中说他禁不住心生疑虑，觉得发生了一些思之甚恐的事情。

当然，事情的真相最终还是水落石出了。每个了解这个机密的人都会透露给别人，很快伦敦的俱乐部里便尽人皆知了。腓特烈二世和瓦洛里发生了激烈的争吵："如果女王真的这么说过的话，她一定会为之付出代价的。"在他们就此争执不下的时候，腓特烈二世索性告诉瓦洛里，他根本就不想去帮助正在包围布拉格的法国军队和查理·阿尔贝特。"我要用我自己的方式进行战斗。"他们的关系急转直下。查理·阿尔贝特是一个无能的总司令，因此法国将领们都拒绝服从他的指挥，一切都变得混乱不堪；而就在此时，奈佩格已经率领着勇猛的匈牙利人前来援救布拉格。贝尔岛的弟弟贝尔岛骑士从布拉格城外写信给自己的哥哥，请他立即前来指挥军队，否则他们必将惨败。贝尔岛此时远在德累斯顿会见惊恐不已的瓦洛里，瓦洛里认为他已经陷入了一个危险的局面。贝尔岛还患上了坐骨神经痛，几乎不能行动，他的一只眼睛严重肿胀，感觉就像要从脸上掉下来一样，病中的贝尔岛已经无法指挥军队了；他和瓦洛里焦虑不安，但是却无能为力，只能等到病情好转了才有可能赶赴布拉格。这时，一名法军信使赶来，向贝尔岛元帅呈上了一个便条，这个便条感觉像是一个五岁小孩写的，没有标点符号，拼写也是乱七八糟：

80

> 先生您想拿下布拉格我们已经拿下了当地长官（奥格威将军）已经向我投降了我就是在他的房间里给您写这个条子的我无法用语言向您描述士兵们的英勇以及舍韦尔先生（M. de Chevert）的壮举。莫里斯·德·萨克森。

信使向贝尔岛讲述了详细的战况。萨克森在敌人的防御工事中找到了一个空隙，率领舍韦尔上校和几十名士兵从这里穿越了敌人的防线。城墙外，他们在吊桥附近找到了三个捆绑在一起的梯子，顺利直达城墙顶。接下来的一幕，就是家喻户晓的《掷弹兵的故事》（*Histoire du Grenadier*）里描述的内容，这个故事在法国的托儿所里都会讲述给小朋友们听。舍韦尔问有没有人愿意顺着梯子爬到城头，掷弹兵帕斯卡（Pascal）主动请命，然后他们进行了这样的对话：

　　你将会是第一个登上城头的人。

　　是的，上校。

　　当你爬到城头的时候，敌人的哨兵会大喊："谁在那里？"

　　是的，上校。

　　你不能回答。

　　是的，上校。

　　他会向你开枪。

　　是的，上校。

　　但是他打不中你的。

　　是的，上校。

　　然后你就要击毙他。

　　是的，上校。

81　　帕斯卡爬上了城头，一切都是按计划进行的，只是那个哨兵在没有击中帕斯卡后就趁着夜色逃跑了，一边跑一边大喊着示警。这时，舍韦尔、小布罗伊（Broglie）[1] 以及其他凡尔赛的英雄们都已经爬上城头并打开了城门。法国军队如洪水般涌入，奥格威将军被迫投降。那天晚上，城里还在举行舞会，而到了黎明时分，护送

———————————

[1]　此处的布罗伊指第二代布罗伊公爵，是后文出现的布罗伊元帅的儿子。

女士们回家的人已经从奥地利军官换成了法国军官。萨克森军纪严明，没人敢胡作非为，第二天，布拉格的商店依然照常开门营业。

玛丽亚·特蕾莎哭了；贝尔岛的病好了；腓特烈二世或许并不开心，不过还是致信贝尔岛，近乎谄媚地向他表示祝贺并且提出可以派遣十六个骑兵中队支援他。贝尔岛说："现在才想起来派遣援军，我们已经不需要了。"腓特烈二世又开始欣赏瓦洛里了，问他怎么能怀疑他和女王相互勾结。"那么，尼斯城是怎么回事？""你们拿下布拉格也没费一枪一弹，难道这就能说明你们和女王有勾结吗？"

但是在写给伏尔泰的信中，腓特烈二世说："不幸的是，大部分君主的主要特征都是擅施诡计、缺乏诚意、口是心非，那些应该为君主出谋划策的人也是如此。研究这种人的人性会令人羞愧不已，令我扼腕叹息，感觉对不起我最为热爱的消遣活动——艺术，对不起我的朋友和我的自强自立精神。"这时，虽然他仍然得精打细算，但还是忍不住会采购成套的文物古董，这些古董都是波利尼亚克枢机主教当年在罗马收藏的。

法军在布拉格的胜利使德意志选帝侯们的防御能力下降。令腓特烈二世感到有意思的是，他的舅舅乔治二世身兼英国国王和汉诺威选帝侯，这种情况迫使他改变态度，支持查理·阿尔贝特当皇帝，以此换取汉诺威的中立地位。他曾经真心支持过《国事诏书》，并且是所有支持者中立场最为坚定的一位，而其他的选帝侯都是被各种方式贿赂、收买的。1742 年 1 月 24 日，查理·阿尔贝特全票当选神圣罗马帝国皇帝，史称查理七世。法国并没有付出太大的代价就赢得了这次胜利，这对贝尔岛而言也是一次巨大的成功。

82 　　威廉明妮来到法兰克福参加加冕典礼，在这里又遇到了很多当年的敌人，包括泽肯多夫，此人现在已经背叛玛丽亚·特蕾莎，投靠了新皇帝，并且被任命为菲利普斯堡的长官。加冕仪式盛大奢华，但是人们却开始发现查理七世实在是一个可怜的人。虽然他才四十六岁，却患有严重的痛风和结石，几乎难以站立。人们开始传播一个讽刺他的残忍玩笑："既贵为皇帝又贱若平民。"聪慧的威廉明妮看出这位皇帝不可依靠，便劝说自己的丈夫不再遵守武力支持查理七世的协定。

　　就在选举日当天，玛丽亚·特蕾莎的军队占领了林茨；在加冕日当天，查理七世自己邦国的首都慕尼黑也沦陷了，占领这里的是潘都尔兵团勇猛的上校门策尔（Mentzel）。为了分散敌人的注意力，腓特烈二世开始进攻摩拉维亚，法国军队和萨克森军队很不情愿地派出了援兵。莫里斯·德·萨克森这时已经离开布拉格，去帮助他同父异母的兄弟——萨克森国王奥古斯都三世掌管军队。奥古斯都已经破产了，但是他早已习惯这种窘境，而且还在继续大量购买珠宝和艺术品，所出的价格在当时堪称天价。腓特烈二世评论他说："即使是征服十个国家的大事也不能把他从一部话剧的第一幕吸引开。"作战时，腓特烈二世常常驱使他的盟军四处奔波却又不提供粮饷，而同时，他自己的军队却总是走在最前头，所到之处搜刮一空。莫里斯·德·萨克森很不喜欢他的这种做法，于是他便离开了腓特烈二世，开始自行其是。他去访问了很多的农舍，如果有贵族邀请他的话，他也会千恩万谢地入住他们的城堡。很快，他和法国人都撤回了自己的军队。

现在指挥布拉格军队的是布罗伊元帅，腓特烈二世在斯特拉斯堡的时候就很不喜欢他。他前往布拉格会见了布罗伊，会见时又一次表达了他的厌恶。他只要一听到这个人的名字就会勃然大怒，忍不住口出秽言。他告诉瓦洛里，他打算放弃法国军队的援助，独自进攻奥地利。他也的确是这么做的。毫无疑问，他和布罗伊的很多部属一样都对布罗伊评价不高，这也成为腓特烈二世不愿与他协同作战的一个借口。对于布罗伊而言，他的这个任命也绝非幸事。他已经七十岁了，还曾经中风过。战争刚刚开始的时候，法国军官们都以为他们将会追随腓特烈二世进攻维也纳，那时腓特烈二世是所有年轻将士们的偶像。他们很喜欢莫里斯·德·萨克森的领导风格，但此时，他们发现自己不得不陪着一个步履蹒跚的老人滞留布拉格——没有战斗，也没有荣耀，枯燥无聊，浑身上下不舒服；而且寄往凡尔赛的通信又时断时续，因此他们不停地大声抱怨。

腓特烈二世提出与维也纳和谈，但是他的条件不断增加。而在放弃尼斯城之后，玛丽亚·特蕾莎已经不愿意再做出任何让步了，更何况，她已经集结了一支装备精良的大军，由洛林的查理指挥，查理既是她的小叔子又是她的妹夫。1742 年 5 月，这支奥地利大军从摩拉维亚出发，抵达腓特烈二世的波希米亚指挥部附近。5 月 17 日，普鲁士军队和奥地利军队在查图西茨遭遇，这也成为腓特烈二世独立指挥的第一场战役。摩尔维兹战役的胜利得益于腓特烈·威廉遗留下来的将领，但是在查图西茨，腓特烈二世对战争的长期研究、他精心训练的骑兵部队以及他精湛的临阵指挥都得到了回报。备受瞩目的奥地利军队在人数上略占优势，他们力求必胜，因此便匆匆开战。但是腓特烈二世烧毁了一个村庄，把奥地利军队一截为二，将他们的骑兵部队逼进了沼泽地，从而使其丧失了战斗力。经过四个小时的激战，查理被迫下令撤退。接下来的事情让瓦洛里几乎不敢相信自己的眼睛——腓特烈二世居然没有追击溃败的敌军，让奥地利军队毫发无损地撤离了，他在忙着指挥部队埋葬战死的士兵，为此还买下了九英亩的土地。在此后的几百年里，这些土地要比周围的土地更加肥沃高产。"我的朋友们没有一个战死的，"他对若尔丹说，"亲爱的罗滕堡虽然受伤了，但是会康复的。"但是，腓特烈二世当时最亲密的朋友罗滕堡再也没有从这次伤病中完全恢复过来。

查图西茨战役之后两天，布罗伊和贝尔岛一起在萨海（Sahay）击败了奥地利将军洛布科维茨亲王（Prince Lobkowitz），以此响应腓特烈二世提出的并肩作战的要求。当玛丽亚·特蕾莎听到这两次战役失败的消息时，她刚刚诞下公主玛丽亚·克里斯蒂娜（Maria Christina）。她这次坐月子比之前遭受了更大的痛苦，甚至陷入绝望之中而终日痛哭流涕。海因德福德再一次对她说，她已经别无选择了，只能与腓特烈二世和谈。他说无论她签订什么样的和约，都不会有人责怪她，只要她今后能再夺回西里西亚的控制权。现在，腓特烈二世可以随时击败她那支服饰华美的军队；如果她仍然固执己见的话，那么，除了西里西亚，她可能还要失去波希米亚。听完之后，玛丽亚·特蕾莎擦干眼泪，愤怒地驳斥了海因德福德。她说哪怕是英国国王本人和整个英国议会一起来当面命令她，她也绝对不会放弃波希米亚。但是在西里西亚问题上，虽然她极不情愿，但是可以让步。现在的问题是腓特烈二世是打算坚持继续征服，还是能够接受只控制上下西里西亚。奥地利方面的立场以书面形式提交给了腓特烈二世。

6月4日，贝尔岛拜会腓特烈二世。腓特烈二世声称他的部队需要休整，而且缺乏供给，因此已经驻扎在了萨萨瓦河（the Sasawa）两岸。贝尔岛之前去了凡尔赛，受封为公爵并受命返回布拉格，接替布罗伊。他及时返回部队并指挥了萨海之战，但是对于腓特烈二世在查图西茨战役之后的异常表现也心生疑虑，因此他决定亲自拜访腓特烈二世，弄清楚他的计划到底是什么。腓特烈二世当时已经收到了玛丽亚·特蕾莎发来的议和条件，他亲自出门迎接贝尔岛公爵，满脸微笑地向他表示祝贺，还热情地拥抱了这位朋友。在一同走向大帐的时候，他脱下自己的斗篷，披在贝尔岛身上，说无论如何都不能让他感冒。贝尔岛对查图西茨战役的胜利赞不绝口，而国王仅仅接受了他的颂扬，却只字不提萨海之战的胜利，只是漫不经心地问为何法军没有追击洛布科维茨，当然贝尔岛也忍不住问腓特烈二世：为什么他们没有追击查理亲王？腓特烈二世闪烁其词地回答说，他们在7月之前做不了太多的事情，到了7月，如果贝尔岛同意的话，他们可以合兵进攻维也纳。他还阐述了一个假想出来的和平条约（与他已经收到的和约条款完全不一样），在这个条约里，法国和萨克森都能分得一杯羹。接着他又严厉指责玛丽亚·特蕾莎，说她冥顽不灵，会使整个欧洲陷入战火之中。他们必须统一行动以制约这位女王。这次访问使贝尔岛完全被腓特烈二世的魅力征服，他对瓦洛里说，再过一个月，就能解决所有的问题了。第二天，当贝尔岛准备动身返回的时候，腓特烈二世看似无

85

意地透露出查理亲王和洛布科维茨已经会合，正在向布拉格进军。贝尔岛明白，如果当初腓特烈二世乘胜追击的话，查理亲王绝没有胆量这么做。法国人在欧洲中部被包围了，孤立无援，后失去联络。贝尔岛急得昏了过去。

在一场法国人被公认为控制者的外交战中，法国人自己却遭遇了十面埋伏，这着实令人感到奇怪，但是有一点要明白，法国人是按照规则行事的。而说得难听一点，腓特烈二世一直在进行欺诈。

6月11日，腓特烈二世和玛丽亚·特蕾莎签订了《布雷斯劳条约》，根据这一条约，腓特烈二世得到了上下西里西亚。法国人和巴伐利亚人一无所获，条约里根本就没有提到这两个国家。玛丽亚·特蕾莎因为丢失了一个省而悲痛不已，而罗宾逊则一如既往地成为女王的出气筒。在凡尔赛，年迈的弗勒里枢机主教和那些亲友被困在布拉格的人都在痛哭流涕。然而路易十五却下令要求法国人平静地接受普鲁士与奥地利签订和平条约的消息，不得对普鲁士国王进行任何不敬的指责。按照腓特烈二世的描述，当瓦洛里意识到他当初想都不敢想的那些都变成现实的时候，他也只能苦笑着做了个可怕的鬼脸。他离开普鲁士国王动身前往布拉格，希望能在那里帮点忙。腓特烈二世听他这样说，看上去有些不舍并请求瓦洛里陪他一起前往柏林，但是被瓦洛里拒绝了。

腓特烈二世的所有目标都实现了，率领着自己的军队回到了柏林。他占领了一个约为英格兰面积三分之一的美丽省份，人所共知这里的居民善良、聪明，他觉得在他所有的子民当中，他最喜欢这里的百姓，除了一些布雷斯劳的天主教贵妇，其他的西里西亚人都对他忠心耿耿。法国人接受了惨痛的教训，再想干涉德意志政局的时候，他们或许会三思而后行。奥地利人的势力被削弱了。新皇帝的权威也大打折扣，国土被敌人占领，这位身患重病、一文不名的统治者无处安身了。皇帝的盟友和连襟奥古斯都三世的无能同样暴露无遗。乔治舅舅看上去就像个傻瓜。最重要的是，年轻的普鲁士国王赢得了声望。不过，腓特烈二世此时的脾气却糟糕透顶。他可能会怀疑自己的行动到底明不明智，当行动的结果愈发明显时，他就会感到非常懊悔。

86

法国军队遭到腓特烈二世的背叛，又被查理亲王和洛布科维茨亲王统率的七万大军包围，困守布拉格整整五个月。

或许应该考察一下 18 世纪法国军队的情况。在当时的欧洲，只有法国军队完全由本国公民组成，没有雇佣军，因此士兵的待遇要比其他国家好；法国军队没有实施鞭刑，而其他国家的军队中都有这种惩罚措施（后来，路易十六在法军中引入了鞭刑）；法军中的急救、后勤补给和外科医生在所有欧洲军队中都是无与伦比的。腓特烈二世经常请法国军医为自己的士兵做手术。只要指挥得当，法军士兵都表现得勇猛无敌——但是从萨克森去世开始，一直到拿破仑出现，法国军队中再没有出现过优秀的指挥官。原因也很简单，那就是高阶指挥官的位置都被贵族垄断了。在腓特烈二世时代，最优秀的法军指挥官是弗朗索瓦·德·舍韦尔，他是一位乡村绅士，所以他一生最高的职位也只不过是中将。腓特烈二世也遵循着同样的规则，但是对他而言很幸运的是，他的家族中就有两位杰出的将领，而且他还可以得到其他的优秀将领，这些将领都是邻近邦国统治家族的成员：荷尔斯泰因、黑森-达姆施塔特、不伦瑞克、符腾堡和安哈尔特-德绍（德绍的三个儿子和后来的一个孙子也都具有很高的军事指挥才能）。

1742 年 12 月 7 日，贝尔岛率领法国军队从布拉格突围。一支由马耶布瓦（Maillebois）和泽肯多夫统率的法国—巴伐利亚联军赶来增援他们，但是这支军队缺乏后勤供给，在经过长途行军后抵达波希米亚时已经筋疲力尽，无法打退查理亲王的军队。查理亲王的军队据守着一个牢不可破的堡垒，挡住了他们的去路，于是他们只好后撤至慕尼黑。所有人都认为布拉格的法军只能含恨投降了，奥地利士兵已经开始扬扬自得地炫耀他们缴获的法军枪支、装备，觉得马上就可以俘获大批战俘了。但是当贝尔岛与瓦洛里一起离开腓特烈二世赶到布拉格后，他成功地提升了将士们的士气。开始时，布罗伊拒绝交出指挥权，因为凡尔赛宫的相关命令含混不清，路易十五为了不得罪势力强大的布罗伊家族，也确实册封他为公爵（腓特烈二世说，如果是玛丽亚·特蕾莎册封他倒是还可以理解）。但是布罗伊手下的军官们派了几名代表来见贝尔岛，向他保证他们只服从他的命令。"那么我命令你们服从布罗伊先生的命令。"幸好，布罗伊很快就去与马耶布瓦会合了，这才让所有人放心。贝尔岛强忍着背部和腿上的疼痛，指挥军队不停地进攻围城敌军，迫使奥地利军队烧毁布拉格周边的建筑，后撤十英里。贝尔岛公平地分配了口粮，市民、军官和士兵们完全平等，他们的口粮包括战马肉和生了蛆的饼干，这些都是他麾下得力的军需官之前采购的（在那个年代，军用饼干总是会生蛆的，但是士兵们照吃不误）。军中的贵族青年们和所有人都一样，完全服从贝尔岛的命令，全军军纪严明、品德高尚。不幸的是，那年冬天极其寒冷，城里又缺乏燃料和冬装，造成了大量的伤亡。贝尔岛意识到他们在春季之前是不能得到什么援助了，于是他下决心从布拉格撤退。他派人询问查理亲王，法国军队能否在保持军人尊严的情况下撤离，洛林兄弟可能会倾向于同意，但是玛丽亚·特蕾莎反对，她只希望法军彻底投降。

于是贝尔岛放出风去，告诉市民和潜伏在城里的间谍，他要率部出城寻找粮食。"祝他好运。"奥地利人说，因为他们知道城外天寒地冻，就像一块铁板一样，几乎没有任何可以入口之物。他们丝毫都没有想到，贝尔岛会选择一条最难行走的路线——在这种天气里率领一支军队穿越森林与山脉。他乘坐一辆由八匹马拉的战车，发起了攻击。与他在一起的还有巴伐利亚伯爵，作为皇帝同父异母的兄弟，他一直是布拉格的长官，他还带着美丽的伯爵夫人以及他们刚刚出生的孩子（伯爵夫人是皇帝的私生女，也就是她丈夫的侄女）。贝尔岛率领着一万四千名士兵，携带着所有的装备和十二天的给养，另外四千多名伤员和病号在弗朗索瓦·德·舍韦尔的率领下留在了布拉格。军官们都放弃了自己的马匹步行前进，他们的马匹都用来拉炮车。白天，贝尔岛不顾病痛，坐在雪橇上四处安慰并鼓励他的将士们。他亲自查阅地图，确定行进路线，关注每个细节。到了晚上，他和巴伐利亚伯爵夫妇以及他们的孩子一起在马车上躺五六个小时，却彻夜难眠。为了抵御可怕的风暴，士兵们在马车周围修建了一道雪墙。贝尔岛手下两名年轻的军官后来都成为著名的将领，他们是蒙特卡姆侯爵（Marquis de Montcalm）和沃韦纳

88

格侯爵（Marquis de Vauvenargues），沃韦纳格侯爵的伤病陪伴了他的一生。据说近代历史上一共有三次著名的冬季大撤退，另外两次分别是查理十二世死后瑞典军队从挪威的大撤退和拿破仑从莫斯科的撤退。在这三次撤退中，只有贝尔岛的撤退秩序井然，装备齐全，一路上就连一面铜鼓都没有丢掉；但是遗留下很多士兵的尸体——数以千计的士兵或是死于严寒饥饿，或是死于匈牙利散兵的袭击。这些散兵一直在等着袭击那些伤重濒死的士兵，以便剥去他们的冬装；他们还一次次地袭击法国军队，希望能抢走他们运送军饷的马车。活下来的人也几乎要冻僵了。所有士兵中，最终返回法国的只有一半多一点。贝尔岛精疲力竭，伤心欲绝，无颜再回凡尔赛宫，于是径直前往梅斯，继续当那里的长官，并和他的小儿子吉索尔伯爵团聚，这让他感到一些安慰，因为他对吉索尔非常疼爱。几周后，他觐见路易十五的时候，面色惨白，虚弱得需要两个人搀扶着他走。

当奥地利人发觉贝尔岛已经从他们眼皮底下溜走时，恼羞成怒，玛丽亚·特蕾莎气极而哭。罗宾逊描述了她心中的怒火。她一心复仇，希望能够俘获大批战俘，缴获枪支弹药和其他战利品。洛布科维茨呼吁舍韦尔立即投降，但是舍韦尔提出奥地利人要保证他们安全撤退到埃格尔镇（Eger）并且为伤病员提供马车，否则的话，他威胁要把整个布拉格付之一炬。洛布科维茨自己在布拉格城内拥有大量房产，于是便答应了他的条件。

1743 年 5 月，玛丽亚·特蕾莎前往布拉格，在那里加冕为波希米亚女王。

国王的朋友们

The King's Friends

忙完战事，腓特烈二世要开始把一些知交挚友召集到自己身边了。首先是他自己的家族亲属。腓特烈·威廉国王有十个免于夭折的孩子，这些兄弟姐妹特别团结一心。腓特烈二世的家庭观念很强，对兄弟姐妹诚心实意。此时他们大多已经成年，除了两个小妹妹外，其他的姐妹都已经远嫁他乡，每当她们回柏林省亲，腓特烈二世都会激动不已，平时也会定期给她们写信。最小的两个妹妹都和她们的母亲生活在一起，一位是乌里卡公主，她很快就要结婚了，她的丈夫后来成为瑞典国王；还有一位是阿米莉亚公主，尚未谈婚论嫁。对于腓特烈二世而言，他的弟弟们更像是他的儿子：普鲁士亲王奥古斯都·威廉比他小十岁，亨利比他小十四岁，费迪南德比他小十八岁。他对他们要求严格，当然他们会因为他的严格要求而心生不满。普鲁士亲王是一个天性善良但缺乏幽默感的人，他的身边总是聚集着柏林社交圈中的三教九流，其中有很多人对腓特烈二世心怀不满。从国王写给这位弟弟的信中，我们可以明显地看出他深爱自己的弟弟，但是与此同时，他对他身边的人保持着戒备。关于费迪南德的记述不多，而时年十七岁的亨利则是个知名人物，一生都让腓特烈二世既喜爱又讨厌。他们的关系比较复杂，因为亨利对哥哥非常嫉妒。当他还是个孩子的时候，有时就会一连几个月不和哥哥说一句话。腓特烈二世曾经抱怨过他这种极其冷淡的态度，说他们兄弟俩在一起，就像是一对无话可说的老夫妻，还请求亨利试着克服一下对自己过于明显的反感。之后随着年龄的增长，亨利不再像以前那样公开表现出叛逆。尽管他对作为国王的哥哥既爱且敬，但却又始终保持着一定程度的嫉恨。他们天赋相同，都拥有强大的逻辑思维能力，皆精力充沛。毫无疑问，亨利一直觉得他出生时的一次不幸事故使得他只能居于幕后，湮灭于历史的长河之中。他们的兴趣爱好也一模一样，亨利在法国文学方面造诣颇高，只要能够读书学习，他也很享受一个人在莱茵斯贝格的时光。一个与他相交甚厚的英国人说"他从骨子里就是个法国人"，看上去他简直就是国王的翻版。

王后这时还没有被完全无视，而且她的十四个兄弟姐妹与国王的关系也都很亲密，就像国王自己的兄弟姐妹一样。他安排自己的弟弟普鲁士亲王与王后的妹妹路易丝成婚；他对自己的妹妹菲莉皮内关爱有加，仅次于对威廉明妮的感情，所以把她许配给了不伦瑞克公爵；不伦瑞克的费迪南德公爵成为腓特烈二世麾下最优秀的将领；腓特烈·弗朗西斯公爵和他的堂哥不伦瑞克-贝芬公爵也同时在普鲁士军中效力。王后的兄弟中有两个是听命于奥地利的（不伦瑞克家族与玛丽亚·特蕾莎是表亲），还有一个安东·乌尔里希（Anton Ulrich）与后来的俄国摄政安娜·利奥波多芙娜成婚，他们的孩子就是不幸的伊凡六世。

当年在莱茵斯贝格的那些老朋友都出现在了腓特烈二世的宫廷之中，尤其是若尔丹、克诺贝尔斯多夫、沙索和凯泽林。凯泽林的未婚妻貌美如花，是腓特烈二世真正喜欢的少数几个女人之一。他亲自为他们的婚礼庆典撰写剧本，这部充满睿智的话剧连续演出了好几天。凯泽林感到了爱情的幸福，但是他的朋友们却在担心他的身体。莫佩尔蒂经历了战争的磨难，还没回到柏林，但是腓特烈二世此时已经有了一个新的法国侍臣达尔让斯侯爵。从这时起，他就成为腓特烈二世小圈子的带头人，腓特烈二世笔下最为睿智的信件就是写给他的。达尔让斯侯爵比国王大八岁，来自普罗旺斯。他因为与一名女演员私奔而被父亲剥夺了继承权，从此在整个欧洲游荡，一度在法国驻土耳其宫廷的使馆担任专员；他依靠撰写一些小说和哲学作品谋生。在腓特烈二世作战期间，若尔丹结识了达尔让斯侯爵，当时他在符腾堡公爵夫人家里（这位公爵夫人很可能是他的情人），与这位夫人争吵不休。若尔丹一眼就看出这个人一定能让腓特烈二世开心，于是便劝说他离开公爵夫人和他一起前往柏林。在这群人中，达尔让斯是唯一一个为戏剧而生的人，腓特烈二世在柏林组织法国喜剧演出时，他帮了很多忙，还出任导演。他还喜欢绘画，虽然是一个年轻人，但是他已经去过罗马并且被那里的艺术品吸引，整整一个月，他甚至都失去了欣赏女人的

92

兴趣。

　　所有这些人都是腓特烈二世可以倚赖的至交好友，他们也从未让他失望，但另一方面，他们身上也都存在一些守旧狭隘之处。阿尔加洛蒂和伏尔泰曾经使他得以体会那种不落俗套的友情，他也希望能够找到这样的朋友。在写给阿尔加洛蒂的信中，他称赞后者在柏林给人们留下的印象就像北极光一样炫目，但是他还是忍不住要取笑一下这个意大利人，所以他接着说："如果您来柏林是为了见我，而不是为了拜见普路托斯（Plutus）[1]，我会更加欢迎您的。"这个玩笑对于阿尔加洛蒂而言太过分了，他调皮地回复说，绝不是为了见普路托斯，他上一次去拜见腓特烈二世是在西里西亚，他已经发现为了这次会面，他付出的代价太高了。腓特烈二世收到回信后勃然大怒，虽然阿尔加洛蒂低声下气地写了一封道歉信，但是直到五年之后，他们才算重归于好。在这五年里，阿尔加洛蒂大多时候都居住在德累斯顿，担任奥古斯都三世的军事顾问，这也正好验证了腓特烈二世对他的讽刺。

　　可以想象，不会有几个法国人致信腓特烈二世，祝贺他签署《布雷斯劳条约》。但是的确有一个法国人这么做了，而且他的这种所作所为是最令人讨厌的。伏尔泰说腓特烈大帝签署了一个成功的条约，这样一个品德高尚的人已经成长为一位政治家。如果法国人不喜欢他，如果他们认为他背叛了他们的军队，那只能说明法国人并不知道什么才是对法国最好的。腓特烈二世已经超越了"好老爷

————————

[1]　普路托斯，希腊神话中的财神。

子"弗勒里；哲人们认为，本世纪的英雄应该是欧洲与德意志和平的缔造者，因此，腓特烈二世已经不再仅仅是法国的盟友，他已经成为全人类的盟友，如此等等。

腓特烈二世谦逊地请求伏尔泰不要对他过于夸奖。他说他不得不放弃布罗伊，原因在于他和他的军队一直都需要提高水平，另外，玛丽亚·特蕾莎所给予的是法国人无法提供的。他还为自己的行为找了其他的借口——他当然会为他的所作所为感到羞愧——比如说他的国库依然空虚；他开始意识到一场指挥得当的战役就像抽奖一样可遇而不可求；此外，他也厌倦了瓦洛里的唠叨——瓦洛里总是说法国人样样精通，德意志人只会打仗，所以当法国人和德意志人在一起的时候，显然应该让德意志人去打仗。

现在的主要问题就是如何能把伏尔泰请到柏林。夏特莱夫人担心会永远失去伏尔泰，因此越来越不想让他离开自己，而伏尔泰自己在巴黎也是诸事繁忙，并不急于开启前往柏林的长途旅行。所以只能设计迫使他离开巴黎。腓特烈二世把那封伏尔泰称颂他为腓特烈大帝的信复制了很多份，派人送给伏尔泰认为已经被他超越的"好老爷子"弗勒里和所有的法国政府大臣们，还送给了路易十五最为宠爱的情妇迈利夫人（Mme de Mailly），其目的是让整个巴黎都敌视伏尔泰，使他难以立足。他的目的达到了。虽然伏尔泰四处辩解，说这封信并不是他写的，但是毫无用处，他只得外出度假以避开风头。他先去了布鲁塞尔，之后又在亚琛见到了正在疗养的腓特烈二世。为了安慰弗勒里，他把自己与腓特烈二世之间政治对话的记录发给了这位枢机主教；弗勒里此时急于了解腓特烈二世的想法和计划，便佯装相信伏尔泰的话，说他知道先前那封信不是伏尔泰所写。像往常一样，腓特烈二世没有向伏尔泰透露任何信息，反而是问他凡尔赛宫对《布雷斯劳条约》的反应。法国已经耗尽人力与财力了吗？法国人是否已经毫无斗志了？这些问题是海因德福德大人提供给腓特烈二世的。对于这些问题，伏尔泰自豪地给出了否定的答案。

几天后，腓特烈二世与他的哲学家告别，分别时他更加急切地希望把伏尔泰招入自己的麾下。离开亚琛后，他前往波茨坦视察夏洛滕堡宫的重新装修，他说这个宫殿就像他的玩具一样。这次，佩涅绘制了宫殿穹顶的油画，所采购的波利尼亚克枢机主教流传下来的古董也已经开箱摆放完毕，每件文物都保持原样，此外他还要为克诺贝尔斯多夫剧院剪彩。腓特烈·威廉在遗嘱里警告腓特烈二世，不要修建这种魔鬼的庙宇，但是这并没有打消腓特烈二世的念头。1742年12月7日，也就是贝尔岛率部从布拉格撤离的那一天，他为剧院的建成举行了盛大的典礼。这座剧院很漂亮，令人赏心悦目，剧院外的停车区域可以停放上千辆马车；该剧院不对外售票，所有观众都是国王邀请来的客人；在这里上演的第一部歌剧是格劳恩（Graun）专门为此所创作的《克利奥帕特拉与恺撒》，为了这次演出，他从两年前就开始挑选歌唱演员了。

这时，腓特烈二世开始撰写《我这个时代的历史》一书，这是一本可读性极强的作品，书中描述了与他同时代的很多君主，详细阐述了他登基以来的欧洲政策。他的主要注意力都集中在研究这些君主们的政策。他对伏尔泰说，他让整个欧洲染上了好战的病毒，就像是一个妖艳的女子送给仰慕者的信物一样，他自己停止了战争，但是却兴致盎然地看着他的战争所引发的后续事件，虽然心中有些许不安。海上强国（英国与荷兰）正在低地国家集结兵力，准备进攻看似毫无防御能力的法国；西班牙人正在进攻玛丽亚·特蕾莎在意大利的领地；神圣罗马帝国的皇帝已经沦为命运手中的玩物，他派遣泽肯多夫前来拜见腓特烈二世，询问他是否能够提供一笔小额贷款，并利用他的影响力来劝说其他德意志王公们支持皇帝，哪怕仅仅是道义上的支持。但是皇帝的要求没有得到任何的回应，现在已经没人愿意与他有任何瓜葛了。

1743 年 1 月，弗勒里枢机主教去世。他已近九十高龄，所以他的去世不太可能完全是因为法国在波希米亚的失败，但是这至少加速了他的死亡。他已经管理法国十八年之久，所有人都对他称颂不已，就连腓特烈二世都认为他是一位杰出的领导人，但是他又补充道，一周之内，人们就会忘记他的。路易十五宣布他将亲自理政，就像他的曾祖父路易十四一样。路易十四也是在马扎然（Mazarin）[1]去世后亲政的，但是不同的是，路易十四当时有科尔贝、卢夫瓦、孔代和蒂雷纳等名臣，而路易十五手下的大臣和将领们大多都是平庸之辈。弗勒里枢机主教去世后，法兰西学院出现了空缺的席位，伏尔泰一直觊觎这个席位，虽然他被公认为当时在世的最伟大的作家，但是这一事实却成为他争取这一席位的障碍，因为学院的其他三十九名成员都不愿意生活在他的阴影之下。另一个不利因素是他

---

[1]　马扎然（1602—1661），路易十四时期的枢机主教。

95　　对基督教信仰的怀疑态度。米尔普瓦主教（法国王太子的老师）、大臣莫尔帕等有影响的人物基于宗教原因反对他享有这一席位。于是，伏尔泰就在巴黎和凡尔赛发表声明，宣称他笃信基督教，因为这一宗教使全人类成为一个大家庭，在三十多年的伤心与被污蔑的苦难中，他唯一的精神支柱就是基督教。他还以非常卑微的态度给米尔普瓦主教等众多反对他的人写信。但是这些努力都没有产生任何效果。最终一个呆板的神职人员全票当选，夺去了这个席位。这一事件打击了他的自信和他的野心，雪上加霜的是，他的新作《恺撒之死》也被警方封杀。

　　幸灾乐祸的腓特烈二世一直在关注着巴黎的情况，他希望伏尔泰被迫离开巴黎并且前往柏林定居，形势也的确正在朝着这个方向发展。他致信伏尔泰，不怀好意地暗示他已经看过伏尔泰写给主教的信了，并且嘲弄伏尔泰说他表示只忠于圣母玛利亚而没有表态忠于夏特莱夫人，这位夫人会怎么想（他还嘲弄了伏尔泰在宗教方面的变节，他这么做很不公平，因为他自己在德意志可以无所顾忌地嘲笑教会，但是伏尔泰却是生活在法国，那里还存在着宗教迫害的现象）。他敦促伏尔泰离开那些变化无常、冥顽不灵、胆小如鼠而且还娘娘腔的法国同胞，因为他们刚刚用这种蔑视的手段侮辱了他，他完全应该投奔一个懂得如何珍惜他的国王。伏尔泰自己可以对法国进行各种批评，但是却容不得腓特烈二世这样侮辱自己的祖国。他回信说，使他受挫的既不是法国人民也不是路易十五，而是一小撮徒有主教虚名的混蛋（如米尔普瓦）。但是，他又补充说，腓特烈二世太有魅力了，他无法拒绝他的邀请："我将离开密涅瓦

（Minerva）[1]，投奔阿波罗（Apollo）[2]。"

伏尔泰做出这一仓促决定的真实原因完全符合他的性格特点，也符合当时的时代特点。路易十五之前给过他一笔巨款，要求他去监视腓特烈二世，如果可能的话，最好能拉拢腓特烈二世，使之重新成为法国的盟友。封杀《恺撒之死》就是伏尔泰与当局共同策划的计谋，因为这样一来，他离开巴黎就显得自然而然、水到渠成了。腓特烈二世对若尔丹说，他知道柏林只是伏尔泰的无奈之选，但是不管怎么说，伏尔泰的到来都令人满意。他告诉伏尔泰："这里没有混蛋米尔普瓦；我们有（布雷斯劳）枢机主教，也有几位主教，他们中的一些人都曾经享受过凡夫俗子的性爱，所以他们都是好人，不会迫害任何人。"

他在夏洛滕堡宫的御花园里会见了伏尔泰，两人都很开心。他们一同散步，欣赏来自波利尼亚克的大理石和宫殿里其他的装饰物。之后还举行了音乐会，腓特烈二世亲自演奏了长笛。晚宴上，每个人都很愉快，瓦洛里又回到了腓特烈二世身边，而且更受欢迎，他是唯一出席这次晚宴的外国使节。国王安排伏尔泰住在自己隔壁的房间，晚宴后他们在这里进行了此次访问中唯一一次严肃的政治对话。腓特烈二世说，他觉得因为他独自签订了和平协定，路易十五是永远都不会原谅他了。伏尔泰回答说，伟大的帝王不会只考虑复仇，腓特烈二世当然应该考虑普鲁士国家的利益，而法国与

96

---

[1] 密涅瓦是罗马神话中的智慧、战争、月亮和记忆女神，也是手工业者、学生、艺术家的保护神。
[2] 阿波罗是古希腊神话中的光明、预言、音乐和医药之神，消灾解难之神，同时也是人类文明、迁徙和航海者的保护神。

普鲁士的利益是完全一致的。"但是法国人正在与匈牙利女王谈判啊。""匈牙利人或许会这么说，就像去年他们这么说您一样。您为什么不支持法国和帝国皇帝，一起对抗仇视您的共同敌人呢？""可能我应该这样做，但是如果帝国的王公们不支持我的话，我什么也做不了，所以我下周就要去拜罗伊特。我要确定，帕拉丁、黑森、符腾堡和科隆都愿意出兵援助皇帝。我并不想继续作战，但是我必须确保帝国的和平，并且要羞辱一下那个总是干预德意志内政的英国国王。"伏尔泰说，所有人都知道女王想要重夺西里西亚，腓特烈二世回应道这事恐怕很不容易。之后，他们又谈论了俄国，腓特烈二世说他已经建议伊丽莎白女皇把被废黜的小伊凡（普鲁士王后的侄子）和他的父母一起流放到俄国的亚北极地区（sub-Arctic）*。

对话进行到此的时候，一名仆人进来告诉腓特烈二世，音乐家们都已经准备好了。于是腓特烈二世陪同伏尔泰走出房间，一起去听音乐会，这场音乐会的主题是爱情与友谊。但是仅仅三天之后，伏尔泰就发现"我的处境开始变得不妙，有人已经开始怀疑我了"。腓特烈二世早已发现伏尔泰此行是为了刺探情报，但是他依然希望和他在一起。他并不是唯一一个这么想的人。不管伏尔泰走到哪里，他的出现就像是一道光一样耀眼，这道光已经照耀了很多地方：巴黎、伦敦、布鲁塞尔、吕内维尔、海牙和香槟田园，每到一

97

---

* 女皇很快就采纳了他的建议，可怜的不伦瑞克和妻子被押往霍尔莫戈雷（Kholmogory），这是一个超乎想象的可怕之地，夫妻两人最终都死在这里。腓特烈二世的妻子恳求他为他们说情，但是他说他很理解女皇："她把他们关押起来是为了她自己不会被他们关押起来。"

处，他都是光芒四射。他拥有特别的魅力，能够走进每个他所喜爱的人的生活，能够知道并且记住他们的兴趣爱好，即便不与他们在一起的时候，也会同他们保持通信往来。虽然他痴迷于与国王和各种显要人物来往，但是他对普通人也同样忠心耿耿、热情洋溢，和他们在一起的时候也同样开心。实际上，他那种中产阶级的做派并不适应宫廷生活，曾经一度因为手足无措而令众人感到尴尬。然而在柏林，这里的宫廷生活并没有那么曲高和寡，他能从容应对。他与王后和王太后都成了朋友，与腓特烈二世的兄弟姐妹们也均相交甚欢。只要他晚上有空，就一定会被王室成员或政要人士竞相邀请，每个人都请求他在此定居。

伏尔泰给国王寄去了一份政治意见调查书，国王的回答都是一些并不好笑的笑话或毫无意义的废话。然后腓特烈二世给他回信，信中阐述了法国所做的错事和可笑之事，但是他又补充道："虽然如此，法国依旧是欧洲最有魅力的国家，即使不能为人所敬畏，也依然值得被热爱。一个称职的国王将会重拾旧日的荣耀，当前，布罗伊和其他人已经严重损害了这种荣耀。"伏尔泰说腓特烈二世对法国的感觉就像他（伏尔泰）和他的朋友们对耶稣会的感觉一样——厌恶其整体却又喜爱其个体成员。他问国王能否带他一起去拜罗伊特，国王说可以，但是他必须先把身体保养好。他知道伏尔泰的疾病总是与精神紧张有关，有时候还和外交形势有关：只要他愿意，他就能保持健康。

拜罗伊特之行大获成功。腓特烈二世与德意志王公们商讨查理七世的未来命运，让威廉明妮陪同伏尔泰。威廉明妮的小宫殿就像一个法国乡间别墅，这里的人们都魅力四射，为了迎接这位尊贵的客人，她组织了很多的庆祝活动。伏尔泰常常被腓特烈二世惹恼，但是在这里却得到威廉明妮的安抚。腓特烈二世的这个姐姐和他如此相像，简直就是一个女版的腓特烈二世。伏尔泰告别威廉明妮后回到了柏林，几天后又动身前往巴黎，他要安排好那里的事情，准备在普鲁士定居。在回巴黎的路上，他在不伦瑞克短暂停留并拜会了不伦瑞克公爵夫人，这次拜会也很成功。他给莫佩尔蒂写了一封信，表面上是在说柏林的人们是多么思念莫佩尔蒂这位亲爱的"地球扁平者"，实际上则是在炫耀他自己在柏林受到的款待。伏尔泰去参观了普鲁士的科学院，科学院的埃勒博士（Dr Eller）自以为他已经说服人们相信他能把水变成弹性空气。国王已经下令上演自己创作的歌剧，并且专门为伏尔泰演出，那个剧场是全欧洲最漂亮的剧场。夏洛滕堡宫是一个适宜居住的宫殿，在波茨坦，这里就像是一位法国贵族的乡村别墅，只是多了一些令人敬畏的掷弹兵守卫。若尔丹还是很像斯卡龙作品《滑稽小说》（*Roman comique*）里的哈戈旦（Ragotin），但是与哈戈旦相比，若尔丹天性善良，谨慎小心，还有着高额的收入。达尔让斯侯爵这时已经担任了王宫总管，掌握着金钥匙，还有着每月两百金路易的收入。沙索曾经命运多舛，但是此刻已经时来运转，晋升为一位少校，统领着一个规模庞大的军营，收入肯定也很高。在上一次战役中，他曾经保护了国王的辎重，因此理应得到回报。如果伏尔泰愿意的话，他也能得到所有这些奖励，但是一位更高的"领导"——夏特莱夫人——要求他返回巴黎。他还在不伦瑞克停留了几天，在这里聆听公爵夫人阁下谈论莫佩尔蒂，这是一次有趣的闲谈。他所在的不伦瑞克现在别有韵味。他就像漫游在仙境中一样，从一个星球前往另一个星球，直到他回到喧闹的巴黎。要不是能够在巴黎遇到令他仰慕并且爱戴一生的莫佩尔蒂，那里的生活就太令人伤心了。

夏特莱夫人说，伏尔泰在提到这些愚蠢的德意志宫廷时已经失去了理智。

第二次西里西亚战争

The Second Silesian War

自从老帕尔菲成为玛丽亚·特蕾莎唯一的支柱后，她的境况已经大大改善。应该说，这完全归功于她自己的努力：她独自一人鼓动了整个奥地利，也唤醒了匈牙利。在控制了波希米亚和巴伐利亚之后，她终于能够迫使帝国皇帝签订中立协定，根据这一协定，他保留皇帝的头衔，但是宣布放弃对哈布斯堡家族领地的主权声索。在意大利，洛布科维茨亲王也成功地击退了西班牙人的进攻。英国仍然在继续资助她，而且似乎已经准备好和法国全面开战了，虽然尚未正式宣战，但实际上两国间战事已酣，并持续了几个月。

腓特烈二世派遣他的朋友腓特烈·鲁道夫·冯·罗滕堡前往凡尔赛宫，名义上是让他去换个地方养养病（他的伤还没有痊愈），但实际上他却肩负着秘密使命。他和妻子在法国人脉很广（他的妻子讨厌柏林），其家族的其他成员都居住在法国。腓特烈·鲁道夫曾经在法国军队和西班牙军队服役，也曾经信仰过天主教。在筹划与法国签订一个新条约的同时，他还要为腓特烈二世购买名画，可能腓特烈二世就是在这个时候买到的华托的名作《热尔森画店》（*Enseigne de Gersaint*）。法国与普鲁士的这一条约于1744年6月5日签署，像往常一样，双方都秘而不宣。路易十五的新情人沙托鲁夫人（Mme de Châteauroux）曾经帮助过罗滕堡，这次她请罗滕堡把纳蒂埃（Nattier）为她画的肖像带给腓特烈二世，腓特烈二世为此还给她写了一封礼貌的感谢信。

"小僭王"查理·爱德华之前一直默默无闻，这时突然发现自己成了一个重要人物。他曾经与法国军队一起在代廷根（Dettingen）对抗英国军队，表现出众，因此法国人决定支持他夺取英国王位。法国派遣了莫里斯·德·萨克森协助他，并且出动了十八艘战舰和一万五千名士兵，准备从怀特岛登陆。虽然这次行动因为风暴而耽搁，但却成功地震慑了英国人，其结果就是英国人开始和玛丽亚·特蕾莎结盟，她的计划也突然变成了自由事业（其实代表的是英国人的自由）。英国向尼德兰派遣了大批军队，在此，他们遭遇了路易十五本人和萨克森。路易十五的出现令法军士气高昂，大获全胜——他们占领了伊普尔和梅嫩，似乎很快就能占领全部低地国家。就在这时，洛林的查理亲王率大军攻入阿尔萨斯，路易十五留下萨克森和小股部队牵制英军，自己率部抗击奥地利人。但是在梅斯他突染重病且病情持续恶化，甚至一度到了性命堪忧的程度。

巴黎人焦虑不安。英国军队的人数远超萨克森手下的军队，一且开始进攻，法国军队必败无疑。据传奥地利人在阿尔萨斯胡作非为，十分残暴；一想到英国和奥地利的联军就要打到自己家门口了，法国人便惶惶不可终日。年轻国王的生死似乎与每个法国人的安危都息息相关，不管白天还是晚上，教堂里都是摩肩接踵的人群，他们纷纷前来为国王的康复祈福。人们的祈祷不久就发挥了作用，心头的乌云很快消散，如同来时一样迅速。路易十五逐渐好转，萨克森轻而易举地强化了自己的防御。腓特烈二世已迅速行动起来，速度之快，也只有他才能做到，据报他已经率部抵达布拉格城下。当这一传言被证实的时候，腓特烈二世已经占领了这座城市（1744 年 9 月 16 日）。三年之内，布拉格三易其手。

查理亲王率军从阿尔萨斯撤离，其间全速前进，以救援他嫂嫂的波希米亚王国。这段时间他厄运连连，就在他行军途中，他年轻的妻子死于难产，他们的孩子也没有保住。对于法国人没有追击查理亲王并削弱他的军队，腓特烈二世非常恼火。但是此时孔蒂亲王正在莱茵地区与奥地利军队对峙，而且在 1742 年之后，法国人不太敢接受普鲁士国王的请求，再派军队进入欧洲腹地。

泽肯多夫率部从奥地利人手里夺回了慕尼黑，皇帝陛下终于可以回家了，这让他的臣民们欢欣鼓舞。玛丽亚·特蕾莎依然保持着她一贯的充沛精力，她立即带着礼物赶赴普莱斯堡看望帕尔菲，这件珍贵的礼物是她自己的坐骑："只有我最忠实的臣子才有资格骑这匹马。"此外还有一把宝剑和一枚戒指。她的魅力再次发挥了效用，很快，一支四万四千人的军队便组建完成，火速前去协防波希米亚，此时的波希米亚几乎完全被腓特烈二世占领了。腓特烈二世的处境也并不乐观。他忘记了季节的问题，在《我这个时代的历史》一书中他说，当时他应该在布拉格一直待到春季，但是他急于在法国人面前出风头，所以才会仓促进军。为了占领塔博尔（Tabor）和布德韦斯（Budweis），他的后勤补给线拉得过长。匈牙利游击队蜂拥而至，袭击他的军队，抢走了他的驿报，使他无法了解各地的战况。他变得孤立无援，漫漫冬季似乎没有尽头，那个时代欧洲大陆的冬季要比现在更加可怕。同时，他的后勤供给严重不足。查理亲王，尤其是他麾下更加睿智的道恩（Daun）将军一直不与他决战，而是一心要拖垮他的军队；寒冬季节，为了保护粮草，腓特烈二世的部队不得不四处出击。最终，他只得撤回到西里西亚，此时他的军队损失过半，其中大部分士兵都是开小差逃走的。如果不是此时已经升为将军的温特费尔特，这次战役必然成为腓特烈二世的灾难。腓特烈二世说道恩的策略非常聪明，在之后的战争中，他多次使用这一计谋。

玛丽亚·特蕾莎胜利了。当她在意大利与尼德兰遭受损失时，她没有流一滴眼泪。她对腓特烈二世极其痛恨，一生中唯一的愿望就是看到他战败并且自己能够占领他曾经征服的地方。或许这次的胜利不值得如此兴奋——瓦洛里曾经说过"奥地利人很容易就能重燃希望之火"——玛丽亚·特蕾莎开始考虑立即重夺西里西亚。她撕毁了《布雷斯劳条约》，告诉西里西亚境内依然忠实于她的臣民他们很快就可以摆脱普鲁士的暴政了，这令乔治二世很难堪。她的这些措施的确让腓特烈二世焦虑不安。他把老德绍留在了西里西亚前线以牵制奥地利军队，老德绍虽然已经年过七旬，但是他比他的儿子们还要精力充沛。随后，腓特烈二世前往柏林筹款准备下一场战役，虽然这时他还没有考虑何时开始这场战役。深夜，克诺贝尔斯多夫把王宫里所有的银器都送到了铸币厂，腓特烈二世甚至考虑把埃姆登（Emden）卖给英国。

和其他很多年份一样，1745 年的每一天都充满了动荡不安。年初，法国元帅贝尔岛公爵被绑架。他当时作为路易十五的特使前往德意志，曾和多位邦国君主会谈，打探他们的想法，同时还调查泽肯多夫是否脚踩两只船，即同时为皇帝和玛丽亚·特蕾莎两方效力。因为作为一名战争经验如此丰富的资深将领，泽肯多夫的军队布防太不可思议了，这让法国国王产生了疑虑。在路上，贝尔岛决定在一个自己认为处于黑森-卡塞尔境内的小村庄过夜。不幸的是，这里实际上是隶属于汉诺威的一块小飞地，当时在德意志地区，有很多这种飞地。受累于他的坐骨神经痛，他无计可施，只能老老实实地被带走送往英国，而且还不能和他的医生在一起，到了英国，他和他的医生被安置在温莎城堡里。对于他的到来，当地的贵族欣喜异常，但是报刊却对他充满敌意。

1745 年 1 月 18 日的《便士邮报》（*Penny Post*）这样总结了他的一生：

"我们的英雄"去访问了德意志诸个宫廷，在那里，他贿赂大臣，劝诱王公，许下很多大胆的诺言，但是又总是言而无信；他挑动复杂的辩论，发布虚假的新闻，看上去对每个人而言他都很重要，但是实际上纯粹是在坑害这个可怜的国度，装作是要用法国军队的暴行来确保德意志的和平，用法国大兵和耶稣会传教士来唤醒新教徒的良知。在选举一个来自巴伐利亚的皇帝时，有些选帝侯是迫于无奈，有些则是被欺骗。普鲁士国王之所以与新教事业分道扬镳，主要就是贝尔岛先生……

贝尔岛的行踪也被密切关注着：

103

4月24日：他已经租下了浮若阁摩尔宫（Frogmore House），一年将要支付600英镑。7月8日：游览了切尔西药用植物园。7月29日：在克莱蒙特别馆（Clermont）接受了纽卡斯尔公爵的款待。8月13日：前往多佛，再乘船去加莱。在那里分发了大量礼物。抵达凡尔赛时向法国国王讲述了他受到的各种礼遇。其他囚犯也将被释放。

同样是在1745年1月，查理七世皇帝驾崩。查理七世命运多舛，经历了太多的失败。毫无疑问，如果他当初能在玛丽亚·特蕾莎驾前称臣，巴伐利亚家族很有可能取代哈布斯堡家族，可惜的是，他执意要谋求一个他无法胜任的角色。当初他没有率领法国—巴伐利亚联军直接进攻维也纳，而是转向围攻布拉格，从那时起，他就注定要失败。在这以后，诸事不顺，他的健康也是每况愈下，到他四十五岁那年，他看上去已然成为一个垂垂暮年、不久于人世的老人。去世前，他对相貌平平的妻子所说的话感人至深，他又督促自己十七岁的继承人放弃对帝位的诉求，与玛丽亚·特蕾莎谈判以便保住巴伐利亚。按照古老的传统，他所穿的寿衣是一位 15 世纪西班牙国王的衣服，尽管自从查理五世之后，没有一位神圣罗马帝国的皇帝统治过西班牙。他的遗体前摆放了一个地球仪，棺椁上书写着"战无不胜"。

葬礼举行完毕后，新的巴伐利亚选帝侯与玛丽亚·特蕾莎签署了一个协议，根据这个协议，玛丽亚·特蕾莎承认之前查理七世的当选有效，作为回报，选帝侯承诺将在帝国议会投票支持弗朗茨。唯一一个有可能要竞争帝位的是奥古斯都三世，但是这位魅力四射的国王对权力没有兴趣，而是对绘画更加痴迷。玛丽亚·特蕾莎给了他一笔钱用以扩充他的藏品，并且答应，一旦腓特烈二世被萨克森人和奥地利人的联军击败，他就可以得到一部分原本属于腓特烈二世的土地。腓特烈二世认为乔治二世也参与了这个条约的谈判，从此对他再无好感。萨克森人都是优秀的战士，如果他们能够在莫里斯·德·萨克森的指挥下作战的话，那么将对腓特烈二世造成严重的威胁。但幸运的是，这位伯爵已经对德意志没有什么兴趣了，而且他深爱着法国，其情人和朋友都是法国人；他得到了路易十五的宠爱，国王称其为"兄弟"，任命他为法国军队的大元帅（这可是一个极为难得的荣誉），还把香波堡赏赐给他。所以，萨克森军队都纳入奥地利人的指挥之下，而这些奥地利人此时已经不是腓特烈二世和其将军们的对手了。

5 月，萨克森伯爵在路易十五的见证下赢得了丰特努瓦对英作战的胜利，之后他又连续攻克根特、奥登纳尔德、布鲁日、登德尔蒙德、奥斯坦德和尼乌波尔特。在他的率领下，法国军队所向披靡。英军指挥官是坎伯兰公爵，按照他的表亲腓特烈二世的说法，他就是个"大混蛋"："这些畜生（英国人）已经被击败了三次，因为他们总是放纵敌军进攻他们的阵地。恺撒、孔代和蒂雷纳都曾经指出过他们的错误，但是他们永远都在犯同样的错误。他们就是一群屡教不改的畜生，打败仗也是咎由自取。"

7 月 23 日，查理·爱德华开始最后一次尝试夺取英国王位，他在苏格兰登陆，坎伯兰和他的军队被从低地国家召回以抵抗"小僭王"。

在瓦洛里面前，腓特烈二世从没有对法国盟友的表现表示过满意，他说法国在西部的胜利对他而言没有任何意义，就像占领中国的长城对欧洲的普鲁士毫无用处一样。但是法国的胜利至少使他的处境变好了一些，如果没有法国人的帮助的话，他很难保得住西里西亚。6 月 4 日，他取得了霍恩弗里德贝格（Hohenfriedberg）战役的胜利，交战双方各投入了七万士兵参与此次战役。到了 9 月底，他又赢得了索尔战役的胜利，此役中，敌方士兵是他军队的两倍。在索尔战役中，奥地利人表现很差，洛布科维茨亲手处死了三名贪生怕死的军官。腓特烈二世说，从这时起，他就知道他可以在任何地方击败奥地利军队。11 月底，"小僭王"查理再次尝试扭转战局，以计谋取胜后他意识到继续作战已无意义，于是便撤退。腓特烈二世同样如此。他在回国途中得到消息，勇猛的德绍刚刚在德累斯顿城外击败了一支萨克森军队。战前，这位老将军祈祷说："上帝啊，请您站在我们这一边；如果您不愿意的话，那就保持中立吧！"腓特烈二世在战场上见到他时，士兵们还在冰雪中寻找战友

105

的尸体。他摘下帽子，拥抱了老德绍。作为征服者，他们一同进入德累斯顿。奥古斯都三世这时已经逃往布拉格，腓特烈二世入住卢博米尔斯基宫（Lubomirski palace），他表现得非常仁厚，去拜访了奥古斯都的孩子，举办了舞会，欣赏了歌剧，还去新教教堂做了礼拜。这些举措受到萨克森人的欢迎，他们没有想到如此著名的一名勇士居然可以这么和蔼可亲、平易近人。圣诞节那天，他们签署了《德累斯顿条约》，根据这一条约，腓特烈二世得到了上下西里西亚的领地以及格拉茨。作为回报，他要从萨克森撤离并且承认弗朗茨为神圣罗马帝国的皇帝。腓特烈二世又一次在实现了所有目标之后从战争中全身而退，而与此同时，几乎所有的其他国家仍然身陷战争的泥沼。

玛丽亚·特蕾莎的军队在各个战场上都遭受了失败，但有一件事情让其心满意足，而不再介意战场上的失利。9月，她的丈夫当选为神圣罗马帝国的皇帝，她自己亲手把皇冠戴在了他的头上。对弗朗茨而言，成为皇帝并没有带来多少变化，他的皇后不允许他插手政务。她依然深爱着他，为他生了十六个孩子，当他对自己不忠的时候，她也会大发雷霆，但同时，她自己才是真正的统治者。其实弗朗茨治理托斯卡纳时管理有方，颇具理财的天分，但是不知什么原因，她就是不相信他的判断，或者说她只相信她自己的判断。用法国人的话说就是"她掌握了真理"，她的这种性格并不令人喜欢，但是对一名君主而言，这一点却极为重要。在她一生中，腓特烈二世始终称她为"匈牙利女王"，就像路易十五常常称腓特烈二世为"勃兰登堡侯爵"一样。

腓特烈二世返回柏林时并没有感到喜悦。柏林市民欣喜若狂地迎接他，但是这并没有令他满足，没有几个领导人像腓特烈二世那样讨厌公众的欢呼。在他离开期间，若尔丹和凯泽林去世了，他敬爱的导师杜安·德·让丹已然卧床不起、奄奄一息，腓特烈二世刚刚回来见他一面，他就去世了。若尔丹曾经致信腓特烈二世："抑或将死，抑或欲生，无论生死，我都将永远感念陛下赐予我的荣耀。"腓特烈二世回信说他将尽快返回，但是还是没有来得及见若尔丹最后一面。若尔丹和凯泽林都是他最亲密的朋友，凯泽林甚至不仅仅是他的朋友。"我对他的爱超过了我对自己的爱。"他写信给"姆妈"卡玛："我曾经如此迫切地想要回家，但是现在，我真的害怕回到柏林、波茨坦和夏洛滕堡宫，这些地方会让我想起那些我永远失去的朋友们。"他恳请她看看能为凯泽林年幼的女儿做些什么。在给达尔让斯的信中，他说："一个真正的朋友是上天的恩赐。唉！我已经失去了两个令我怀念一生的朋友……在我看来，没有友谊，就没有幸福。我们是否观念相同并不重要，有时开心、有时沮丧也没问题……但是如果没有诚实的心灵和得体的举止，也就没有真正的友谊。"

如此狂热看重友谊的腓特烈二世总是运气不佳。他所喜爱的人大多年轻时便去世了，或者死于战争中。除了亨利亲王和不伦瑞克公爵夫人，其他人都比他早离世。在失去了若尔丹和凯泽林之后，他又结交了一些新的朋友，但是很少有人像他们那样诚实、得体、博学、文雅。达尔让斯与他们有些相像，但是他并没有经历过腓特烈二世年轻时的起起伏伏。除了威廉明妮，他不在意任何一个女

106

人。他从不在波茨坦召集群臣，偶尔会在柏林这么做。王后一直抱有一丝希冀，指望国王从前线返回的时候，能够把她一起接走，但是从那时起，她再也没有受邀与国王共居一室。他很少给她写信，而是会通过她的侍女传递消息。

对战争的思考

Thoughts on Warfare

  登基以来，腓特烈二世第一次觉得他可以享受一段时间的和平生活了。他也明白，当时的欧洲动荡不安，他随时都要准备好应对别国的进攻，但是他决心不再主动挑起新的战事。他曾经渴望得到西里西亚，他已经得到了。他现在的目标是把普鲁士建设成为一个幸福、繁荣的国度，成为一个他国不得不忌惮的强国。与他继承王位时相比，他现在需要治理的国家更加富裕、更加广阔，同时法制改革也迫在眉睫。因为他没有授权组建内阁而是一直事必躬亲，所以他从清晨四五点钟就要开始忙碌，一直到晚上才能放松。

  虽然忙于政务，但是他的头脑中已经充满了成熟的战争思想，所以他写了两篇长文，对此进行总结归纳。随着年龄的增长，他开始关注战争所带来的恐怖："一定要认识到，战争是残酷的——一个士兵所遭受到的创伤比他吃过的面包还要多，退役时身上留下伤疤，抑或是四肢不全，这样一个不幸的士兵要如何生活呢！农民更加可怜，他们常常死于饥饿。人们必须承认，匈牙利女王和我自己的固执，使很多人陷入悲惨的境地。"（这是在七年战争期间他写给亨利·德·卡特的信中提到的）毫无疑问，他当时很享受他出色的表现。

在《关于战争的论说》一文中，他试着分析了自己的情感，他说自己难以客观地考虑这个问题。恺撒喜爱战争是因为战争满足了他的虚荣心；卡尔普尔尼乌斯（Calpurnius）喜爱战争是因为战争使他大发横财；一位可怜的农民厌恶战争是因为战争毁了他的农田；一个肤浅的书呆子讨厌战争是因为他讨厌战争这个词所带来的烈焰。其实他们都错了。毋庸多言，一个心中充满了虚荣与贪婪的人是不可能做出什么好事来的。恺撒要把人民从庞培的压迫中解救出来，这是一个值得颂扬的愿望，但是后来人们发现，他的真实目的是让自己来压迫人民。但是，也不能把虚荣与抱负和荣誉相混淆。真正的抱负是以道德的方式使自己出类拔萃，这也是一个有尊严的人追求荣誉的方式。不可否认，如果人们只考虑战争所带来的恐怖，必然会受到惊吓。随处可见的残肢断臂、浑身是血的凶残士兵、城镇中肆虐的战火、无依无靠的孤儿寡母——只要不是麻木不仁，每个人看到这些场景都会深陷于伤感之中。诚然，战争是恐怖的，但是这也并不应该成为减少国防开支的理由。对于受压迫者而言，战争是他们的第一道防线；对于遭到背叛的信仰而言，战争是复仇的手段。为了能让同胞们享受和平，为了保卫自己的国家，为了国君的野心，很多人都要赴汤蹈火、浴血沙场。如果士兵们的牺牲能够保卫国家的安全，亲人们的眼泪又算得了什么呢？

厌恶战争的人常常会说战争引发犯罪。但是，无论是和平时期还是战争时期，这些士兵们的性格是完全一样的，丝毫没有改变。即使是在和平时期，又有哪一天没有罪案的发生呢？战争能够推动社会的发展——当然，这也绝不是动辄发动战争的借口。对战争艺术的研究促进了医学和机械学的进步，而且在战争期间，人们必须更加全力以赴才有可能实现自己的目标。我们对柏拉图知之不详，但是我们深知其一生被全部用来追求真理；德摩斯梯尼擅于雄辩；苏格拉底和塞涅卡善于谋断；洛克长于推理。然而，一个优秀的将领却必须面面俱到。况且，在和平时期，人们做出决定的时候可以反复思考，但在战场上则必须瞬间做出决定，如果这个决定带来灾难性的后果，该将领将会蒙羞。这种压力也使得一位将领更加睿智。

战争可以养活很多人，如果没有战争，这些人可能会被饿死；战争还可以通过军纪制约一些人，阻止他们制造麻烦，并且让他们也能得到为国效力的机会。汪达尔、凯尔特、皮克特以及萨克森等民族都曾经四处破坏，但是后来他们却有了参军入伍的机会。如果没有战争，贵族会解体，家境贫寒的人只能去面朝黄土背朝天，家境富裕的人则会无所事事、游手好闲。在和平时期，人们太容易堕落，罗马就是一个典型的例子。这座曾经一度统治世界的城市现在只剩下一些可悲的阉人歌手，在剧院舞台的边缘蹦蹦跳跳。懒惰和奢华会使人们对穷人的遭遇无动于衷，使富人们相互嫉恨。但是战争却可以激发人们的美德：坚韧不拔、善良仁厚、道德高尚、慷慨大方、乐善好施。

与腓特烈二世的其他著作一样,《普鲁士国王对其将军的军事指示》一文也是用法语撰写的。普鲁士军队的命令一向都用法语和德语双语颁布,因为有些将领根本就不懂法语。在这一《指示》中,腓特烈二世介绍了普鲁士军队的构成,这种构成增加了这支军队的指挥难度。军队中有一半是外国雇佣兵,他们本性贪婪,只要有机会就会抢夺财物,一旦觉得这支军队不适合自己就会另谋高就。因此,必须执行严格的军纪,同时还要确保他们的伙食优于敌军士兵。为了阻止士兵叛逃,必须在田地里布置哨兵,绝不能在森林附近安营扎寨,也不能把行军路线提前告诉士兵,只要有可能,绝不在夜晚行军。部队要保证啤酒供应。在冬季,不要向士兵发放军饷。如果有大规模的士兵叛逃事件,一定是有原因的,必须进行调查——可能这些叛逃的士兵遭遇了不公正的对待。

冬季在敌国领土内安营扎寨的时候,河流是起不到保护作用的,因为河水会结冰;山丘也不行,因为只要是山羊能够攀爬的地方,人也一定可以通过。部队驻扎后,所有的物品——战靴、毛毯、帐篷和马具等——都应有序存放。对枪支、马车等物品的大修应该交给当地人完成。被占领地区必须及时为部队补充兵员,以便新进人员受到训练为下一场战役做好准备。军队里多数人都会比较懒惰,如果统率将领不能监督他们履行职责的话,那么这个由人组成的机器就会脱轨。每一位将领都必须永远保持工作状态——他要时刻发现问题。士兵们不会忍受那些令他们不满的战友——法国掷弹兵就从不允许他们中间出现一个弱不禁风的人。军中一切麻烦的根源都是抢夺战利品。

但是，仅仅拥有优秀的兵力还远远不够，国王在文中又写到了将领们的指挥才干。兵马未动，粮草先行——一定要把主要的粮仓放置在大军之后，如果可能的话，最好放置在防守严密的城镇里。在西里西亚战争和波希米亚战争中，腓特烈二世把最大的粮仓都放置在了布雷斯劳，因为从这里可以沿着奥得河运送供给。勃兰登堡地区最适宜安置粮仓的地方是马格德堡和施潘道。负责后期保障的人员必须诚实可靠。有两种征集粮草的方法：一种是命令贵族和农民提供，然后按照财政部门规定的价格付款或者从他们的赋税中抵扣；如果所在国农产品匮乏，另一种方法就是从中间商那里采购，这些中间商大多奸诈狡猾，所以除非迫不得已，否则尽量不要和他们打交道。如果附近有可以通航的河流的话，一定要充分加以利用，这是保障军队后勤供给最好的运输方式。如果在波希米亚和摩拉维亚，只能使用马拉的运输车，而不能用牛来拉车。统率将领本人必须确保所有的马匹都能得到最好的照料（在文中，腓特烈二世用了整整一章来谈论如何照料和喂养马匹）。除了粮草供应，部队还要携带铁炉，每次安营扎寨都要烘烤面包。饼干也可以吃，但是士兵们吃饼干的时候总是需要用汤泡。一旦当地的农民逃走了，家里的东西被搬空了，那么军队对其房屋也没有保护义务。士兵的妻子们可以把她们能够找到的任何蔬菜、家畜等用作食材。

对战地所在国的了解至关重要。事先可以通过地图加以了解——如城镇、河流、道路等。到达战地后一定要就近找一个高坡，手持地图考察地形。一定要把握住与当地老人交谈的每个机会，尤其是牧羊人和猎人。必须要了解哪里有浅滩，哪条河流或哪块沼泽地会在夏季干涸。维拉尔元帅曾经认为自己的侧翼是一片沼泽地，却不知道这块沼泽地当时已经成了一片干地，因此在马尔普拉凯战役中惨败（在布拉格战役中腓特烈二世自己则遭遇了相反的情况——原来的干地变成了沼泽地）。还要了解一条道路可以容纳多少列士兵行进。在平原地区，做到这些很容易，但是到了山区，情况就会复杂很多。在山区，还需要了解峡谷和山间小径的位置。安营扎寨时一定要靠近水源地。统率将领可以派遣军官负责这些事情，但是如果能亲力亲为就可以更加了解情况。要充分利用地形：坟头和低于周围的凹路可以用来进行防御作战。

绝不可分散兵力。欧根亲王在德南战役中失利，就是因为敌军把阿尔比马尔勋爵的部队与其主力部队分割开来。在索尔战役中，如果不是依靠精明能干的军官和英勇无敌的士兵，腓特烈二世也险些失败。他描述了很多种方法，可以声东击西，迷惑敌军，还可以迫使敌军分散兵力。1693年，卢森堡元帅就是这样在内尔温登战胜了英国人。腓特烈二世还要求他的军官们研究蒂雷纳指挥的最后两场战役。

有很多种不同的间谍：第一种是业余间谍；第二种是双重间谍；第三种是潜伏在高层的间谍；第四种是被强迫入行的间谍。普通的农夫、神职人员可能被允许进入敌方军营，但是他们的作用仅仅是找到敌军营地的位置。他们所提供的情报常常会令指挥员更加迷惑，叛逃者所提供的情报也是如此。有人会利用双重间谍向敌方提供虚假情报。欧根亲王曾经长期收买凡尔赛的邮政长官，但是却被法国将军们欺骗，等于是收到了他们的指令＊。卢森堡也曾经收买过英国国王身边的一个秘书，同样上当受骗。英国国王发现了此人的间谍身份，便让他把假情报发送给卢森堡。倘若不是法军士兵如下山猛虎般英勇作战，他们很有可能会输掉斯坦克尔克战役。

如果你是被迫进入敌对国领土的话，就可以做一件困难而又残忍的事情：绑架一个富商，连同他的妻子和孩子，然后威胁要烧毁他的房屋，处死他的家人，用这个手段迫使他同意让你的士兵假扮成他的仆人，随他一起进入敌军营地。腓特烈二世就曾经被迫使用这个方法，结果很成功。他补充道，在向间谍支付佣金时，一定要慷慨大方。这些可怜的家伙在以命相搏，理应得到足够多的报酬。

作战地点可能会在本国，或者是在中立国，抑或是在敌对国。 112
如果一个国家的国王只想得到荣誉，不想对外侵略，那么他总是会在本国国土上与敌军作战，在这种情况下，每个农民都可以成为己方的间谍和游击队员。在霍恩弗里德贝格战役之后，西里西亚山民为腓特烈二世抓获了很多的奥地利战俘。如果是在中立国，双方势均力敌，就要争取当地人的支持。在萨克森等新教徒为主的国家，要想赢得当地人的支持，就要充当新教保护者，让那些家境贫寒、头脑简单的人充满宗教狂热，这样一来，他们就会愿意加入你的队伍。如果是天主教国家，就要提倡中庸之道和宽容之心，谴责那些制造基督教分裂的神职人员。要是在波希米亚和摩拉维亚这样的敌对国度，就得稳扎稳打、谨慎行事。大部分的兵力要用来保护运输

＊ 这名间谍肯定就是曼特农夫人在信中所提到的那个间谍，此人从未被抓获。

队。除了胡斯信徒以外，很难争取到其他人的支持。贵族和神职人员都是两面三刀，哪怕他们看上去很友好，但是出于保护自己利益的考虑，他们内心一定是会支持哈布斯堡家族的。

除非迫不得已，国王不能亲赴前线，但是他必须时刻准备好。他必须关注每一个细节，哪怕是一匹负载过重的战马。

对于战争的胜负，大炮具有决定性的作用。蒂雷纳当年只有七十门大炮，如果他面对的是拥有两百门大炮的我们，他又能做什么呢？

腓特烈二世有一个天赋：只要是他见过的人，他都可以过目不忘。成百上千的部下哪怕只和他见了一面，他就牢牢记住了他们，而且还了解他们在战时和平时的行为举止。"这位优秀的士兵为何被戴上了镣铐？""他和他的战马兽交。""蠢货，不要给他戴上镣铐，派他去当步兵。"他又对这名士兵说："很抱歉，你不能再骑马了。"但是他绝不会对这些部下产生任何感情，而是强迫自己把军队视为一个巨大、冰冷的机器，和他自己一样均是国家的仆人。他曾经对老德绍说过："你我两人身处六万大军之中还能安全无虞，不是个奇迹吗？他们讨厌我们，比我们高大，比我们强壮，而且还个个全副武装。但是，他们却要在我们的面前发抖！"在一次战役后，他对一名士兵说："你今天表现很好。""难道我们不应该如此吗？我们是在为我们的土地而战，为我们的信仰而战，为您而战。"腓特烈二世听到这些回答时感动得热泪盈眶。他不喜欢多愁善感，也极力避免这种场面。对于士兵们而言，他们对腓特烈二世既爱且恨。能够在当时最伟大的军事家麾下作战，他们当然会感到骄傲。

当腓特烈二世去世时，他的老兵们感慨万千，对后代们描述了他们追随他参加过的战役，对其景仰万分。

腓特烈二世所参加的战役惨烈异常。在七年战争期间，安德鲁·米切尔（Andrew Mitchell）[1]爵士寸步不离地待在腓特烈二世的身边。他曾经在给家人的信中说当时的形势太可怕了，他也不知道自己能否坚持下去。战事惨烈超乎想象：骑兵全速前进，挥舞着锋利的军刀扑向敌人，砍断他们的四肢，刺倒他们的战马；炮兵用猛烈的炮火在敌人的步兵队伍中"开出一条血路"；步兵持枪冲锋，猛攻敌军，击倒他们的战马。唯一能让人好受一些的是，这种令人惊骇的场景很快会湮灭在"战争的硝烟"里。在第一波齐射之后，战场会被火药的黑烟所笼罩，这时就很难看得清到底发生了什么事情，而命运的诸多意外转折已自此产生。

---

[1] 安德鲁·米切尔（1708—1771），英国外交官员，七年战争期间曾陪同在腓特烈二世身边。

无忧宫

Sans Souci

　　战事业已结束，王后也被打发走了，腓特烈二世已安排好了自己的时间。接下来，他要为自己修建一座新的王宫以开始新的生活。他和克诺贝尔斯多夫共同设计了一座粉红色与白色相间的小宫殿，坐落于一个山坡的坡顶，名为"无忧宫"。这座宫殿的独特之处源于其地理位置：地面是阶梯状的山坡，每个阶梯露台都覆盖了玻璃，整个宫殿仿佛位于瀑布之上。腓特烈二世非常喜爱产自地中海沿岸的花果植物，他曾尝试在德意志北部种植这类植物，但现在已厌倦这种努力。这次，他决定利用他的温室来摆脱一下大自然的法则。他所使用的玻璃是一片一片拼合在一起的，这种玻璃迥异于现代玻璃，其差异类似于石头与水泥之间的不同。玻璃构建的整体效果很好，但由于位于多层阶梯上的宫殿不够高耸，因而从下往上仰望之时，会感觉宫殿似乎被砍掉了一半。这完全是腓特烈二世犯的错，克诺贝尔斯多夫本来是希望修建台阶通往宫殿的，但国王坚持要建造一座让他不必走很多台阶就可以径直从窗台直达花园的宫殿。他总是有他的想法。

1747 年 5 月，他搬入无忧宫，从那时起，这里就成为他居住时间最长的宫殿。腓特烈二世还花了很多时间规划波茨坦，使之成为整个神圣罗马帝国中最为雅致、最吸引人的小镇，这座城市一直存续至今。他待在柏林的时间越来越少，只有每年庆祝圣诞节的时候他才会返回柏林，在那里召集群臣，参加其家人举办的晚会。那时，他会穿上他唯一的一套便服（他很少换新的便服，因为一年中所有的其他时间里，他都是穿着军装的）。他年轻时也曾试图打扮入时，但并没有坚持多长时间，他看上去总是衣着破旧，甚至还有些邋遢、肮脏。他唯一喜爱的饰品是鼻烟盒，共计收藏了约一千五百个。他的衣服兜里都配有羚羊皮，这样就可以避免磨损他的鼻烟盒了。

115

国王在王宫期间的作息时间几乎一成不变。很多人都曾经描述过他的日程表，其内容完全一致。国王每天早上四点钟起床，其实他并不喜欢早起，但是终其一生，他都不得不每天早起。如果他的仆人请他再睡一会儿的话，他还会训斥他们。但是有时候他看上去太辛苦了，他们也会忍不住让他多睡一会儿，于是他就制定了一条规则（违者会被发配从军）：如果国王困得起不了床的话，那就每天早上用一块凉水浸泡过的湿布铺在他的脸上，这样他就可以很快醒来了。他的仆人们十分爱戴他，他总是把他们当成自己的孩子一样，而且他从不惩罚他们，哪怕是偷了他的东西，甚至有一次曾经有人递给他一块带毒的巧克力，他也没有加以处治。那个把巧克力递给他的仆人看上去脸色惨白，腓特烈二世问他出什么事了，仆人坦白了。之后，他被送往普鲁士偏远地区的一个团当兵了。

一旦起床，腓特烈二世就会穿着齐备，蹬上靴子，戴上军帽。他没有拖鞋，即使在生病或者痛风发作的时候，他也会穿着靴子。他不喜欢黑色的皮靴，所以仆人们把他的靴子改成了有些发红的怪异颜色，为了不同于其他人的靴子，他的皮靴也没有配靴刺。在仆人为他整理头发的时候，他会在一架斯皮内琴上谱曲，准备晚上用长笛演奏。他每天至少练习演奏长笛四次，他说有很多政治策略都是在他吹奏长笛的时候灵机一动而成的。接着，他的邮差就会给他送来成篮的信件。他非常了解和熟悉各种盾徽，所以他会先查看封信印章，如果来信者是他讨厌的人他就会直接烧掉，而若来自朋友尤其是来自伏尔泰的信会令他开心不已，他会亲笔回信。剩下的信件则会被分类放在三个篮子里：批准的、拒绝的和他需要咨询相关大臣的。他在吃早餐时，秘书会来处理这些信件，用一句话总结其内容，之后，腓特烈二世就会根据秘书的总结，用一句话作为回信的主旨。如果来信者是位女士，他会加上一句："回信时请使用优雅的语言。"有三名秘书专门负责为他撰写回信，他们会在下午四点钟把回信写好请他签名。

等秘书离开后，他的首席副官——一位将官，会进来带走国王的命令，这位将官将忙碌一整天，以便完成国王分配的工作。到了上午十点，国王会外出指挥军事操练，或者给他的朋友们写信。如果天气晴朗，他会带上一本书和两三条意大利灵缇在花园里散步。

这几条狗始终陪伴在他的左右，是他的最爱，它们甚至可以睡在他的床上，是他的"蓬帕杜夫人"。如果这些狗要攻击某个人的话，他就会认为此人对自己图谋不轨。要是谁不小心踩到它们的脚爪，那他就是犯下了大错。他总是带着自己最爱的狗外出，骑马的时候会把狗放在自己的衣服里。在一次战争中，他独自一人外出侦察（他手下的将领们都不喜欢他的这种做法但却又无计可施），躲在一座小桥的下面，桥上正在通过一个连的奥地利士兵，他当时非常担心他的马会嘶鸣，或者狗会吠叫，这样他就暴露了。但是他的这两个伙伴和他一样都屏住了呼吸，一直没有发出任何声音。后来，这匹马和这条狗都被埋葬在无忧宫下的阶梯里。

到了中午，他会让他的仆人、智囊和卫兵们离开，他那位不伦瑞克的妻弟常常会来。午餐的饭菜非常美味，腓特烈二世情绪高涨，会不停地聊天，有时可以聊到下午三点，如果天气好的话，他会带上食物，到室外进餐。他很容易受天气的影响，特别喜爱享受阳光。吃完甜点布丁后，主厨会带着本子进来，腓特烈二世开始确定第二天的饭菜。普鲁士的肉类味道一般，腓特烈二世很喜欢吃奶酪、馅饼和一种鱼子酱，这种鱼子酱是以前阿尔加洛蒂常常寄给他的，他吃的东西总会添加很多的佐料。他会饮用大量的咖啡和香槟，但是在饮用前他会加水。他的十二名御厨来自各个国家，也包括英国，两位主厨是茹亚尔（Joyard）和诺埃尔（Noël），分别来自里昂和佩里戈尔（Périgord）。每做一道菜，他都付给他们很高的报酬，这样就省却了他记账的麻烦。做饭用的木柴、黄油和野味都是免费的，但是厨师们制作红酒和咖啡是可以得到报酬的。他喜欢吃水果，勃兰登堡人并不知道，但一些投机商们专门修建了温室，以便把水果高价卖给国王。这也为一个新行业打下了基础，不过后来，腓特烈二世还是自己在无忧宫种起了水果。

下午他要开始他的政务工作了，有时也会出去散步以保持身体健康。没人喜欢和他一起散步，因为他总是会拿别人开玩笑让自己开心。冯·什未林将军就是一个例子。这位老将军已经年过七旬了，一生只骑马不走路，很难跟上国王的步速，这令他很恼火。腓特烈二世只是笑而不语。一天，他们走得比平时还要远，老将军感觉要停下来休息了，这时他们看到一顶轿子。腓特烈二世请什未林将军坐进轿子，而他自己走路。但是等什未林坐进轿子后，他却绕着轿子不停地问问题，一会在这边的窗口问，一会又跑到另一个窗口问，把什未林搞得筋疲力尽，感觉比走路还累。什未林终于忍不住了，大发雷霆，之后一段时间，腓特烈二世也不再邀请他来陪同自己散步了。什未林脾气火爆，但腓特烈二世很欣赏他，因为他不仅仅是一位杰出的将领，同时又是一位胸怀世界的智者，能讲一口流利的法语、意大利语和拉丁语。从腓特烈二世幼年时期开始，什未林就是最能让他开心的人，他允许这位老将军随心所欲，但是总忍不住要捉弄他。

腓特烈二世晚上十点吃晚饭，之后会在一所圆形房间里举行音乐会，其中有两位小提琴手、一位中提琴手、一位大提琴手和一位西尔伯曼钢琴手。腓特烈二世和匡兹一起吹奏长笛，其他的乐手则为他们伴奏。他似乎是一位出色的长笛演奏家，尽管节奏不稳定，为其伴奏殊非易事。卡尔·菲利普·伊曼纽尔·巴赫（Karl Philipp

Emanuel Bach）从莱茵斯贝格时代就开始弹演羽管键琴为他伴奏，着实惨遭折磨。勃尔尼（Burney）[1] 曾经参加过一次这种晚间音乐会，有过这样的描述：

他的长笛独奏精准到位，他长笛上的吹口干净清爽，他的手指灵活精巧，他的品位纯净简约。当他吹奏快板部分的时候，节奏干净利落，演奏慢板部分的时候，可以感受到他所要表达的情感，这些都让我感到惊奇和愉悦。简言之，就细节而言，他的演奏超越了我所听过的很多初学者甚至是演奏家。华彩乐段的演奏也很出色，但是有些过长和刻意而为。匡兹用手为他打着节拍，在独奏部分结束时，会对着他的这位国王学生大喊"太棒了！"

但是如果腓特烈二世演奏出错，匡兹常常会咳嗽一声提醒，有一次他咳嗽的次数太多了，国王恼怒地说："匡兹感冒了，我们该怎么办呢？"腓特烈二世遇到任何事情的时候，总是很紧张，在演奏前，他常常会剧烈发抖。他谱写了很多的曲子，其中的一些乐谱流传至今。在霍恩弗里德贝格战役后，他谱写了一首与这一战役同名的进行曲，广为流传。

他搬入无忧宫不久后的一个晚上，当时他正在吹奏长笛，达尔让斯交给他一张名单，上面罗列着刚下每日往来马车的人员姓名，腓特烈二世看完后说："先生们，老巴赫已经来了。"他说的是约

---

[1] 勃尔尼（1726—1814），18 世纪英国著名作曲家、风琴演奏家及音乐史家。

翰·塞巴斯蒂安·巴赫（Johann Sebastian Bach），国王之前从未见过他。他派了一辆专车前去接他，并嘱咐他立刻赶来，不必换上演出服。显然国王非常看重他，因为他的到来，腓特烈二世取消了当晚的音乐会，而是和他一起试着演奏了自己的新西尔伯曼钢琴。巴赫用这些钢琴即兴弹奏了几个曲子，令腓特烈二世仰慕不已。之后巴赫请国王为他指定一个主题，腓特烈二世坐下来弹奏了一个曲调，然后请巴赫弹奏一首六段赋格曲。他使用的是不断降调的半音阶，这是当时一个比较时髦的主旋律，显然给巴赫出了一个难题。巴赫演奏了几首卡农曲，其中充满了萦绕不断的哀伤之美，与贝多芬的最后一首四重奏异曲同工。他还把一首赋格曲作为"音乐的献礼"送给腓特烈二世，说这是"献给一位君主的，这位君主在音乐界广受爱戴，同样也受到了其他各行各业人士的热爱"。这时，腓特烈二世下令，学校里的学生每周至少要有三天安排歌唱课。

18 世纪时，发生了很多冗长复杂的诉讼案，达尔让斯侯爵就被卷入了其中的一场，为此，他返回了巴黎。腓特烈二世要求他顺便为无忧宫物色一些演员、智者和艺术家以供消遣娱乐。他需要一两个优秀的画家、一名出演斯加纳雷尔（Sganarelle）[1] 等角色的男演员，还有一些漂亮的女演员以及至少一个擅长文学且令人愉悦的人。这并非易事。所有艺术家中，腓特烈二世最想要的是凡·卢（Van Loo），但是他拒绝前往柏林。达尔让斯说或许能争取纳图瓦尔（Natoire）或者勒穆瓦纳（LeMoyne）的学生皮埃尔（Pierre），

---

[1]　斯加纳雷尔，法国喜剧大师莫里哀作品中的人物。

但是他们都不愿，毕竟巴黎对法国人的吸引力太大了。"每个人都疯狂地追求知识和智慧——不管是商人还是公爵，他们都想让别人知道他们喜欢和学者打交道。"另一个难题是很多优秀的作家都很难相处，有些人则天生令人讨厌，甚至还有人蹲过大牢。至于演员，达尔让斯得远赴马赛才能找到真正优秀的。除了演员，他还在马赛找到一位舞蹈家，如果国王陛下不喜欢她的话，达尔让斯就只能在整个冬季不停地面圣加以劝说了。他返回柏林不久就和科舒瓦小姐（Mlle Cochois）成婚，她是一位女演员，达尔让斯说她文学造诣很高，是一位开明的艺术家和一位温柔的妻子。腓特烈二世评论她道："令人愉快的女士，睿智、博学而且很有天分。"他们的生活幸福美满。

在此之前，腓特烈二世就已经得到了舞蹈家芭芭丽娜（Barbarina），实际上他是从威尼斯城其苏格兰情人詹姆斯·麦肯齐（James Mackenzie）那里把她绑架来的。麦肯齐是布特勋爵（Lord Bute）的兄弟，而布特勋爵则是腓特烈二世在之后数年中的头号敌人，但是有人认为他们之间的敌对与腓特烈二世绑架芭芭丽娜无关。芭芭丽娜的收入比一位内阁大臣的收入还要高，很快就在英国基金会里有了一笔储蓄，然而其太过迷人，所以不可能长期在舞台上表演。据说，国王本人曾与她发生过一些小冲突（她的四肢就像个男孩一样强壮）。她和阿尔加洛蒂有过一段恋情，这期间腓特烈二世评论说她肮脏而又贪婪；最终她与年轻的科克采伊（Cocceji）结婚，成为一桩丑闻。科克采伊的父亲是腓特烈二世的首相，科克采伊家族因此恼羞成怒，腓特烈二世只好把这对小夫妻赶到西里西

119

亚。在西里西亚，她又遇到了一个贵族，感觉比自己的丈夫还要好，于是便想方设法离婚，再与这个人结婚，之后生了很多的孩子，再之后便杳然无音讯了。

阿尔加洛蒂再次回到柏林，腓特烈二世派人给他送来一封信，召他前往波茨坦，信中说：

您那丰富的想象力，您的天才与睿智，就是您出使任何一个文明国家的通行证。从您离开我的视野到现在已经六年了，这六年里，我只能从别人那里听到您的消息；非常高兴您终于回来了。您还会像上次一样突然消失吗？关于您的经历，我们所知道的有多少是虚假的呢？等我见到您的时候，您要回答我的这些问题。

阿尔加洛蒂的回答应该是令国王满意的，这位威尼斯人又得到了一枚新的功勋勋章，这类勋章一般只授予普鲁士国民，此外，腓特烈二世还赐予他伯爵封号。然而，阿尔加洛蒂是一个不习惯安逸生活的人，在柏林待久了他便开始感到不适。腓特烈二世命令他前往埃格尔接受水疗，但是那里的生活依然索然无味，他又请求前往萨根，与洛布科维茨亲王待在一起，医生认为这将有利于他的身体。国王批准他去那里作短期停留。到萨根后，随着天气变化，他开始出虚汗，进餐时险些窒息，于是医生认为短期内他无法再返回柏林。对于这些疾病和身体虚弱的报告，腓特烈二世认为，这只能说明阿尔加洛蒂爱上了什么人。他要求阿尔加洛蒂亲自回答他信中提出的问题，阿尔加洛蒂照做了。腓特烈二世推崇锻炼的好处，建议他骑马。但阿尔加洛蒂讨厌骑马，他说要是为了促进血液循环而摔断几根颈椎骨就太可怕了。

克劳德·艾蒂安·达尔热（Claude Étienne Darget）成为腓特烈二世的新秘书，取代了若尔丹的位置。他和若尔丹一样是个好人，甚至可以说是个圣人，对国王忠心耿耿。他之前是瓦洛里的属下，在西里西亚战争期间表现出过人的勇气与忠诚。当时，匈牙利人闯入了他和瓦洛里居住的房子，一心要抓住瓦洛里阁下。达尔热冷静地挺身而出，假称自己就是大使，匈牙利人随后把他抓走了。对他而言，这是一个极为勇敢的举动，因为这些非正规军的行为方式也是非常规的，他们什么事情都干得出来。万幸的是，他们并没有伤害他。就像腓特烈二世的很多朋友兼部下一样，达尔热总是怀疑自己罹患重病，达尔让斯也是如此，伏尔泰和阿尔加洛蒂则常常利用他们的疾病——不管是真实的还是臆想出来的——实现他们的计划。和他们不同的是，国王自己的身体一直不好，始终遭受着病痛的折磨，却很少提及自己的疾病，也从来没有因为生病而影响工作或娱乐。罗滕堡受枪伤所累，痛苦不堪，现在已经奄奄一息了，但是十分坚忍。

这些身体健康的人反而总是不停抱怨、无病呻吟，令腓特烈二世很是恼火，有时也会令他发笑。"就身体而言，境由心生——当你心里想着快速前进时，你的身体就会照做。"他这些聪明过人的朋友们，这些有着卓越才智的朋友们都无法做到这一点，他也很喜欢因此而嘲弄他们。在写给达尔热的信中，他是这样结尾的："再见，祝你如厕顺利，尿液充足，而且这些令你愉悦的本能运动可以

使你相信你的男性雄风。"对于总是罹患各种疾病的达尔让斯，他

说："鉴于我已经无法在这个世界再次看到你，我给你指定一个约

121　沙法谷[1]里的汇合点，在那里我可以把你垂涎已久的无忧宫里的

画作交给你。""人人都有权生病，但是暴饮暴食不利于健康，彻底

的休息也对身体无益。"达尔让斯这样回复了腓特烈二世的信，他

喜欢和国王开这种玩笑，但是几年后，国王的玩笑开得太过分，他

也不愿意继续了。罗滕堡的疾病让国王很是不安，他非常喜爱罗滕

堡，也很珍视他，因为罗滕堡和什未林等老一辈将领一样，不仅仅

是一位优秀的军人，也是一位大有裨益的朋友。年轻的将领，如温

特费尔特就做不到这一点，虽然腓特烈二世会和温特费尔特交流战

争经验，他也有可爱之处，但是他不懂法语，曾经请求国王允许他

率领一支部队离开王宫，因为他觉得这里实在是枯燥乏味、难以适

应。但是腓特烈二世离不开他。温特费尔特的妻子貌美如花，在一

次出使圣彼得堡的时候将军遇到了她，她是米尼赫（Münnich）元

帅的继女。他把她偷偷带出了俄国，而她只得放弃自己在俄国的所

有珠宝和财产。

　　1748 年，各国在亚琛签署了和平条约，形势几乎完全回到了之

前的状态。路易十五放弃了在尼德兰所占领的大片土地，因为他觉

得如果继续占领这些土地的话，很快就会爆发新的战争。他声称他

是作为一个国王而不是一个商人前来参加和谈的。但是他还是保留

了帕尔马作为他女儿女婿的封地，他的女婿是西班牙的菲利普王子

---

[１]　约沙法谷，古犹太山谷名。据《约珥书》载，约沙法谷是耶和华审判万邦的地方。

（这对夫妻建立了波旁·帕尔马家族）。这一残酷战争的主要受益者是普鲁士国王，正是这位国王在八年前挑起争端。人们认为他现在将要致力于维持法国与奥地利之间的平衡。

之后不久，莫里斯·德·萨克森与腓特烈二世在一起待了几天，他被腓特烈二世吸引，而腓特烈二世则向他学习了很多的东西，他说他应该开设一所将官学校。他还为自己占用他太多时间而道歉，说自己太自私了，只想着多从他那里取经。萨克森已经病入膏肓，几个月后便去世了，年仅五十四岁，他说自己的生命就像一场美丽的梦。他的军事专著《我的梦想》（*Mes Rêveries*）始终摆放在腓特烈二世的床头。

国王这时又招募了两名新的基思兄弟，他们与当初帮助腓特烈二世逃亡的那个不幸的基思大不相同。在欧洲各国的军队中，有很多来自苏格兰和爱尔兰的詹姆斯党人。由于作战勇敢，他们中的很多贵族都晋升为高级将领，即使是平民也都发展得很好。詹姆斯·基思（James Keith）将军统帅俄国军队战胜了土耳其军队，并得到授权与土耳其苏丹的特使谈判。他们互致问候之后，这个戴着穆斯林头巾留着大胡子的苏丹特使竟然用苏格兰语对他说："在离家这么远的地方……非常高兴（见到您）。"这令詹姆斯·基思将军大为震惊，这位特使居然是他苏格兰老家村子里的敲钟人。后来詹姆斯·基思越来越觉得在俄国服役风险太大，随时都可能陷入可怕境地，遭遇酷刑（如被割掉舌头等）。他颇费周折逃离了俄国，来到普鲁士，把自己的宝剑献给腓特烈二世以示忠诚。两人惺惺相惜，腓特烈二世知道还有其他国家想得到这位优秀的将领，为了挽留

122

他，立即授予他元帅的权杖，并且想尽一切办法讨得他的欢心。基思提到他尊敬的哥哥居住在特雷维索（Treviso），生活贫困潦倒，腓特烈二世随即邀请他来柏林。

基思勋爵大概出生于17世纪90年代，是苏格兰马歇尔伯爵（Earl Marischal）之后裔，曾经在当地拥有大片土地。他的家族隶属于詹姆斯党，其母是徒有虚名的珀斯公爵（Duke of Perth）的女儿，曾经撰写过著名的民谣《基思夫人的哀悼》（*Lady Keith's Lament*）："当国王从海上回来的时候，我会再次成为基思夫人。"她的两个儿子都参加了1715年的起义，但是基思勋爵更加成熟，他对这次战役模糊不清的目的感到非常恼火。在谢里夫穆伊尔战役后，他的马夫被杀，他的行李也被另一名军官——来自麦格雷戈家族的年轻的博哈尔迪的领主（在其族人的帮助下）偷走。这场战役本身也是一片混乱："我们冲锋的时候他们也冲锋；他们冲锋的时候我们又冲锋，等我们再次冲锋的时候他们跑走了。老天啊！"基思勋爵一直效忠于"詹姆斯三世"，部分是为了他敬爱的女性长辈摩德纳的玛丽。虽然如此，他还是丧失了对这一事业的激情，从那以后，詹姆斯党沦为他最无法忍受的事物。后来，出于责任感，他又参与了1719年阿尔贝罗尼挑起的起义，这次起义失败后，他费尽周折，险些没能从苏格兰逃出来。他的土地被乔治一世没收了，自己也被判处死刑。但乔治国王却无法撤销他的马歇尔伯爵封号，他终生都自称为"苏格兰元帅"，和他在一起的外国人称其为"元帅大人"。因为喜欢瓦伦西亚的天气，他便在此处定居，并在以后很多年里将此地作为其主要的活动基地。他不断地四处周游，在西班牙、法国和俄国王室皆受到欢迎，并借此认识了欧洲几乎所有的有趣人物。他和当时住在罗马的"老僭王"也保持着联系，但却无法忍受查理·爱德华，这位王子的变态之举令其很排斥，他觉得"小僭王"没有任何前途可言。他认为自己已经为詹姆斯党的事业竭尽所能，除了自己的生命，他献出了一切，因而没有参加1745年的起义。

基思勋爵的身边总是有一群人陪着他，他把他们戏称为"我的野生动物们"："这是一群鞑靼人，我总能和他们和谐相处。"其中包括土耳其女子埃尔梅图拉、西藏人斯特潘、卡尔梅克人伊布拉姆和黑人穆哈。埃尔梅图拉是一名苏丹亲兵的女儿，当1737年奥查科夫（Ochakov）战役爆发时，她还是一个小女孩，彼时她就在詹姆斯·基思的战马旁边奔跑，有时把自己悬挂在他的马鞍上。他收留了她，并把她送给了自己的兄长。当她成年后，基思勋爵觉得可以与她上床，但是她却说："我是属于您的私有财产，但是我爱您一直就像爱自己的父亲一样，我更希望能继续这样爱您。"于是，他便把她当成了自己的女儿。她身边的人都很讨厌她。斯特潘与西藏的大喇嘛有亲戚关系，基思勋爵称之为"我的教士"或者是"我的私生子"，他还把两个黑人男孩呼作"我的杂种"。

腓特烈二世一见到基思勋爵就对他产生了强烈的好感，直到其三十年后去世，勋爵一直是他最亲密的朋友。"我脸上的表情总是沮丧的、加尔文主义式的"，他这样描述自己，毫无疑问，这种表情与阿尔加洛蒂的表情大不相同。腓特烈二世如此欣赏基思兄弟的原因之一是他们是真正的绅士，对人平等相待，绝不会自视高人一

等，也绝不会伤害别人的感情或者让人感觉到他们难以掩饰的嫉妒

124 之情。基思勋爵博览群书，智慧超群，在每一次的晚餐会上，他都是人人喜爱的明星。他们兄弟两人都住在柏林，但是并未居于一所。詹姆斯·基思有一位瑞典情人，她是个孤儿，如埃尔梅图拉一样也是在战争中被他收留的。詹姆斯·基思送她读书，在她成年之后，他们就住在了一起，后来生育了几个孩子。或许，她不会喜欢那群鞑靼人。腓特烈二世为基思勋爵提供了高额的津贴，自从离开苏格兰后，他现在的生活是最为宽松舒适了。他还被赐予黑鹰勋章，并一直佩戴着，比起他的蓟花勋章，他更看重这枚勋章。英国人对腓特烈二世与基思兄弟之间的友谊不以为然，英国驻柏林的临时代理大使莱格更是对腓特烈二世款待基思兄弟提出抱怨，因为他们两人都被伦敦方面判处了死刑。腓特烈二世回答道，他是不可能与乔治国王的朋友成为好友的。瓦洛里之前已经长期休假，此时蒂尔科内尔勋爵（Lord Tyrconnel）取代他担任了驻柏林的法国大使。

腓特烈二世对于英国派驻普鲁士的历任大使从来都是态度鲜明：或是欣赏，或是仇视。盖伊·迪肯斯成为他的家族好友；霍瑟姆也深受赏识；罗宾逊被当成了笑柄，当然他在伦敦也是如此；他讨厌海因德福德；维利尔斯（后来他成为克拉伦登勋爵）曾经与他就《德累斯顿条约》进行过谈判，腓特烈二世对他很是欣赏。最被敌视的大使就是现在被派驻柏林的查尔斯·汉伯里·威廉姆斯（Charles Hanbury Williams）爵士。他到达柏林仅三周后，就去访问了波兰。各国君主们从来都不会喜欢那些离开自己的岗位前往邻国的外国使节们。因为东普鲁士的地理位置，腓特烈二世对波兰尤其

心存嫉恨。每次波兰国王改选时，其继承权问题都是争议的焦点。奥古斯都三世年纪不大但是似乎身体状况不佳，一旦他去世，什么情况都有可能发生。这让腓特烈二世很担心，自然也会怀疑一个英国驻普鲁士大使跑到波兰掀起什么风浪来。大使向一些波兰高级官员分发钱财作为贿赂，之后带着一幅镶满钻石的奥古斯都三世的画像离开了波兰。

汉伯里·威廉姆斯面目可憎，脾气暴躁，爱多管闲事，尤其喜欢传播小道消息。但同时他也是个风趣诙谐之人，在写给亨利·福克斯（Henry Fox）[1] 的信中，他描述了柏林生活里欢闹滑稽的一面。是的，是柏林的生活，而非波茨坦的生活，因为腓特烈二世实在是太讨厌他了，所以除了官方活动外，从不邀请他去波茨坦。他们的第一次会见简短而礼貌，之后他们就没有再说过一次话。霍勒斯·沃波尔（Horace Walpole）在写给曼（Mann）[2] 的信中描述道："查尔斯·威廉姆斯爵士想要教会普鲁士国王如何拿东西、如何送东西。"他从来就没得到机会给国王上这一课。他经常去拜见王太后和王后，只要有人邀请，他一定会去，但是无忧宫这一光彩炫目的交际中心却对他关上了大门，在大多数情况下，他都是孤独一人，没有机会参加任何晚宴。对一个习惯于因智慧而被追捧的人，一个认为大使的作用无比重要的人，一个喜爱高朋满座与奢华生活的人来说，这着实令人痛苦。他写给伦敦的信里充满了醋意——这样的描述再准确不过了。他把腓特烈二世的朋友称为"国

125

---

[1] 亨利·福克斯（1705—1774），英国政治家，第一代霍兰男爵。
[2] 霍勒斯·曼（1706—1786），英国外交官员，长年居住在意大利佛罗伦萨。

王的传声筒——因为他们只会重复国王的话"。他说："任何女性都不能进入这个宫廷，涮洗亚麻衣物的、带孩子的、整理床铺以及在床铺上睡觉的都是男人。"

汉伯里·威廉姆斯描述了他与王太后一起进餐的样子，说在每一道能吃的菜之后，一定会有一道让人无法下咽的菜。他很欣赏腓特烈二世的王后：

王后的样子令人悲哀。她是一位优秀的女士，当初一定美貌出众。没人会不喜欢她，但是国王反常的品位却不允许他和王后生活在一起。共通的人性本应该让国王允许王后享受独自一人的生活。但是，他却每每找机会羞辱这位温柔善良、受尽折磨的王后。王太后在这方面也支持她深爱的儿子，从不对王后以礼相待。

但是，就在几天之后，王太后就举办了一次盛宴，庆祝儿媳妇的生日。汉伯里·威廉姆斯总是不明就里，他还说埃尔梅图拉是基思勋爵的情人，但是没有任何一位认识他们的人会同意这种说法。他说："这位普鲁士国王最讨厌的事情就是结婚。任何人——哪怕是他最为崇信的人——都不能考虑结婚问题，否则就必定会失宠。"实际上，腓特烈二世曾经鼓励他最信任的凯泽林成婚，莫佩尔蒂也与一位驻柏林大使的女儿结婚了，达尔让斯与国王非常看重的温特费尔特都过上了幸福的婚姻生活。没人能够找出一个事例来证明汉伯里·威廉姆斯的观点。

对于威廉明妮，这位大使如是写道：

这里有一个王家泼妇。她是一个无神论者，总是谈论着命运与天数，还总是拿未来开玩笑。她谈论生死问题的时候，感觉就像是在谈论一日三餐那样稀松平常……在她看来，如果不读书，或者不与别人所说的博学之士在一起谈话，那时间就是白白浪费了。她的时间只用来做两件事情：通过书信与她弟弟手下的卓越之士对话，或者是听别人给她朗读，因为她的眼睛不好，所以没法自己阅读……

现在，再来说说这位彻头彻尾的暴君，上帝一定是派他来折磨这个好斗民族的。我宁可变成驿马被欣德-科顿爵士（Hind-Cotton)[1]骑着，也不愿意成为腓特烈二世的首席大臣、他的兄弟或者是他的妻子。他取消了一切的尊卑差异，在这个国家，只有一个拥有绝对权威的君主，其他所有人都过着同样痛苦的生活，他们在他面前都会因畏惧而颤抖，也都痛恨他的铁腕统治。一个助理牧师与主教之间没什么差异，但是普鲁士国王与其第一顺位继承人普鲁士亲王之间却有着天壤之别，如果没有这个暴君的同意，普鲁士亲王不敢离开柏林半步，也不敢不每晚陪同母后进餐。他还有一个弟弟目前被他流放到一个小镇子里，另一个弟弟（肯定是亨利亲王），随时都有被关入大牢的危险，仅仅是因为他在与国王谈话的时候会表达自己的观点。众所周知，阿米莉亚公主希望能与茨魏布吕肯（双桥）公爵成婚，但是这个暴君尼禄却告诉她说绝不能结婚，他给出的理由是她要担任奎德林堡的修道院院长，这样她就可以得到

---

[1] 欣德-科顿（1686—1752），英国托利党政治家。

五千英镑的年薪，他会允许她在柏林把这笔钱花掉。除此之外，他还可以再给她价值两万英镑的财产。

127　　他和母亲一道举办了盛大的晚会，但是认识他的人都说他并不爱自己的母亲，他只是已经习惯了给母亲钱而已，这来自税收，令柏林人很不满意，因此他居住在波茨坦……王太后是一个老年长舌妇，喜欢传播小道消息……

柏林地域广阔，景色美丽，但是人口密度很低。这座城市足以容纳三十万人，但是目前除了驻防部队以外，只有不到八万居民。而且如果没有得到正式邀请的话，你不能到任何一户人家去吃饭，但很少有人会发出邀请。唯一开放的地方就是王太后与王后的宫殿。

汉伯里·威廉姆斯觉得她们都很无趣。唯一能够让他开心的地方是詹姆斯党人蒂尔科内尔夫人的府邸，但是后者却并不欢迎他。在柏林，普鲁士亲王是少数几个让他喜欢的人之一，他觉得亲王"非常谦逊温柔，也没有普鲁士国王在和别人对话时表现出来的那种傲慢无礼。亲王最不喜欢的人是自己的妻子，即王后的妹妹，这有些令人难过，因为她们姐妹俩都是非常和蔼可亲的女士"。在柏林，他还从没有听到过有人说德语。

如果查尔斯爵士能够得到尼禄腓特烈二世的宠幸，他会做出不同的描述吗？他在柏林一事无成，任职仅仅八个月后就离开了。腓特烈二世在英国至今都不受欢迎，这与汉伯里·威廉姆斯不无关系。

诗　人

The Poet

第二次西里西亚战争结束之后，腓特烈二世与伏尔泰之间的通信愈发频繁，也越来越情真意切。腓特烈二世邀请伏尔泰与他同住一处，伏尔泰只能拖延时日，且愈发犹豫——这一邀请对他来说很有吸引力，但是他曾答应过夏特莱夫人绝不离开她，虽然她又有了新的情人，与丈夫也很恩爱，但出于二十多年的习惯和感情，伏尔泰还是离不开她。在吕内维尔，他们已经与波兰前国王斯塔尼斯拉斯一起居住了一段时间。伏尔泰有一个秘密：他深爱着他姐姐的女儿德尼（Denis）夫人，这一秘密一直被深深地隐藏着，不为人所知，一直到 1957 年，西奥多·贝斯特曼先生发现并出版了他们之间的情书。贝斯特曼先生对伏尔泰了如指掌，说伏尔泰对德尼夫人的爱情是"真诚的、温柔的、富有激情的、不顾一切的"。但是根据目前可以看到的证据，德尼夫人并非真爱自己的舅舅，而只是贪图他的名气和财富。她负责打理他在巴黎的家，他们的朋友们都认为伏尔泰把她看作自己的女儿。

1749 年，夏特莱夫人死于难产，这个孩子的生父是她的新情人。她的死几乎令伏尔泰精神失常，他的生命似乎也随之失去了意义，就像是失去了船锚的船只，只能四处飘荡。他再也无法住在吕内维尔了，虽然斯塔尼斯拉斯恳请他继续住在这里，并且竭尽所能地讨好他，但是他还是去凡尔赛找了一个工作和住处，即使这样，他也无法获得慰藉，他刻意讨好的那个国王对他依旧不理不睬——尽管路易十五知道，伏尔泰是他的国家里最著名的国民，但是他依旧讨厌他；他可以授予伏尔泰所有应得的恩赐和职位，但是却一直像躲避瘟疫一样躲着他。伏尔泰在巴黎也有一套房子，是他和德尼夫人一起居住的，但是他并不喜欢住在那里。她的男女生活太过混乱了，伏尔泰肯定知道这些，也肯定对此很不满，这也是伏尔泰在这一阶段如此紧张的原因之一。一些不得志的作家的所作所为也令他不安，这些人对他嫉妒得发疯，想尽一切办法诋毁他和他的作品。没有一个真正的文人会和这些卑鄙的土狼沆瀣一气（让-雅克·卢梭当时也只是初露锋芒），有人奇怪伏尔泰为什么会这么关注这些人。毫无疑问，如果路易十五能够邀请他去参加晚宴的话，他一定会对他们置之不理，但是国王的无视刺痛了伏尔泰的心灵，让他痛苦不堪，使其异常敏感。

在夏特莱夫人去世约一年之后，伏尔泰下定决心去柏林定居。他给他所有的朋友们写信解释了他这么做的原因。他说他在法国遭受了迫害，不得不想起很多年前他的作品《俗世之人》所遭遇的不公，也会想起已故米尔普瓦主教的种种卑劣行径。其实在 1750 年，他很难让人相信他受到了迫害，最多也就是路易十五对他的冷遇而已。像所有的老人一样，他还抱怨了法国国内不断沦丧的道德观以及不断下降的品位。在这个嘈杂的新世界里，已经没有他的立足之处了。他告诉每一个朋友，要不是因为有他们和德尼夫人，他早就无法忍受巴黎的生活了，因此现在他只能离开法国前往普鲁士，去接受一位国王的庇护，去和一位哲学家，一个富有魅力、令人愉悦的人相伴。德尼夫人也会在柏林得到一座房子，他希望每年都能和德尼夫人一起在那里生活几个月。伏尔泰的朋友们都感到困惑不解。切斯特菲尔德勋爵写信给法国的一位通信者说："请你一定向我解释一下他移居普鲁士的原因。他是法国的一位学者、一位史官，是国王的侍从，而且如此富有……"

腓特烈二世令普鲁士驻凡尔赛宫的大使询问路易十五，如果他收留伏尔泰的话，路易十五是否会介意，这就像是维多利亚时期的女庄园主要聘用隔壁庄园的管家一样，聘用之前必须先询问原来那家的庄园主是否同意。他得到的回答是毫不介意，路易十五很难相信这位普鲁士国王在经过长期相处后，会依然喜欢伏尔泰的性格。路易十五会继续向伏尔泰发放诗人津贴，但是将撤销他史官的职务。腓特烈二世给伏尔泰写了一封充满温情的信，说他会尽其所能地让他幸福，而伏尔泰则回复说：他现在已感觉自己可以安心享受永远的平静生活了。

起初一切进展顺利。伏尔泰在无忧宫得到了漂亮的房间，腓特烈二世也是每天都会陪他聊天、开玩笑，还送来了他所著的《勃兰登堡史》请他发表评论。伏尔泰觉得国王对自己祖父腓特烈一世的评价太过严苛了，他一直很喜爱腓特烈一世所修建、遗留下来的美丽宫殿，因而也很欣赏这位国王。当腓特烈二世为自己的观点辩解时，伏尔泰说："好吧，反正他是您的祖父，又不是我的。"腓特烈二世其他的朋友们虽然对此有些妒忌，但也都很自控。国王对他们要求严格，就像是对待士兵一样。当伏尔泰这位世界上最伟大的智者到达时，他们都装作很高兴的样子，只有莫佩尔蒂面带愠色。晚餐会上的对话迸发着智慧的火花，伏尔泰、腓特烈二世和达尔让斯侯爵是对话的主角，其他人则倾听着、欢笑着、鼓着掌。伏尔泰这些睿智的话语滋育了灵魂，虽然我们已经无法听到这些对话，但是从他与腓特烈二世的往来书信中，我们还是能找到一些线索，因为这两位都是那种喜欢记录自己话语的人。

　　但是很快，伏尔泰就开始令国王不满了。一个原因是他对于战争的评论太过愚蠢。伏尔泰总是装出一副对这个话题厌烦至极的样子，这没关系，但实际上最后他又总是会回到这个主题。他觉得当腓特烈二世发动战争的时候，他一定是处于暴怒的状态——当然事实并非如此，在战争进行的时候，你必须拥有"马尔博罗一样冷静的头脑"（原文如此）。之后，在帮助本廷克伯爵夫人的时候，他又言行不当。本廷克伯爵夫人是伏尔泰的朋友，当时在普鲁士与丈夫对簿公堂，腓特烈二世怀疑她与刚刚成婚的亨利亲王有奸情，所以亲王才会对自己的新婚妻子非常冷淡。伏尔泰却代表本廷克伯爵夫人向国王提出了无数的请求，并且让她在波茨坦购买房屋，以便能时常和这些智者们在一起。

伏尔泰是 7 月到达柏林的，到了 11 月，他身上的光环就开始
逐渐消退了。一次晚宴上，所有人都拿德尼夫人的事情取笑他，因
为在他的一封信里，他所谈论的全是这位夫人，所以她也就成了这
次对话的主题。开始时，所有的玩笑都是善意的，腓特烈二世说：
"承认吧，伏尔泰，您的外甥女实在是荒诞不经。""但是她很聪
明，而且消息灵通。""或许这让她更加荒诞啊。"这时，受到伏尔
泰庇护的年轻人巴屈拉尔·达诺（Baculard d'Arnaud）——伏尔泰
曾经想把他推荐给腓特烈二世——很不礼貌地说："千真万确。"对
于国王的玩笑，伏尔泰可以忍受，但是现在他这么说就太过分了，
于是伏尔泰大发雷霆。他像演员发表演讲一样地喊道："陛下，我
所深爱与珍视的外甥女当着我的面被攻击，至于你，小达诺，你这
个对文坛毫无概念的家伙，是我给你讲解了诗歌的基础知识，我的
外甥女把你带来并且保护你，你这忘恩负义的劣种还是滚蛋吧！"
达诺回答道："您那荒诞不经的外甥女的确对我很好，但是作为回
报，我也不得不委身陪睡。"腓特烈二世注意到，这位总是能够机
敏地回击别人的人物这次却突然哑口无言了，看上去绝望无助，连
腓特烈二世都觉得他太可怜了，于是立即下令结束了这场晚宴。而
且在伏尔泰的要求之下，他还把达诺赶回了巴黎。当然，没人知道
伏尔泰突然如此沮丧的真正原因。

"我亲爱的孩子，这里的天气变得越来越寒冷了。"他写信给德
尼夫人说。

三天后，他派人请珠宝商人亚伯拉罕·希舍尔（Abraham Hir-
schel）到无忧宫来做一笔紧急的交易。这次交易也使他的光环破

碎了。

伏尔泰十分富有，但是他的财富并非来自他的创作，因为他所著的书几乎总是被盗版，他写的剧本能挣到一些钱，但是他把这些钱都分给了演员们。他感兴趣的是那种复杂的金融投资，通过精明的交易，他从父亲那里继承的财富大大增值，最近他又听说了一个似乎有利可图的投资项目。根据《德累斯顿条约》，萨克森财政部门必须使用黄金向普鲁士持有萨克森债券的人回购债券。因为这些债券的真正价值远远没有其票面价值那么高，所以这一做法自然会导致投机行为，这令德累斯顿方面很不高兴。腓特烈二世很快便下令禁止其国民进行此类投机。伏尔泰知道这些情况，但还是经受不住金钱的诱惑，他给了亚伯拉罕·希舍尔一笔钱，其中一部分是以巴黎银行的支票形式付出的，让他去德累斯顿购买这种债券，希舍尔可以得到百分之三十五的佣金。然后，他打算把这些债券偷运出德累斯顿，带到柏林兑换黄金。希舍尔把一些钻石存放在伏尔泰处作为担保。腓特烈二世也听说了这笔交易，但觉得是别人的恶意中伤，并没有相信。

现在已经很难计算这笔钱的价值了，但是肯定是一笔巨款。希舍尔刚刚动身前往德累斯顿，伏尔泰就开始为这笔投资担心。几个星期之后，他还是不知道到底希舍尔买到了多少的债券，只收到了一封内容含混不清的信，这令他十分焦虑不安。他咨询了柏林的投资家，被告知他只能指望一切都有担保，这样希舍尔就无法欺骗他了。他们也暗示说有可能出现一些非常不好的情况。于是伏尔泰通知法国银行不要兑现他的支票，而这又迫使希舍尔从德累斯顿匆匆赶回。之后发生的事情非常可怕，每一天的发展都是波澜起伏，不仅仅是柏林人，整个欧洲的人们都在关注此事。伏尔泰去找这个犹太人，想要勒死他，还从他的手指上抢了一枚戒指。希舍尔的老父亲为人正直，气得差点心脏病发作而死。希舍尔则指控伏尔泰用赝品替换了他留下的钻石。

腓特烈二世对此自然大为不悦，不再允许伏尔泰住在无忧宫，而是在柏林给他找了一个宅邸居住。"伏尔泰老兄要来这里赎罪了。"他这样告诉威廉明妮。伏尔泰也病了，不能再去拜见王后与王太后，一个人过着孤独可怜的生活。最终，他起诉了希舍尔。他似乎以为腓特烈二世和他的首相科克采伊会事先安排，以帮助他赢得这场诉讼，但是这两个人都为新近的司法改革而自豪。经过这次改革，普鲁士的诉讼过程更快捷、更便宜、更加注重公正而非惩罚，他们从来都没有想过要干涉司法。在改革之前，这样的诉讼案件可以拖沓一年之久，但现在只需要两个月。伏尔泰和希舍尔两人都是满口谎言。最终，非常不利于伏尔泰的事实真相被揭露出来，这令腓特烈二世更加恼火。希舍尔曾经多次前往无忧宫，在这里，他和伏尔泰几乎就是在国王的眼皮下谋划了一切。当希舍尔告诉伏尔泰潜在的危险时，伏尔泰诱导希舍尔认为腓特烈二世并不反对这项计划，他甚至暗示，如果这次投资成功的话，希舍尔有可能成为宫廷御用珠宝商。两个人都说是对方诱惑了自己，法官费尽心力地了解事实真相，但是直到今天，还有一些情况是模糊不清的。

1751 年 1 月 22 日，腓特烈二世写信给威廉明妮：

133

您问我关于伏尔泰与一名犹太人的诉讼的事情。这就是一个流氓欺骗一个无赖的案子，对于伏尔泰这样的人来说，把如此的智慧用在这种事情上是不可饶恕的。案件还在审理中，过几天我们就可以知道谁是真正的恶棍了。伏尔泰攻击了那个犹太人；他对待科克采伊的态度也是粗暴无礼的，总而言之，他的表现就像是个疯子一样。等这个案子结束了之后，我会去给他洗洗脑，看看能不能把一个五十六岁的人改造得稍微好一些——如果不能让他更加明智一些的话。

1751 年 2 月 2 日：

伏尔泰的案件还没有审理完结，虽然我觉得他能够从这个案子中脱身。这不会影响他的才能，但是会使他的人品被人鄙视。等到案件结束后，我会再次会见他，但是长期看来，我更喜欢莫佩尔蒂。与这位诗人相比，莫佩尔蒂更加可靠，更加容易相处，而我们的这位诗人总是自以为是地发号施令。

1751 年 2 月 6 日，威廉明妮写信给腓特烈二世：

伏尔泰给我写来了一封很有意思的信，信中描述了他与这个犹太人之间的事情。我觉得他说不定会因为这次的愤怒与苦恼而皈依基督教。

1751年2月13日，冯·珀尔尼茨（von Pöllnitz）男爵从波茨坦写信给威廉明妮：

殿下您询问我关于我们诸位智者的消息。这帮人的头目现在仍被"奥古斯都"的宫廷拒斥，但是他得到的待遇要比奥维德（Ovid）[1]当年所受到过的最佳待遇好很多。他居住在柏林的宅邸里，在那里，他有吃有喝，配有马车，一切用度都由政府负担。他的工资有五千埃居，可以起诉那个犹太人，可以引发各种各样的笑话。很多讽刺作家都在关注他，而他每天都会闹出新的笑话。他去拜见首相（科克采伊），对他说新的法条荒唐可笑，尤其是那些涉及信用的部分。首相对他表达了衷心的感谢，答应会调查此事，但是要等到他的案子结案之后。……如果您和这位诗人交谈，您会觉得那个犹太人是错的……

珀尔尼茨还告诉威廉明妮，阿尔加洛蒂已经回到了波茨坦，但是颇有些心不在焉，相信他很快就会恢复原来的状态；莫佩尔蒂先生的地位正在上升；达尔让斯侯爵去了芒通（Menton），等雪融化就该回来了；达尔热先生还没有从丧妻之痛中恢复过来，但对国王和工作更加尽心尽力，常常说自己不工作的时候简直就是生不如死。

法院终于宣布了最后的判决。伏尔泰可以拿回自己的钱；如果

[1] 奥维德（前43—17），古罗马诗人，曾经被流放，后忧郁而死。

希舍尔能够证明伏尔泰偷换了他抵押的钻石，他可以提出新的诉讼（希舍尔后来并没有提起诉讼）。因为藐视法庭，他被象征性地处以罚款。伏尔泰算是取得技术上的胜利，但是他四处吹嘘，如同是大获全胜了一般。

他给国王写了一封长信，其主旨大意是：他从来都没有想过要购买萨克森债券；大部分人都买过，但是伏尔泰发现这种投机是错误的，于是便拒绝这种活动。为什么所有人都敌视他这个不幸的外国人、这个生着重病的孤独老人、这个只想着来陪伴国王的人呢？他一点都不想发起这次诉讼，但是他必须保住这一大笔钱，因为他需要这笔钱来保住他在巴黎的房产。他已经在这一诉讼中大获全胜。他的生命，他的感情，他的思想都是为了这位伟大的国王而存在的，只有想到他没有令这位国王失望，他才能忍受疾病的折磨。他渴求国王陛下能够可怜一下他的悲惨遭遇。

五天后，国王回信了：

我很高兴当初能在这里迎接您；我仰慕您的智慧、您的才能和您的学识。我想我当初是觉得到了您这个年龄的人，已经厌倦了与其他作家的争斗，厌倦了各种疾风暴雨，到这里来只是为了寻找一个避风港。您阻止我雇用弗雷隆（Fréron）[1] 从巴黎给我撰写新闻简报。达诺虽然做得不对，但是一个心胸开阔的绅士本应原谅他的，而且他也没有做任何对我不敬的事情，我却按照您的意见把他

---

[1] 弗雷隆（1718—1776），法国文学评论家，敌视伏尔泰，曾创立过《文学年鉴》。

赶走了。您去会见了俄国大使，谈论与您无关的事务，并让这位大使觉得是我委托您去的。您曾经干涉与您毫不相干的本廷克伯爵夫人的事务。您与这名犹太商人令人恶心的纠纷让整座城市都能闻到一股恶臭。债券的问题在萨克森人所共知，我对此非常不满。在您到达普鲁士之前，我一直可以平静地住在王宫里。我必须警告您，如果您热衷于搞阴谋诡计或组织小团体的话，那您真的来错了地方。我喜欢的是容易相处、心平气和的人，他们不会做出那些悲剧性的事情来。如果您能决心像个哲人那样生活，我依然会很开心地与您见面，但是如果您还要继续怒气冲冲、四处结怨的话，我也不希望您来波茨坦，您最好还是继续待在柏林。

在这之后，他们便重归于好了。伏尔泰写信道歉，腓特烈二世语气友好地给他写了回信：他希望伏尔泰今后不要挑战旧约或者新约，他不应该和一些卑劣的小混混们相提并论。但不管怎样，他们的友谊已经降温了。伏尔泰在无忧宫附近得到了一座漂亮的小房子，在波茨坦城内的宫殿里也拥有几个房间。在这里，他完成了《路易十四时代》的创作，这是他最著名的作品，也是关于太阳王路易十四的海量作品中最优秀的一部。他说如果是在巴黎的话，他永远都无法完成这部作品。1751 年圣诞季，这部著作在柏林正式出版；与此同时，腓特烈二世的六卷本著作《战争艺术》也出版了，伏尔泰帮他审校修改了此书。当腓特烈二世对伏尔泰不满的时候，他常常说之所以能够忍受伏尔泰，是因为他可以帮助自己创作。国王应该也向别人提到过此事，有人则向伏尔泰转述了他的原话，说等榨出橙子汁以后，就可以把皮扔掉了。不管腓特烈二世有没有这么说过，伏尔泰都受到了极大的伤害，他反驳说他要替国王处理所有的难题。莫佩尔蒂把这些话告诉了腓特烈二世。

136　　于是腓特烈二世开始在晚宴上对伏尔泰冷淡以待。童年时用来逼疯父王的招数现在都被用来逼疯这位诗人了。他几乎不朝着伏尔泰的方向看，别人讲笑话时他会哈哈大笑，但是伏尔泰讲笑话的时候他却无动于衷，他对莫佩尔蒂更是青睐有加，把注意力全都集中在他的身上。奇怪的是，伏尔泰本人也是一个戏弄他人的高手，却从不反击腓特烈二世对他的嘲讽，尽管他内心非常介意。他在巴黎的朋友们开始为他担心，因为从他的来信中可以看出他很痛苦。他最好的朋友，富有魅力的达尔让塔（d'Argental）[1] 请他回巴黎，这样他就可以躲开那些折磨他的人了，而在波茨坦他不得不和这些人朝夕相处。有些腓特烈二世的朋友本来是可以解决他们之间的问题的，但不幸的是，他们都不在波茨坦。"元帅大人"基思勋爵当时已经担任普鲁士驻法国大使（这令乔治舅舅非常恼火，加上法国驻普鲁士大使是蒂尔科内尔，他开始怀疑一些詹姆斯党人正在两个国家策划针对他的阴谋）；瓦洛里正在自己的地产与凡尔赛宫之间奔波，这实在令人惋惜；达尔让斯也在法国；达尔热是一个可以帮助伏尔泰的人，虽然他只是一个颇受爱戴的秘书，不像其他人那么位高权重，但是他先是陷入丧妻之痛和自己的疾病困扰——可能是真的生病了，也可能是自己想象出来的——之后又很快返回巴黎。

————————

[1]　达尔让塔（1700—1788），法国律师和外交官，伏尔泰的终生朋友。

他在那里居住了很多年，担任军校的副校长，和腓特烈二世终生保持着通信往来，每次谈论到这位国王时，他总是赞不绝口。

腓特烈二世对伏尔泰的态度开始变得冷淡的另一个原因是：他接连遭受了三次丧友之痛，悲哀异常。先是他的小狗比什（Biche）死了，这条心爱的小狗已经陪了他很多年，他还曾经以它的名义给威廉明妮的小猎犬福利雄（Folichon）[1] 写信。腓特烈二世自己也揶揄说竟然为了一只狗而如此伤心，确实有些过分，但是他坦承这条小狗的死亡令他几乎神经错乱。紧接着，老德绍也去世了。之前他的夫人——一位药材商的女儿去世时，老德绍伤心欲绝，最终悲痛而亡，考虑到他们的年龄，这也算是正常。真正令腓特烈二世崩溃的是罗滕堡的去世。"哦，我亲爱的姐姐，"他写信给威廉明妮说，"希望你仁慈的心能够怜悯我现在的处境。我已经失去了安哈尔特-德绍亲王，昨天罗滕堡又在我的怀中去世了……我的脑子里现在全都是这个和我亲密相处了十二年的好朋友。"在收到威廉明妮的回信后，他又写道："我得向你坦白：我很讨厌我自己的地位，我觉得现在的世界实在是索然无味。你问我他是如何去世的？唉，我最亲爱的姐姐，他是在我怀里去世的，他一直像个英雄一般坚强，丝毫不为病痛所动。有时他也会因为剧痛而叫喊：'哦，上帝啊，可怜可怜我吧！'但是他一直很坚强。他把手伸向我，说：'再见，陛下，我不得不离开您而且永远也回不来了。'开始几天，我的情绪坏极了，现在平复了不少，但还是感到悲伤，短时间内我是

137

---

[1] 法语意为"开心"。

难以彻底摆脱这种悲伤了。……我发现在这个世界上，只有那些谁都不爱的人才是幸福的。"

腓特烈二世与伏尔泰之间的关系不可能无限期地就这样保持下去，当伏尔泰与莫佩尔蒂为了科学家柯尼希（Koenig）的事情而闹翻时，伏尔泰与腓特烈二世的关系也走到了转折点。几年前，莫佩尔蒂与伏尔泰及其情人夏特莱夫人不睦，而据说那时柯尼希也曾经做过背叛夏特莱夫人的事情。这次，柯尼希公开了一封莱布尼茨的信件，但柏林的科学院及其院长莫佩尔蒂宣称这封信是伪造的，双方因此发生冲突。伏尔泰毫不犹豫地站在了柯尼希一边，以此报复莫佩尔蒂。实际上，伏尔泰完全没有必要卷入此事，他确实是个令人头疼的客人。国王并不了解事情的原委，很自然会站在本国科学院一边，于是他匿名发表了一封信，名为《一位柏林学者致一位巴黎学者的信》，信中他把伏尔泰称为"一个混进我们科学院的冒牌货，一个传播谎言与诽谤的贩子"。双方并没有公开决裂，一切似乎都像往常一样，但这种气氛着实令人尴尬。

伏尔泰感受到的就是恼怒、恼怒和恼怒！他把多年来对莫佩尔蒂的仇恨都发泄在《阿卡基亚博士的讽刺》一书中，这是一本嘲讽这位科学院院长的科学观点的小册子，其中，莫佩尔蒂的一些想法非常荒唐可笑：他曾经不赞同让家长教孩子说话，这样他们就会说出人类最本初的语言了，到时就可以看看人类最本初的语言到底是希腊语还是希伯来语。但是他的其他观点——在 20 世纪的人们看来——就属于科学常识了。莫佩尔蒂认为：通过对梦的研究，可以更深入地了解人类的本性；他觉得应该由不同的医生治疗不同的疾

病；他认为人类最终能够登月。伏尔泰说，如果这些都是一位院长 　138
的观点的话，那么他一定是个疯人院的院长。

　　与生活在现在的我们相比，生活在那个年代的人会觉得《阿卡
基亚博士的讽刺》更加好笑。伏尔泰给腓特烈二世朗读了此书，几
个月以来，这本书让他们度过了最为开心的一个傍晚，腓特烈二世
笑个不停，但是最后就轮到伏尔泰哭了——国王说此书绝不能出
版，于是他们沮丧地把书稿扔进火里烧掉了。然而，这本书还是被
印刷出版了三万册，出现在巴黎、柏林和德累斯顿。莫佩尔蒂遭受
了打击，积郁成疾，病情严重，腓特烈二世大张旗鼓地去看望他以
示支持。伏尔泰知道国王生气了，赶紧抽身而退，这次没有王室的
宫殿可去了，只能在柏林找了一间配有家具的屋子寄居，在这里他
也卧病在床，并宣称自己病情严重。1752 年圣诞季前夜，《阿卡基
亚博士的讽刺》就在伏尔泰住所窗外被公开焚毁。一周后，伏尔泰
向国王交还了王宫的钥匙和功勋勋章，此外还附有一封可怜巴巴的
信，信中说"您一直是我崇拜的偶像"，他还明确表示，一旦天气
许可，他就打算离开柏林。但是就在同一天，腓特烈二世派遣弗雷
德斯多夫拜访伏尔泰，把他的勋章归还给他。他们交谈良久，弗雷
德斯多夫劝他不要仓促决定任何事情，而是应该再给国王写一封
信。伏尔泰是一个很难让人理解的人，看上去他似乎真的受到了伤
害，因为他对腓特烈二世是一片真心，似乎弗雷德斯多夫所说的话
也深深触动了他，但是在写给德尼夫人的信中，他又对"北方的所
罗门王"进行了刻薄的讽刺挖苦。腓特烈二世给他送来了治病所需
的奎宁，还有一封热情洋溢的信，信中都是亲密好友之间的玩笑，

并且告诉伏尔泰他已经原谅他了。腓特烈二世邀请他前往波茨坦，伏尔泰回复说他病情严重，无法前往。实际上，他之所以没有离开柏林并与这座城市彻底告别，只是因为金钱再次拖住了这个丑陋财迷的后腿——他在普鲁士拥有大量投资，一定要等到能想办法把这些钱全部带走，他才愿意离开。几个星期内，他的所有通信都非常务实，全都是写给商人们的。他那受伤的灵魂和破碎的心只有少数几个朋友知道，在写给外甥女的信中，他更是对国王进行了严厉的抨击。他放出风去，说他不能离开柏林是因为国王不允许，但是实际上，腓特烈二世早已及时明确回复他的要求："只要您愿意，您可以随时离开我，只是在离开之前，请您把您的聘用合同、钥匙、勋章和我借给您的诗集还给我。"

整个欧洲再次聚焦于伏尔泰的行踪，法国驻柏林大使得到命令，绝对不能卷入此事，因为路易十五丝毫不愿牵扯其中。

1753 年 3 月 26 日，伏尔泰离开了柏林。腓特烈二世有生以来第一次也是最后一次让愤怒完全控制了自己。他在信中提到这个出走的客人时怒不可遏，两位收到他来信的人——威廉明妮和基思勋爵都承认腓特烈二世这次是过于气愤了。凭借经验，威廉明妮知道自己的这个弟弟是多么擅长戏弄别人，而基思勋爵则是少数几个没有被腓特烈二世戏弄过的幸运者之一，但他们两个都深爱着腓特烈二世，觉得这次让伏尔泰离开柏林，实在是一件伤人害己的事情：他已经有太多的朋友去世了，而伏尔泰的地位也不是轻易能被他人替代的。基思勋爵是德尼夫人和他舅舅的好朋友，他写信给夫人说与国王争吵绝非上策。现在，伏尔泰还能去哪个国家寻求庇护呢？

在宗教裁判所的势力范围内，他无论去哪个地方都会面临危险；他的剧作《穆罕默德》已经激怒了土耳其人和其他穆斯林；要想去中国定居，他的年龄也有些太大了。还剩一个法国可以去，但是只要腓特烈二世说一句话，路易十五就会让他卷铺盖走人的。作为路易十五的好朋友，基思勋爵说得千真万确。本廷克伯爵夫人给伏尔泰写了一封充满温情又蕴含责备口气的长信，说他曾经有过很多明智之举，但却发表了不少过于为腓特烈二世歌功颂德的作品，这使他显得愚不可及。

人们或许会认为事情到此结束了，然而远未如此，最坏的事情还没发生呢。伏尔泰有事去了莱比锡，在那里与萨克森-哥达公爵和公爵夫人相处了一个月。这对夫妇是维多利亚女王丈夫的祖先。公爵夫人令人敬重，后来成了腓特烈二世的好友，与其保持着通信往来。伏尔泰离开哥达后到了法兰克福，准备之后前往斯特拉斯堡与德尼夫人会合。

需要牢记的是腓特烈二世曾经对伏尔泰说过，只要他愿意，就随时可以走，但是当他走的时候，要把他的王宫钥匙、功勋勋章（只授予普鲁士人的勋章）、他的聘用合同和国王借给他的诗集归还。此时，伏尔泰的聘用合同在德尼夫人手里。基思勋爵已经索要了几个星期，她用了各种似是而非的借口不断推脱，后来又离开巴黎前往斯特拉斯堡。伏尔泰自己随身带走了其他的物品，腓特烈二世要把钥匙和勋章拿回来，因为一想到伏尔泰带着这些东西四处炫耀，他就无法忍受。他更想索回的是他的《诗歌作品集》，这不是手稿而是一本书，没有公开发行，印刷量很小，里面全是讽刺腓特

140

烈二世同时代的其他君主的诗歌。在现在的情况下，伏尔泰很容易利用这本诗集做出对腓特烈二世不利的事情来。腓特烈二世自己此时也已经离开柏林前往西里西亚视察军事演习，他严令弗雷德斯多夫和他在法兰克福行宫的负责人冯·弗赖塔格男爵要在他们的职权范围内不惜一切代价把这本诗集追回。

伏尔泰刚到法兰克福，弗赖塔格立即前来拜访。伏尔泰带着勋章和钥匙，马上交给了弗赖塔格，但是那本诗集和其他的书籍都装在箱子里放在汉堡了。弗赖塔格把他软禁在金狮旅馆里，在他拿到诗集之前不得外出。德尼夫人匆匆赶来，这家旅馆的工作人员对他们之间的关系一清二楚，弗赖塔格更是把德尼夫人称为"他所谓的外甥女"。后来她告诉伏尔泰，她当时已经怀上了他的孩子，而且——按照她的说法——还在几个月后做了流产手术。此时，她每天都忙着去找市长，声称法兰克福是一个自由城市，腓特烈二世无权在这里拘留或者逮捕任何人。但是自由城市毫无防卫力量，一个拥有强大军队的国王真的可以在城里为所欲为。

过了一段时间，诗集被送到法兰克福交给了弗赖塔格，伏尔泰自然以为他可以继续他的行程了，但是弗赖塔格是个粗人，搞不清楚他得到的命令到底是什么，说一定要得到柏林的确认之后才能让伏尔泰离开。腓特烈二世视察完军事演习后，立即同意允许伏尔泰离开，但是此时，伏尔泰已经决定要逃离法兰克福。他和他的意大利秘书科利尼（Collini）乘坐一辆出租马车逃离了旅馆，德尼夫人留下准备带着行李随后就走。但是弗赖塔格派出的守卫立即通知了男爵，他马上征用了最近的马车，在城门口赶上了伏尔泰的马车，并坐进去和伏尔泰待在一起，命令车夫驾车回到旅馆。伏尔泰一路上把头伸出车窗，大叫着说为了获得自由，他曾经向国王支付了一千塔勒，但是国王却欺骗了他。马车刚到旅馆门口，他就冲了出去，弗赖塔格赶紧追上他，他对弗赖塔格说："求求您让我吐出来吧。"他趴在地上，对着排水沟开始呕吐，并且把手指插到嗓子眼里以便继续呕吐。科利尼有些担心，俯身对他说："我的天呐，您病了吗？""我装的。"一大群人在围观，看他的笑话。金狮旅馆拒绝再让他入住，因为他们一行人太过吝啬了。他们只好急匆匆地搬到了条件更差的博克霍恩旅馆。伏尔泰被士兵看管着，德尼夫人装作受到惊吓，塞给弗赖塔格的秘书多恩（Dorn）一枚金路易，让他整夜坐在她的房间里陪护。他们给能够想到的每一个人——包括路易十五——写信抱怨，而他们最大的抱怨竟然是他们需要支付两个旅馆的费用，因为他们的箱子还被放在金狮旅馆，所以他们还得出钱。如果他们知道弗赖塔格也在一文不少地计算着所有的支出费用——马车的费用、派驻士兵的费用，等等，那他们就更得抱怨了。弗赖塔格不停地收到腓特烈二世的来信，说他从来没有下令逮捕德尼夫人，让他们走，让他们走！但是弗赖塔格实在是太愚钝了，他觉得国王不知道伏尔泰他们违背了保释令，所以依然犹豫不决。他撤掉了卫兵，伏尔泰和德尼夫人可以待在一起不受打扰。弗赖塔格派了一个男孩来给他们送信，结果这个男孩被暴打了一顿，伏尔泰还用一把上了膛的手枪指着多恩的头。弗赖塔格本来打算就这些暴力行为对伏尔泰等人提起控诉，但是腓特烈二世的命令被不断送到，而且语气越来越强硬，弗赖塔格不敢再忽视，于是1753

年 7 月 7 日，伏尔泰和她的外甥女终于离开了法兰克福。

因为在法兰克福发生的这些事情，腓特烈二世受到了严厉的指责，但实际上，他更应该被指责的不该基于此，而是在伏尔泰与希舍尔的事情发生后，腓特烈二世明明知道他们已经无法共处了，却还是让伏尔泰留了下来；他应该被指责的事情还有恶意地冷藏伏尔泰，让他生活在痛苦之中，迫使他与莫佩尔蒂发生公开的争吵。而在法兰克福，事情之所以被搞得一团糟，主要是因为无能的弗赖塔格。此外，伏尔泰为什么在多次被索要钥匙、勋章和诗集之后还随身携带着这些东西离开柏林？这恐怕不是因为疏忽大意。

伏尔泰总是说"持笔者，可开战"，现在，他开始利用手中的笔向腓特烈二世宣战了。他把在法兰克福发生的事情详尽地进行了描述：他和他的外甥女光着脚走过泥泞的马路，被押到了监狱里；德尼夫人不得不面对着一排刺刀睡觉，没有床帘，还多次被坐在她床边的多恩强暴；他们被告知，在监狱里他们每天要支付一百二十八埃居；他们所有的财物都被洗劫一空。之后多恩过来假装归还他们的钱财，但是他看到一把拿出来准备修理的手枪，就说伏尔泰试图枪杀他。如此种种，他说了很多。

基思勋爵在巴黎听到了这些可怕的说法，非常担忧，虽然他也觉得这些说法荒唐可笑。他尽其所能地把事实真相告诉大家，也有很多人相信他的说法，因为伏尔泰总是说他遭遇了残酷的对待。一个典型的巴黎中产阶级富商巴尔比耶（Barbier）在他的日记中写道："这位当代奇才，通过投资自己的储蓄、欺骗巴黎的书商而富有，他在法国宫廷受到器重，因为法国宫廷总是过于放纵那些聪明的人；现在他已经不知道去哪里度过余生了，全世界的人都看不起他。"

伏尔泰的可怕故事引发了更多的嘲笑，而不是愤怒，于是他又炮制了一件武器，可以在后人眼里诋毁腓特烈二世：《伏尔泰先生回忆录》（*Mémoires pour Servir à la Vie de M. de Voltaire*）。这本书里的内容几乎全部与腓特烈二世有关，伏尔泰巧妙地把事实与谎言糅合在一起，这充分体现了他的文风：轻快、充溢嘲讽、可读性强。他把这本书的手稿收藏起来，打算等到自己去世之后才出版。那些敌视腓特烈二世的历史学家和一些懒于验证伏尔泰说法的人毫不犹豫地接受了书中的一切。腓特烈二世性格中的方方面面都被涉及并且被贬低。这里是一些指控，笔者认为有责任去回应这些问题：

"腓特烈二世自认为是一个文学天才。"但是其实他一直都在说¹⁴³相反的话，也总是对伏尔泰说："我喜欢优秀的作品，但是我自己写得却很差。""法语掩饰了我原本粗糙的日耳曼式的思维。""只有真正的巴黎人才能写出优雅的法语。"

"腓特烈二世是个同性恋，因为他年轻时受过伤，所以无法成为一个真正的男人。"腓特烈二世的性生活一直很神秘。或许他是个同性恋，但是在凯泽林和罗滕堡之后，他就没有新的宠臣了，而且也没有这方面的证据。阅读他的作品和往来信件之后，人们可以得到的基本印象是：与性爱相比，腓特烈二世更加看重友谊。他的大部分臣子都结婚了，过着幸福的家庭生活。他不喜欢和女性在一起并不能说明任何问题——同性恋者反而会乐于与女性在一起。也许伏尔泰的说法也有些道理，因为腓特烈二世的宠臣大多是相貌英俊的年轻军官，而且总是如此。但是每一个研究过伏尔泰生平的人都会相信，伏尔泰本人也有同性恋倾向，这就不得不令人怀疑：他对国王的仇恨是不是因为国王没有接受他的感情呢？

伏尔泰特别强调了腓特烈二世的吝啬。在和真正的朋友们交往时，他绝不会吝啬，但是对于那些辜负了他在财务方面的信任的人，他的确很苛刻。常常有人引用伏尔泰的话，来证明腓特烈二世喜欢观看施加在逃兵身上的鞭刑，但是从没有第二个人这么说过。从我们对腓特烈二世的全面了解来说，这种可能性几乎为零。最后，他还指责腓特烈二世不是一个值得信赖的朋友，与其他的谣言相比，这一点更加令人印象深刻。看看实际情况就能发现这完全与事实不符。对国王而言很不幸的是，他所有的至交好友和那些反复无常、拥有卓越才智的人都比他去世得早，这令他的晚年生活孤独寂寞（伏尔泰的运气就要好多了，他的朋友们似乎都很长寿，至少有两个校友比他活得久）。但是除了腓特烈二世以外，没有几个人能够拥有那么多被自己深爱也深爱着自己的忠诚朋友。

这两位奇才的相遇成了一件憾事。他们极尽睿智、幽默的通信，蕴含着对彼此的感情，也充溢着品味高尚的哲学讨论。在伏尔泰的一百零七卷书信全集中，这一部分完全可以单独成册出版。然而，当他们真正见面后，这种友谊却逐渐减弱并消失了，他们的声誉都因此受损。

15

逆转的盟友

The Reversal of Alliances

如果说波茨坦的生活失去了先前的高雅氛围的话，那么可以说这里的生活同时也回归了平静。腓特烈二世非常挂念威廉明妮，她的健康状况不佳，罹患了家族遗传疾病。1753 年，拜罗伊特的宫殿毁于火灾，威廉明妮匆忙之中只抢出了她的小猎犬和珠宝。她恳请腓特烈二世给她的丈夫寄一支长笛，国王照办了还附寄了一些乐谱以及六件丝质衬衣。王宫重建完成后，威廉明妮和丈夫一起经由蒙彼利埃前往意大利。腓特烈二世一生都向往着去参观这些地方，自然被威廉明妮的描述所吸引。他告诉威廉明妮，最近有一个令人厌烦的谣言说她和她的丈夫已经皈依了天主教，为此，他建议她去一个马赛商人的新教教堂做个祷告，并且在报纸上发表相关的报道。她在维吉尔墓前为弟弟摘了一些月桂树树叶。威廉明妮钟爱历史研究，这次行程中的每一分钟都让她享受，尽管其间的鞍马劳顿对她而言很是辛苦。她身体不好，却总想着能无一遗漏地参观所有的地方；她的罗马日记就像一个尽职尽责的当代旅行家的日记一样。这次旅程没有像预期一样改善她的身体状况，当她回到新的宫殿时，身体仍然像之前一样羸弱。

1754 年 5 月，贝尔岛二十二岁的儿子吉索尔伯爵来到柏林。受累于坐骨神经痛，贝尔岛无法骑马，从布拉格撤军之后，他就再也没有指挥作战，而是担任了陆军大臣。他把一切希望都寄托在自己儿子的身上，吉索尔是一个迷人、睿智、高尚的天才。腓特烈二世热情地欢迎了吉索尔。他一直很欣赏贝尔岛，也因为之前对待他的态度而心存愧疚，所以他对吉索尔很热情，希望能以此作为补偿。很快，他就真心喜欢上了这个年轻人。在吉索尔访问普鲁士期间，他每天都会和他一起进餐，并且和他单独交谈，主要讨论战争艺术。当吉索尔晚上熬夜或者早上起太早的话，他会教训他，他跟另一个法国人说吉索尔一定会有一个光明的未来，后来这个法国人把这些话告诉了贝尔岛。当他离开柏林前往维也纳的时候，腓特烈二世要他答应一定回来参加西里西亚的军事演习。皇帝和皇后也很喜欢吉索尔，并且带着他参加了布拉格附近科林（Kolin）的军事演习。他在那里停留了两个星期，之后前往布雷斯劳拜见腓特烈二世。腓特烈二世迫切地想要了解科林的情况。"部队怎么样？一个营有多少人？最重要的是，他们的炮兵怎么样？"吉索尔回答说，那里的人们越来越多地谈论增加轻型火炮部队的问题，但是冯·奈佩格将军对此表示反对。"他只是对你这么说而已，亲爱的。"腓特烈二世回道，他让吉索尔回去后要立即告诉他的父亲，否则的话，当法国军队再次面对奥地利军队的时候，他们会发现自己处于劣势。他从来都没有想过法国会有和奥地利和平相处的那一天。之后，他开始询问关于皇后的事情。"她有没有拥抱士兵？她有没有和军官谈话？"吉索尔说皇后很和蔼，但是他从来没有看到过她和士兵说话。"那皇帝呢？""皇帝非常客气，他似乎看出了问题所在，但是全都交给了布朗元帅解决。""你是不是说指挥军队的其实是皇后？皇帝是不是像个愉快的旅店老板，把一切都交给了自己的老婆来打理？"吉索尔低下头，说皇后对丈夫很是体贴。晚餐时，腓特烈二世继续向吉索尔询问，而沙夫戈施（Schaffgotsch）伯爵的出现令吉索尔感到尴尬，此人在波希米亚和西里西亚都拥有财产，感觉他更像一个奥地利人而不是普鲁士人。腓特烈二世威胁要没收他的土地，并迫使他从四个儿子中选出两个加入普鲁士军队。餐后，四个孩子在国王面前站成一排，请国王选择，老大看上去有点蠢，最小的那个身体不好，所以国王挑选了老二和老三。到了屋里只剩下沙夫戈施和吉索尔的时候，沙夫戈施热情地拥抱了他，感谢他对皇后的赞美之词。这一家人——其中有一个还是主教——都令腓特烈二世厌恶。当天晚些时候，国王看到了布朗发布的军令，这些军令是吉索尔给他带来的。他说这些军令过于复杂，"战争中，军令越简单越好"。之后，他又把话题转到了皇后身上，说她更像个男人。吉索尔说，如果她能有一些优秀的政治家辅佐的话，就没有什么她做不成的事情，但是她的财政状况太差了。腓特烈二世说，他觉得英国已经没有能力继续支持她和她已经破产的盟友萨克森了，因此一旦战争到来，"我们"（普鲁士和法国）没有什么可

147

以担心的。之后，腓特烈二世与吉索尔道别，让他和陆军元帅冯·
什未林一起去参观摩尔维兹，再动身前往波兰和其他北方都市。四
年后，吉索尔就去世了，腓特烈二世再也没有见过他。他总是说，
考虑到法国能培养出吉索尔这样的天才，他可以原谅法国人的任何
胡作非为。

欧洲大陆又开始阴云密布了。玛丽亚·特蕾莎公开表示要复
仇，俄国的伊丽莎白女皇已经平定了国内的动乱，也不用再为与瑞
典的战争而烦恼，而大家都知道她与腓特烈二世不睦，因为他可能
会干涉俄国在波兰的计划。法国和英国正在进行着一场未经正式宣
布的战争，普鲁士必须在两者中选择一个盟友，国王正与英国眉来
眼去，但是他不知道的是——法国也在与奥地利勾勾搭搭。

下一个到达柏林的法国人是尼韦奈公爵（Duc de Nivernais）[1]，
他是吉索尔的岳父，路易十五派遣他前来商讨法国—普鲁士同盟的
续约事宜。在这个问题上，柏林与凡尔赛已经通过书信进行了一番
唇枪舌剑的争执。年迈而愚蠢的法国外交大臣鲁耶（Rouillé）建议
腓特烈二世进攻汉诺威，占领乔治二世的金库，这令腓特烈二世极
为恼火。路易十五对鲁耶很是不满，但是伤害已经造成了。腓特烈
二世认为法国的大臣们似乎都失去了头脑，却万万没有想到法国人
已经快与玛丽亚·特蕾莎达成一项协议，结为著名的"逆转联盟"。
虽然尼韦奈是蓬帕杜夫人的好友，而这一协议也得到了蓬帕杜夫人
的支持，但是他应该对此一无所知，因为这个协议与他所秉持的所

―――――――――

[1] 尼韦奈公爵，也写作内韦尔公爵（Duc de Nevers）。

有政治原则都不一致。1756 年 1 月 1 日，他抵达柏林，旋即被告知 148
腓特烈二世和乔治二世业已签订《威斯敏斯特条约》，在这一条约
中，腓特烈二世保证不破坏汉诺威的中立国地位，英国则承认他对
西里西亚的主权，这令尼韦奈极为震惊。腓特烈二世对他说，这只
是一个德意志地区 * 防御俄国的安排，他非常希望能够尽快续签与
法国的同盟条约。之后，尼韦奈把所有情况都向凡尔赛宫做了
汇报。

　　谈判需要时间，而在这段时间里，腓特烈二世对尼韦奈愈发欣
赏，他是一名军人（曾经与贝尔岛一起坚守在布拉格），是法兰西
学院的成员，而且胸怀天下。他来自著名的曼奇尼家族，继承了该
家族的智慧与魅力。腓特烈二世写信给莫佩尔蒂，说如果尼韦奈是
他的臣子的话，他绝对不会派遣他出使外国，而是会让他始终陪伴
在自己左右，和这么优秀的一个人刚认识就要分别着实令人沮丧。
尼韦奈令腓特烈二世印象深刻的一件事情是他能够用拉丁语和达尔
让斯交谈，而国王只能抱着一本字典，希望能听懂他们在说什么。
在莫里斯·德·萨克森之后，国王接待尼韦奈的规格之高，是其他
贵族无法企及的：他是唯一一个能够居住在无忧宫的外国使节；他
可以与国王的兄弟们一起进餐，而这在当时是违反外交礼仪的。亲
王们竭尽所能讨好他，亨利亲王听说尼韦奈公爵不反对大型宴会，
于是举办了一场有四十人参加的晚餐会，每桌八人。腓特烈二世说
了很多关于吉索尔的事情，并且问尼韦奈，吉索尔的婚姻是不是已

---

* 德意志一词的现代含义——不包含哈布斯堡家族领地的德意志地区——最早就是在
《威斯敏斯特条约》中出现的。

经完美到了极点，尼韦奈听后非常开心。

尼韦奈记录了他在波茨坦的生活经历。他自己也爱好音乐，因此很享受这里的音乐会，他说国王的长笛演奏很精彩，只是他自己谱写的乐曲很一般。他那年迈的音乐老师很严格，毫不在意国王对他说什么——每当国王犯错的时候，他就会咳嗽一声，这常常令国王恼羞成怒。晚餐要比午餐更加有趣，因为在晚餐时，腓特烈二世会充分展示其幽默的才智：技艺高超而又具有攻击性地取笑别人——当然他从来没有取笑过尼韦奈。他的声音很有魅力。尼韦奈特别强调了一点：国王非常尊重王后，但是却从来不召见她。然而亨利亲王却不能像他一样，虽然亲王也不想见自己的妻子。尼韦奈没有说在无忧宫都有哪些人陪同他，但是可以肯定的是，人不多，可能只有达尔让斯一个人能陪着他们说笑。基思勋爵虽然已经不再担任普鲁士驻法国的大使，但是腓特烈二世已经派他管理纳沙泰尔（Neuchâtel），所以他不在波茨坦。莫佩尔蒂受到《阿卡基亚博士的讽刺》一书的打击，脾气变得很差，这时已经回到了老家圣马洛。阿尔加洛蒂也回到了意大利，他会定期给腓特烈二世写一些热情洋溢的来信，另给他寄来一些植物的种子，种在他的花园里。尼韦奈向他的妻兄莫尔帕（Maurepas）描述了腓特烈二世的形象：

> 他鲁莽、自负、专横、傲慢、贪得无厌，但是同时又专注、友好、平易近人。他是一个真诚、理性的朋友。与荣誉、名气等其他方面相比，他更看重伟大的思想，但是却毫不在意他的臣民如何评价他……他很有自知之明，但是有意思的是，他对自己所擅长的事

情总是谦逊有加，对自己的薄弱环节却常常很自负。他了解自己的
不足之处，但是不是想着如何改善，而是要尽力掩饰。他的声音很
动听……我认为他的性格与他所秉持的原则都是反对战争的。他绝
不容忍任何人对他进行攻击，也绝不会沦为虚荣与过度谨慎的受害
者，他会洞察敌人的计划，之后出其不意地发动突袭。如果敌人不
够强大，那么他们就得受苦受难了；如果敌人拥有关系紧密的联
盟，迫使他不得不长久地持续战斗，那么他自己就得受苦受难了。

　　尼韦奈强烈建议本国政府与腓特烈二世续约。他指出，如果能
够续约的话，《威斯敏斯特条约》将变得一文不值，但是如果法国
拒绝腓特烈二世的话，那就会把他彻底推向英国的阵营。这一建议
并没有得到应有的重视。尼韦奈被召回法国，瓦洛里侯爵被派往柏
林继续谈判。腓特烈对尼韦奈公爵说，虽然瓦洛里是他的老朋友
了，但是他永远无法取代尼韦奈。但是当他看到瓦洛里的时候，还
是热情地拥抱并亲吻了他，说尼韦奈得谅解他们这对老朋友，他们
原以为再也见不到彼此了。就像尼韦奈公爵一样，对腓特烈二世了
如指掌的瓦洛里也相信他这次没有什么阴谋诡计，《威斯敏斯特条
约》只是为了防备俄国而已，法国应该与腓特烈二世续约。他们都
指责接替蒂尔科内尔担任法国驻柏林大使的那个人，两人都说如果
他们中的任何一个人当初在柏林的话，《威斯敏斯特条约》根本就
不会签署。但是这次，路易十五已经有了自己的主见。当玛丽亚·
特蕾莎派驻凡尔赛宫的大使考尼茨向路易十五提出建立法国—奥地
利同盟的时候，这位法国国王意识到只要自己能够接受，这个看上

150

去不可思议的建议对自己就是有利可图的。腓特烈二世曾经两次背叛自己，还两次单独与敌军媾和，路易十五对此很不满，也无法再信任他了。与腓特烈二世这个伏尔泰式的鸡奸者相比，他更喜欢那位信仰天主教的贵妇；腓特烈二世对路易十五本人、他的生活方式、他的情妇以及他的军队都发表过很多负面的评价，而且还不断有人在他面前重复这些话。这场外交谈判越来越充满了向腓特烈二世复仇的味道。

在写给基思勋爵的信中，腓特烈二世这样评价了玛丽亚·特蕾莎："她自己制定斋戒日和祈祷词，尊者[1]在维也纳受到敬奉，毫无疑问，就连上帝都不敢轻易进攻奥地利。"但是在他所著的《七年战争史》一书中，还是能明显看出他对她的仰慕之情的，或许这一仰慕之情有些勉勉强强：

她成功建立了国家财政的秩序与制度，这些是她的祖先们都没能做到的，在她的统治下，财政收入超过了她父皇统治时期，那时她的父皇还统治着那不勒斯、帕尔马、西里西亚和塞尔维亚。她坚持不懈地狠抓军队纪律并且亲自监督此事；她善于赏赐有功之人，并用这种方式奖励军官，使他们充满工作热情。她在维也纳建立了军事学院，聘用了优秀的军事教官，使奥地利军队达到了历史上最高的水平。这位女士的成就完全可以和一个男人的成就相媲美。

---

[1] 尊者，罗马天主教对尚未列为圣徒的圣洁者的尊称。

在签订了《亚琛条约》之后，玛丽亚·特蕾莎没有浪费一分钟的时间，她用女人特有的方式解决了所有的问题；她还找到了一位一流的大臣来辅佐自己。冯·考尼茨伯爵（后来又被册封为亲王）作为驻法国大使，为逆转同盟做了充分的准备，后来他成为玛丽亚·特蕾莎的首相。他们组成了一个强有力的团队（腓特烈二世曾经说过，欧洲只有两位政治家——考尼茨和皮特）。皇后对考尼茨言听计从，考尼茨则对皇后毕恭毕敬。如果在内阁会议上，皇后出言不逊，考尼茨会走出房间回避；当皇后提到他并不检点的私生活的时候，他会回答说我在这里是要讨论您的国事而不是我的家事。皇后喜欢新鲜空气，而他却很怕通风，他在场的时候窗户都要关闭着。皇帝既不喜欢考尼茨，也不喜欢他的亲法政策，事实上，就像在巴黎一样，这种盟友的逆转在维也纳并没有受到欢迎，但是当皇后和她的首相下定决心后，就没有人能够改变了。考尼茨的指导方针是在德意志地区重建奥地利的垄断地位，这一地位先前在查理六世皇帝治下已遭削弱，现在又受到不断崛起的普鲁士的威胁。玛丽亚·特蕾莎因为失去西里西亚而陷入绝望，但是考尼茨不费吹灰之力就使她相信，当初令她放弃西里西亚的条约一文不值。

1756 年 5 月 17 日，路易十五与玛丽亚·特蕾莎之间的《凡尔赛条约》正式签署。法国将帮助奥地利重夺西里西亚，作为回报，法国会得到低地国家和莱茵兰地区的一些城市。起初，玛丽亚·特蕾莎完全应该庆幸找到了这样一个新的盟友。1756 年上半年，法国在与英国的战争中势如破竹，捷报频传。他们在诺曼底地区大规模集结军队，似乎要入侵英国；此时的英国兵力匮乏，不得不祈求荷兰能够向他们提供六千名援军，而荷兰此时也畏惧法国的实力，拒绝了英国的请求。这一时期的英国政府平庸无能，直到12月，在公众的强大压力之下，乔治二世不得不请皮特出任首相。之前，乔治二世宁可战败也不愿意起用皮特。这之后，英国的外交政策趋于稳定，引述新首相的话说就是："我们要在欧洲大陆赢取美洲。"——换言之，就是让欧洲大陆的战争尽可能长期地持续下去。要达到这一目的，就必须支持腓特烈二世，把汉诺威的军队交给他。像往常一样，法国与奥地利要进攻小国普鲁士的迹象刚一出现，就出现了很多对普鲁士落井下石的国家。伊丽莎白女皇加入了法国与奥地利的同盟，希望得到东普鲁士。就像路易十五一样，她也痛恨腓特烈二世，整个欧洲都在流传着他讽刺她与情人的笑话。瑞典王后乌里卡虽然是腓特烈二世的妹妹，但是瑞典议会已经被法国收买了，于是瑞典也加入战局，希望得到波美拉尼亚。玛丽亚·特蕾莎皇后与伊丽莎白女皇毫不掩饰地加紧战备，很明显，一个人口仅有五百万的普鲁士将要对抗总人口达到一个亿的多个强国是多么艰难。

　　就连英勇无畏的腓特烈二世都开始紧张了。7月，他得到情报说敌人的进攻将被推迟到来年春季，那时奥地利军队就可以完全准备好了。他召集了他最为信任的三位将军开会：他父王时代的旧臣什未林和雷佐（Retzaw），与他同代的温特费尔特，这也是他在军事方面最信任的密友。他把所了解到的关于法国国王、神圣罗马帝国皇后、俄国女皇的情报和盘托出，以征求他们的建议。两位老将军说："要以守为主！"温特费尔特罗列了新的证据，证明奥古斯都三世也要加入奥地利的同盟，因为奥地利答应他，如果战胜，就可以把马格德堡给他。这样一来，柏林距离萨克森前线仅仅三十英里，如果萨克森站在敌方的话，那么腓特烈家族的老家勃兰登堡就无可防守了。老将军们这时候建议腓特烈二世应该主动进攻，温特费尔特也说："如果我们等到帝国内部所有的小邦国为我们伸张正义，说我们并非入侵者的话，那我们必定失败。"亨利亲王觉得一旦开战，就要与他钟爱的法国决裂，所以他完全反对战争，并且指责了温特费尔特的这种先发制人的政策。但是腓特烈二世已经下定决心要主动进攻。英国人刚刚失去梅诺卡（Minorca），迫切地希望普鲁士能够扭转欧洲的战局，于是派人告知腓特烈二世，如果他为了自卫而先发制人发动攻击的话，没有人会责怪他。

安德鲁·米切尔爵士此时担任英国驻普鲁士大使。他是腓特烈二世最喜欢的大使，也是他最好的朋友之一。安德鲁爵士是一位心碎的苏格兰鳏夫，人们都觉得这类人很容易被这位既异想天开又任性的国王迷住，他曾经这样评价过腓特烈二世："他身上混合着荣誉和任性，十分微妙，这两种特质很难出现在一个人身上。"在接下来的七年里，他们两个几乎始终在一起。腓特烈二世带着他一起指挥战斗，就像当年带着瓦洛里一样，但是对他更加客气、友好。我们从没听到过腓特烈二世戏弄米切尔的事例。在米切尔的建议下，腓特烈二世致信玛丽亚·特蕾莎，要求她澄清——在普鲁士边境地区的军事集结是否意味着战争。他希望能够得到直截了当的答复，而不是像神谕那样含混不清。8月26日，他收到了闪烁其词的回复。两天后，他向奥古斯都三世发出了最后通牒，要求他恪守中

153

立，但同时兵发德累斯顿。通牒中还说，他可以请上帝作证，如果他真的希望发动战争的话，他在 1756 年春季就会展开攻击了。

在写给王后的信中，腓特烈二世说道："夫人，之前一直忙于公务，所以直到现在才给您写信。这封信也是我的告别信，祝您在即将到来的困难时期能够身体健康、心想事成。我……"

直到七年之后，他才再次见到他的王后。

七年战争

The Seven Years' War

当腓特烈二世跨过萨克森的边境时，他得知奥古斯都和他的大臣冯·布吕尔（von Brühl）伯爵已率领军队赶赴皮尔纳（Pirna）附近的山区；该地区位于德累斯顿东南方向几英里处，是通往布拉格的必经之地。这里的防御阵地位于一片呈棒糖形状的山顶，自然形成了一个易于守卫的堡垒；虽然萨克森军队只有一万八千人，但是普军也很难占领他们的阵地。温特费尔特前去试探，看看能不能诱使奥古斯都恢复中立，若不成他觉得可以发起攻击占领此地（多年之后，拿破仑在此地也有同样的看法，而且他也这么做了。他还指责腓特烈二世没有采纳温特费尔特的建议）。但是腓特烈二世并不想与萨克森人交战，因为在他的内心深处，一直想占据这片美丽的土地，所以他并没有选择消灭他们并直扑尚未做好准备的奥地利，而是浪费了宝贵的时间，试图通过断粮的方法逼迫敌军投降。

奥古斯都自己的口粮还是够的，但是一想到他留下的艺术品，这位国王就绝望了，他每天穿着一件宽松的长袍或者一件波兰袍服瘫坐着，不停地向玛丽亚·特蕾莎求救，并且向整个欧洲宣称他的目的很单纯。

在德累斯顿，腓特烈二世四处寻找证据，以证明奥古斯都的目的远没有他自己所宣称的那么单纯，而是想要和玛丽亚·特蕾莎结盟，一起进攻普鲁士。王宫的卫兵已经被普鲁士士兵取代，他们打算闯入档案室。王后本人亲自来到档案室门前阻止这些士兵，但是被推到了一边，至于他们的举动是否算得上粗暴就只能见仁见智了。这些士兵撞开了大门，几个标有寄往华沙的包装箱被搬走了，相关档案都在这里，腓特烈二世公布了这些档案。但是这个做法很不明智：他的敌人宣称这些档案都是伪造的，而他的士兵对待王后的做法更是激怒了欧洲各国的王室。这位王后"身材矮小，皮肤黝黑，丑得没人敢给她画像，坏得难以用语言表达"（出自汉伯里·威廉姆斯），虽然如此，她却人脉深厚：她是约瑟夫皇帝的女儿，是查理七世皇帝的妻姐，是玛丽亚·特蕾莎的堂姐，是西班牙王后和法国太子妃的母亲。当法国太子妃玛丽·约瑟法听说她的母亲遭受如此虐待的时候，未经通报就闯入了她公公的宫殿，这是从未有过的举动，她恳求法国国王拯救她的父母。结果，疼爱玛丽·约瑟法的路易十五派遣了十万大军赶赴德意志，而不是他之前许诺的两万四千人。此外，腓特烈二世再也无法保住他一直向往的头衔：德意志邦国反抗帝国皇帝的捍卫者。

玛丽亚·特蕾莎命令她的爱尔兰籍元帅布朗前去救援奥古斯都

和他的军队。腓特烈二世率部迎击，在布拉格与德累斯顿之间的罗布西茨（Lobositz）击退了布朗的军队，双方伤亡都不是很大。腓特烈二世发现，自从十一年前与奥地利军队最后一次作战后，奥地利军队的活力大大提高，而且配备了最新的装备。虽然在罗布西茨战败，但是布朗也险些成功地拯救了萨克森。他本人亲自率领小股部队赶往山区，突然发动了策划精巧的攻击。最终他还是失败了，完全是因为萨克森人没有采取配合行动。奥古斯都只好与腓特烈二世签订了和平协议。他和布吕尔被准许前往华沙；萨克森军队的军官们处于保释状态（最后他们都违背了保释规定），不得再参加对抗腓特烈二世的战斗；萨克森士兵以及八十门大炮都被并入普鲁士军队——毫无疑问，他们最后成了普鲁士军队中战斗力最差的那部分。

现在，萨克森归普鲁士统治了，该国的税收也由普鲁士人征收。在其后的几年中，腓特烈二世基本把这个国家榨干了，当然也没有比布吕尔替他的国王征收的更多。与其父王相比，奥古斯都三世在购买画作、钻石和各种首饰方面花销更大；波兰也是如此，波兰人并没有给萨克森带来更多的收入，反而花费了巨额的财富。汉伯里·威廉姆斯几年前曾经担任过驻德累斯顿大使，他说萨克森人被税收折磨得痛不欲生。腓特烈二世至少还会对此感到惭愧。1760年，他写信给非常了解萨克森情况的阿尔加洛蒂："我竭尽所能地想把这个美丽的国度置于战争之外，但是它却被彻底毁灭了。我们这些可怜的疯子，我们的生命并不长，但是我们却在这不长的时间里变得丑陋不堪；我们破坏了这个时代的经典之作，也破坏了工业

156

发展的明珠。我们的破坏会给当地人留下令人作呕的印象。"因为给当地造成的灾难,萨克森人始终没有原谅腓特烈二世。普鲁士人在德累斯顿造成的破坏与1945年英国大轰炸对德累斯顿造成的破坏程度相近,不同之处在于——在18世纪,一个城镇可以被重建得美丽如昔,而在今天,这已经不可能了。

腓特烈二世没有预料到解决奥古斯都的问题需要这么长的时间,在这年之后的时间中,再发动任何战役都已经太迟了。他们原本打算突袭,这也是他们主动发动攻击的原因,现在,这种突然性已经没有了。但是同时,他也得到了一个维持战争的可靠基地。他带着亨利亲王一起回到柏林停留了两天,去向他们的母后告别,然后回到德累斯顿过冬。在这里,他与波兰王后进行了某种"游击战"。波兰王后听说腓特烈二世曾经坐在柯雷乔(Correggio)的画作《夜》(La Notte)前面欣赏了半个小时,于是她从奥古斯都的收藏中取出这幅画送给了腓特烈二世(他肯定归还了画作,因为它现在仍悬挂在德累斯顿)。但是,她的厨房需要的香肠和酒桶里都是一些传递情报的纸条和来自波兰的指示,她很成功地蛊惑了腓特烈二世麾下的萨克森军人反对腓特烈二世。因此,他把她称为"邪恶精灵卡拉波斯",并从内心深处十分反感她。

很多人认为,既然腓特烈二世与奥古斯都已经签署了和平协议,那么玛丽亚·特雷莎也就没有什么借口继续战争了,现在终于可以找到一个和平解决方案。但是,正如伏尔泰所说,战争持续的原因和发动战争的原因一样丑恶。他对这场战争非常关注,甚至是着迷于此。"如果腓特烈二世能够继续走好运取得胜利,那么我以前对他的热爱就是有道理的。如果他战败了，就算是为我报仇了。"人人都觉得伏尔泰期望的肯定是第二种情况。他设计了一种配有装甲的车辆，并派人送给了黎塞留公爵，说他希望这种车辆能够帮助法国消灭更多的普鲁士军队。但是与此同时，他又写信给威廉明妮说："我的心永远都和他在一起，我的灵魂一直在崇拜他，夫人，夫人啊，普鲁士国王是一个伟人。"从这场战争开始到结束，在写给国王的支持者的信中，他完全站在腓特烈二世这边，而在写给巴黎方面的信中，他又变成了腓特烈二世的死敌。真不知道他如何对自己解释这种自相矛盾的做法，他也知道他的这些信件都会被保存、珍藏，他怎么能如此前后不一呢？这是因为他被消息折磨疯了。伏尔泰这时居住在日内瓦，关于战争的消息来得晚而且还很不可靠，常常都是来自各种间接渠道。每次有战况报道，人们开始时总是拿不准到底是谁赢得了战斗。萨克森-哥达公爵夫人和威廉明妮是伏尔泰的通信者中距离战场最近的人，因为他此时还没有与腓特烈二世恢复通信联系。公爵夫人还从未见过腓特烈二世，但是依然对他很是着迷，她的信中有很多关于腓特烈二世的趣闻。对当代人而言的一件幸事就是在那个时代，通信非常流行。腓特烈二世自己总是随身携带纸笔准备写信，他的弟弟亨利也养成了这样的习惯：在行军、激战一整天后，他们会花半个晚上的时间记录当天发生的事情。

1757 年 4 月，腓特烈二世得知玛丽亚·特蕾莎的法国和俄国盟友已经集结了大批军队准备对自己发动进攻，他决定在其他国家加入战局之前先消灭奥地利军队。奥地利的将军们非常自信，认为腓特烈二世只能防守不能进攻；波兰王后的间谍把腓特烈二世的军事计划详尽地告诉了他们，但是他们认为这些计划过于疯狂，没有加以重视。因此，在战争之初，腓特烈二世的行动进展顺利，他抓住了奥地利军队的薄弱环节，攻其不备，占领了波希米亚的六个弹药库，这些补给对他而言用处极大。之后，他便挥师布拉格。奥地利军队在洛林的查理和布朗的率领下，占据着布拉格城外的习希卡贝格（Žižkaberg）高地。这两位将领关系不睦，因为查理亲王拒绝让布朗出击阻止什未林的军队与腓特烈二世的军队会合。腓特烈二世已经开始熟悉查理亲王的战术，他之前也曾经进行过冒险行动并且取得胜利。5 月 5 日子夜，什未林的部队抵达，但这次强行军令将士们筋疲力尽。第二天，腓特烈二世也病了，前一天晚上他就开始感到不适，到了早上几乎无法上马。什未林希望把战役推迟二十四个小时，这样可以让他的士兵们休息一天，但是腓特烈二世认为道恩率领的另一支奥地利军队正在赶来，因此坚持要立即开战。他本人、温特费尔特和什未林匆匆沿着不同方向进行侦察，看看能否发动攻击。最后他们找到了一个地方，什未林的部队率先展开了攻势。

这场战役极其惨烈。温特费尔特颈部受伤，昏迷不醒。当他苏醒过来的时候（他身上血流不止），他发现此时奥地利人还没有开始追击，但是自己的士兵已经开始撤退，他大声地恳求、怒骂、威胁这些后退的士兵们，但是仍然无法组织他们发动反攻。这时什未林赶到，他把自己的另一匹战马让给了温特费尔特，让他撤回去找医生疗伤，然后这位老将军抓起一面军旗，召集士兵开始进攻。最终他中枪落马，战死疆场，另一位军官接过了军旗，后来也牺牲了，第三位军官又举起了战旗，继而倒下。普鲁士军人和奥地利军人皆英勇无比，这次战役之后，幸存的奥地利掷弹兵一直享受着双饷的待遇。战役中，布朗的脚被击中。十二小时后，查理亲王意识到他们已经失败，他自己也突发昏厥，神志不清。奥地利军队开始撤退，士兵们抬着查理亲王和布朗涌入布拉格。腓特烈二世虽然胜利了，但是损失惨重。战死或受伤的士兵在一万两千人到一万八千人，尤其严重的是，在战争刚刚开始的时候，他就损失了四百名军官。什未林的牺牲令他极为悲痛，他说什未林的价值"相当于一万名士兵"。亨利亲王此役一战成名，他率部穿过齐腰深的沼泽地袭击了一个炮台。夕阳西下，腓特烈二世和亨利亲王一起痛哭着哀悼他们的老朋友什未林。

　　詹姆斯·基思率领三万生力军赶到了，腓特烈二世指挥军队包围了重兵防御的布拉格，他知道城里的供给可以维持八周，他使用了各种方法攻城，但是都失败了。一个月后，他决定移师科林，进攻出现在那里的道恩所部，此地距离布拉格四十英里，对腓特烈二世的军队构成了威胁。之后，他因为不顾所有人的劝阻执意发动这次战役而遭到了很多的指责，尤其是来自他弟弟们的指责，在《七年战争史》一书中，他用了相当长的篇幅阐述了他固执己见的理由。他之所以这么做，部分是出于战术考虑，部分则出于战略考虑。他一直担心他那个担任汉诺威选帝侯的乔治舅舅会选择与那个担任英国国王的乔治舅舅不同的路线，一旦法国人佯装要进攻汉诺威，这位无比热爱自己故土的选帝侯就会宣布中立。因此，腓特烈

159

二世希望能够尽快战胜奥地利，这样他就可以放心地攻打法国了。如果他能在科林获胜的话，他就可以立即结束战争，而奥地利的盟友们则会因此而冷静下来，但是如果他放任道恩占据科林的话，那么布拉格战役就没有意义了。

6月18日，这是一个腓特烈二世认为对自己始终不吉利的日子（这似乎注定是一个决定历史进程的日子，拿破仑的失败和戴高乐将军的崛起都是在这一天），他发动了对道恩的进攻。普鲁士军队的人数远少于奥地利军队：六万人的奥地利军队对阵三万四千人的普鲁士军队。道恩据守科林高地，占据了战略优势；普鲁士士兵长途跋涉，要从成熟的高高麦田里穿过。腓特烈二世不得不让他们先休息三个小时之后再开始进攻。下午两点，攻势开始了。他对他的弟弟们说："全力进攻吧！我也会一起冲锋的。"开始时，一切进展顺利，道恩的阵地一个接一个地沦陷；但是后来，不同地区的两个军官违背了——也可能是误解了——腓特烈二世的命令，破坏了他的部署，造成混乱。道恩充分利用了这种新情况并开始反攻，很快，普鲁士军队就陷入混乱之中。腓特烈二世竭尽所能地希望恢复秩序，用自己那怪腔怪调、带有法语口音的德语大声命令道："将军们，你们就不能进攻吗？带上所有的骑兵，赶紧进攻！"他本想率领他的胸甲骑兵加入战斗，但是这些骑兵也都跑了，直到他的副官格兰特（Grant）上校询问他是否打算亲自攻打炮台时，他才发现只剩下他们两个人了。他后撤了一段，找到了另一个营的士兵，怒斥道："你们这群狗，难道你们想长生不死吗？"但是，他不得不承认，不管这个营的士兵多么勇猛，也不可能靠着一个营的兵力打赢一场战役。奥地利军队利用他们的人数优势踩蹂着精疲力竭、混乱不堪的普鲁士人；到晚上九点，所有的战斗全部结束了，腓特烈二世很快就知道了他的毁灭性损失（又失去了四百名军官、一万三千名士兵、四十三门大炮和二十二面军旗）。当他意识到已经无力回天的时候，他立即率部撤退了。"法厄同（Phaeton）[1] 战败了，"亨利亲王给他们的妹妹阿米莉亚写信说，"他自己逃脱了。"亨利和普鲁士亲王大声痛哭着，指责腓特烈二世的所作所为必将导致他们家族的没落。

"法厄同"逃脱不单是为了自己，他在副官们的护卫下又去挽救布拉格城外的军队。他抵达后立即对刚刚战败的军队重新做了部署，此时，他已经在马上度过了三十六个小时。即使如此，他还是在 1757 年 6 月 18 日挤出了时间给基思勋爵写信：

> 这次我命运不济。我本来应该想到这一点的：她是个女人，而我并不是个喜欢向女人献殷勤的花花公子。亨利表现英勇……你能向这个反勃兰登堡侯爵的联盟说什么呢？大选帝侯一定会感到震惊：他的曾孙子在对抗俄国人、奥地利人、几乎所有的德意志邦国和十万法国大军。即使战胜我，他们也没有什么光荣的。

在布拉格，垂死的布朗恳求查理亲王出击，以阻止普鲁士军队

---

[1] 法厄同是太阳神赫利俄斯之子，也有人认为法厄同是阿斯特赖俄斯与曙光女神厄俄斯之子，众星神之一。他曾经自不量力地驾驶金色马车在空中飞驰，给大地造成了巨大的伤害，并因此被烧死，这里指腓特烈二世。

撤退，但是查理亲王过于拖沓，又三心二意，腓特烈二世的后卫部队很轻松地就打败了他。至于道恩，他并没有乘胜追击，反而一直在担心腓特烈二世会再次回兵反击。等到这两支奥地利军队会师的时候，普鲁士军队早已不见了踪影。

就这样，在战争初期，腓特烈二世遭受了惨败，在此后的七年战争期间，他和他的将军们不再认为自己占有优势。科林战役之后，他唯一一次情绪爆发是在他看到自己最珍爱的部队——近卫团（步兵）也遭受了重大损失的时候。很久以前还在鲁平的时候，他就知道这个团里每一名士兵的名字，此时这个团里几乎没余下几个人了。现在看来，什未林、冯·德·戈尔茨上校和无数英勇将士在布拉格的牺牲都变得毫无意义了，这令他悲伤不已，似乎他的前途也变得一片黑暗。

玛丽亚·特蕾莎大获全胜。从那时起一直到她去世，每年的6月18日都是大摆筵席、值得庆贺的神圣日子，每次她觉得压抑沮丧的时候，她就会回忆科林战役。她亲自向道恩的夫人报告这个胜利的消息，向军人发放奖金，并铸造了玛丽亚·特蕾莎勋章，发放给表现突出的将士。她说，现在普鲁士国王即将被推翻，普鲁士国土即将被分割。她自己会得到西里西亚和格拉茨；波兰国王将会得到马格德堡和哈尔伯施塔特（Halberstadt）；帕拉丁选帝侯将会得到克莱沃、马克和拉文斯贝格（Ravensberg）；瑞典国王将会得到普鲁士占据的波美拉尼亚。

腓特烈二世还在想着与法国开战，他本人驻军利特梅里茨（Leitmeritz），派遣普鲁士亲王率军驻守波希米亚，并封锁前往西里西亚的道路，他还指派温特费尔特前去执行这一任务并指挥作战。
当初普鲁士最年长、最杰出的军人什未林曾经和温特费尔特相处和
谐，从他那里接受来自腓特烈二世的命令，并且也认可他是腓特烈
二世最为信任的将领，但是年轻的将领们尤其是腓特烈二世的弟弟
们却出于嫉妒看不起温特费尔特。亨利亲王曾经说虽然温特费尔特
善于战地指挥，但是他这个人索然无味，而且一点法语都不会，着
实令人不屑。奥古斯都·威廉不愿与他合作，大声吵闹着反对他哥
哥的这一决定，并且鲁莽地致信柏林方面，说他一点都不想为温特
费尔特所用。这位亲王手下的军官说（或许也是实际情况），自从
受伤以后，温特费尔特就像变了个人。

　　道恩和查理亲王终于下决心追击普鲁士军队，也包括追击奥古
斯都·威廉的部队，因为他们觉得他要比腓特烈二世好对付一些。
亲王很是紧张，他得到情报说敌军人数众多，于是他一路狂奔，不
断后撤。恼怒的腓特烈二世每天都致信给他，希望能赋予他勇气，
最后对他说："如果你继续这样撤退的话，很快就退到柏林了，之
后你又能怎么办呢？"当奥古斯都·威廉撤到萨克森的时候，腓特
烈二世令他率部固守齐陶（Zittau），因为那里有一个很大的军火
库。温特费尔特请求带领一支轻装部队先行出发，占领齐陶，但是
亲王没有同意，也没有按照他规划的路线撤退，而是选择了一条山
间偏僻曲折的道路，结果把所有的粮草给养都丢弃了；当他最终达
到齐陶的时候，查理亲王已经抢先到达，并且把这座城市放火焚
毁。一万名优秀而又勤劳的居民死于烈焰之中，整个帝国都感受到
了这次暴行所带来的恐惧。现在，普鲁士亲王的军队已经没有了临

162

近的后勤供应地，最近也要跑到德累斯顿，同时他还使得西里西亚门户大开，他自己撤至鲍岑，因为他被告知，国王将会在那里与他会合。温特费尔特前去面见腓特烈二世，汇报这些战况。

坏消息接踵而至。腓特烈二世又收到了王后的来信——王后过于疏忽了，居然没有使用黑色的蜡封，而是使用了红色的蜡封，信中说索菲亚·多罗西亚去世了。当时陪在国王身边的安德鲁·米切尔爵士说，这突如其来的打击令腓特烈二世陷入巨大的悲伤之中。他已经忘记了自己的母后在晚年是多么无趣乏味，只记得她是如何保护自己，不被发怒的父王惩罚的事情了，那时候的她是多么伟大而又迷人啊！这个消息比其他坏消息更加令人痛苦，连续两三天他都处于崩溃之中。索菲亚·多罗西亚留下了遗言，不想与她的丈夫埋葬在一起。

腓特烈二世率部前往鲍岑，留下亨利亲王率领小股部队镇守利特梅里茨，以保护这里的军火库和满是伤员的医院。办事稳妥的亨利亲王成功地完成了这个任务。在前往鲍岑的路上，腓特烈二世得到情报，大批俄国军队已经攻入东普鲁士，苏比斯亲王正带着法国军队和帝国军队向萨克森进发，而腓特烈二世唯一的盟友坎伯兰公爵率领的英国—汉诺威军队已在哈施滕贝克（Hastenbeck）被埃斯特雷元帅（Maréchal d'Estrées）和德·舍韦尔将军击溃，四处逃散。

7月29日凌晨四点，腓特烈二世与普鲁士亲王会师了。当国王率部接近的时候，奥古斯都·威廉向他们行军礼，腓特烈二世的随从向他还礼，但是国王本人却对此视若无睹。他下马躺在地上，似乎是在等待某人，温特费尔特和冯·德·戈尔茨将军坐在一旁陪着他。过了很长时间，亲王和他的将军们被告知可以过来了，戈尔茨向他们大声朗读了国王的命令，其内容是说国王对殿下很不满，他和他的将军们应该受到军事法庭的审判，而且法庭也一定会判处他们死刑。但是陛下无法忘记这位最高指挥官还是他的弟弟。亲王要求成立军事法庭。第二天，兄弟两人通过信件进行了交流，国王说奥古斯都·威廉给他造成的危害已经超过了敌军，但是他深爱着自己的弟弟，而且会永远深爱着他。奥古斯都·威廉在军营里徘徊了几天后要求去德累斯顿。"他可以去任何他想去的地方。"于是，他回到了武斯特豪森，把自己的霉运全部归罪于温特费尔特，他的处所也成了抱怨国王的中心，其中有些抱怨是有道理的，而有些则毫无依据。

163

接下来几周，腓特烈二世试图与奥地利军队交战，但是都没有得逞，因为奥地利人并不急于与腓特烈二世作战。最终，他觉得不能再浪费时间了，于是他命令王后的堂亲不伦瑞克-贝芬公爵率领温特费尔特和大部分的军队——也包括他最具战斗力的几个团——守卫西里西亚，他自己则带领一支小部队试图把苏比斯亲王的部队赶出萨克森。但是苏比斯亲王套用了道恩的战术，率领部队四处出击，就是不与腓特烈二世正面交锋。这时，腓特烈二世又得到情报：有一支奥地利的小分队要袭击柏林。他立刻再次把已经疲于奔命的军队分为两部分，自己率领一部分赶去救援柏林，一路上不得不多次急行军，致使很多士兵累死在路上；但这次是他的情报有误，柏林地区只出现了一队人数很少的偷袭者，等他赶到时，这些偷袭者早就跑得无影无踪了。与此同时，坎伯兰公爵已经在克洛斯特-采文（Kloster Zeven）与黎塞留公爵签署了停战协定，其中规定遣散英国—汉诺威联军，任由黎塞留包围马格德堡。只有一个好消息：俄国军队在战胜了东普鲁士的小股军队后，受困于自身无能的后勤补给线，只好撤退回国了。腓特烈二世判断，他不用再顾忌着保卫东普鲁士了，便下令把那里的军队调动到什切青（Stettin）。

腓特烈二世现在已经被占据绝对优势的法国军队和帝国军队包围了，自觉机会渺茫。在写给威廉明妮的信中，他暗示自己有了自杀的念头。威廉明妮很是为他担心。之前，经过她的全力调解，伏尔泰与腓特烈二世已经恢复了通信往来，因此她恳求伏尔泰写信劝慰国王，以打消他这种可怕的想法，她说如果自己的弟弟死了，她也一定会和他共赴黄泉的。伏尔泰和亨利亲王都对腓特烈二世说，放弃一部分领土并不意味着世界末日的降临，很多君主都曾经做过这样的事情，也并没有因此而变得不如以往。伏尔泰还说，如果腓特烈二世做出自杀这种亵渎神明的事情，那些只以他人马首是瞻的国家将会贬低他的一生。其实更有可能的情况是：腓特烈二世是说准备在被俘的时候才自杀。这段时间里，他又提到了摩尔维兹战役，说自己当时之所以逃离战场，是因为他觉得有可能会成为敌人的俘虏。他那时候还没有准备好他的（装有毒药的）"小盒子"，在七年战争期间，他一直随身携带着这种小盒子。他一直在考虑被俘虏的问题，因此他在柏林留下了密令，一旦他落入敌军手中，他的弟弟立即接管所有的权力，尤其重要的是：对于到时候他说的或写的任何话，他们都绝不能当真。他这样回信给伏尔泰：

在暴风雨面前，在海难威胁之下，

我必须像个国王一样地

思考，生活，和死亡。

在科林之战后，他还从来没读过或者写过这样的诗篇。他彻夜难眠，整夜地坐在桌前阅读——这段时间里，他最喜欢阅读的是拉辛的《阿达莉》，他甚至已经能把这本书熟记于心了。腓特烈二世的诗歌常常受人取笑，其中对他抨击最为猛烈的当属伏尔泰，他从来都无法在涉及腓特烈二世的问题上保持客观中立，一方面他会利用国王所作的最差诗歌来讽刺腓特烈二世，但另一方面，他也会说腓特烈二世的某些诗歌其实也没那么差。像麦考利勋爵这样的 19 世纪作家，基本上也没有资格评价 18 世纪的法国诗歌。谐趣诗（light verse）是所有诗歌中最难的一种形式，就连这方面的天才伏尔泰也无法保证首首成功，而在腓特烈二世的谐趣诗中，读者却可以在多处发现智慧的闪光点，也可以发现一个身处险境的怪人的思想。在散文方面，当《七年战争史》出版的时候——那时他已经去世两年了，有人在巴黎宣称这本书是一位法国作家的作品。格林（Grimm）[1] 评价道，在恺撒的《高卢战记》和《内战记》（Commentaries）[2] 之后，鲜有能与此书媲美者。圣伯夫把他置于法国一流作家与当时顶尖的历史学家之列。他的书信现在也被认为是有

165

————————

[1] 格林（1723—1807），德意志男爵，以法语进行文学创作，对 18 世纪法国文化的传播做出了重要贡献，是狄德罗主编的《百科全书》的撰写者之一。

[2] 《高卢战记》和《内战记》是恺撒仅存的两部著作。他将两部著作以 "Commentaries" 为题，即 "随记" "手记" 之意，自谦地表示这只是平实、客观地记录并陈述事实。

史以来最具趣味性的手笔。他的所有作品都是用法语撰写的，这使其失去了众多德国读者，而法国人从来都不看重外国作家的作品，自然对德国历史也缺乏兴趣，因此腓特烈大帝的文学作品鲜有人知。

在痛苦的漫漫长夜中，出访哥达之行给腓特烈二世带来了一些放松时光。在这里，他第一次结识了已经四十七岁但仍然可爱的公爵夫人。他进入府邸，但直到所有人都坐下来准备用餐时，才有人宣布他就是腓特烈二世国王。他拥抱了公爵，对他说，自己认为这才是来这里最适当的方式。所有人都很享受这次会见（据伏尔泰说，宴席上的美食无与伦比）。腓特烈二世与公爵夫人几乎一见如故，除了家族里的女士以外，她成为他最喜欢的夫人。她总是笑个不停，喜欢嘲讽一切。她告诉腓特烈二世，有一次她和她在迈宁根（Meiningen）的兄弟姐妹们因为财产问题而发生了争吵，最后这次争吵在一片大笑声中解决了，这让腓特烈二世感到很新奇。公爵夫人的女侍长（据伏尔泰说，该女子也是公爵夫人的知心朋友）布赫瓦尔德（Buchwald）夫人也是一个风趣的人。的确，萨克森-哥达的宫廷是最阳光的宫廷，即使是在如此困难的时候——在萨克森-哥达的领土上，各国军队穿梭不停。腓特烈二世对公爵和公爵夫人说，如果他留下一支军队为他们提供防卫的话，反而会给他们带来更多的麻烦，所以虽然他会尽力确保不把萨克森-哥达卷入战争之中，但是他们还是最好能忍受暂时的入侵。事实上，公爵夫人并不反对偶尔邀请法国军官共进晚宴——因为他们可以给她讲述巴黎最新的笑话和时尚。有一次，当她正尽情享受这样的晚宴时，齐藤和他的胡萨尔轻骑兵也出现了，那些法国宾客们以为整个普鲁士军队都在准备进攻，就匆匆赶回了部队，顿时把晚宴搅黄了。

腓特烈二世和新朋友在一起的快乐很短暂，他还没离开哥达，就得到消息说温特费尔特在一次规模很小、不甚重要的军事行动中牺牲了。国王无比悲伤，不愿再见任何人，只得不辞而别。对他来说，最可怕的事情就是失去他最好的、交往时间最久的朋友，而且还是他麾下最杰出的将领。不伦瑞克-贝芬公爵现在独自一人统帅西里西亚的驻军，事实证明，他无力胜任这一职位。之前，腓特烈二世似乎已经预感到温特费尔特会战死疆场，当他们道别时，温特费尔特曾经请他发令，但是腓特烈二世对此感到非常不安，所以就说了一句话："确保自己的安全，为了我！"

11月5日，苏比斯终于决定与腓特烈二世在莱比锡附近的罗斯巴赫进行决战。他之所以作出这样的决定，或多或少是被他手下的将领逼迫的，因为他们都已经厌倦了在别国领土上四处奔波，既疲惫不堪，又有损军人的荣誉。苏比斯的部队包含法国军队和神圣罗马帝国军队，共计四万一千人，远超腓特烈二世的两万一千人。腓特烈二世似乎继续像以往一样不断撤退，其实普鲁士人在营地搭了帐篷，当有军官进来报告说敌人已经近在咫尺的时候，腓特烈二世下达命令，所有的帐篷都翻倒了，就像是有人用绳子把这些帐篷拉倒一样，苏比斯的军队被压在里面。腓特烈二世出其不意，占据了上风，而苏比斯以为他还在撤退。每次作战前，他都要考察当地的地形，这也是他取胜的一个因素。腓特烈二世制订了详尽、精密的作战计划，而苏比斯却是毫无规划——他的部队行进无方，相互阻

166

挡，拖延了骑兵的行进。这场战事下午开始，才两个小时就结束了——傍晚时分，法国和奥地利军队四散奔逃，因为他们没有制定撤退方案，自然又是一团混乱，附近的道路上到处都是他们的逃兵。当地农民抓住了数以百计的战俘交给腓特烈二世，其中也包括一些来自纳沙泰尔的国王子民。根据他们本地的法律，他们是可以参加针对腓特烈二世的战斗的，但是即使如此，国王还是十分恼怒。"我看得出，你们对你们的法律了解得非常透彻。"在写给基思勋爵的信中，他抱怨了这些人的所作所为，但是与其说他很生气，不如说他很伤心。当晚，他住在附近的韦尔贝根堡（Schloss of Ver-bergen），这里处处可见受伤的法国军官，为了不打扰他们，他把自己的床铺在了食品储藏室。

167　　罗斯巴赫战役的影响极为惊人。伏尔泰曾说，德意志民族主义就诞生在这场战役发生的这一天，德意志的命运从此改变。一位德意志新教国家的国王用战争的胜利羞辱了天主教国家法国和奥地利，这是有史以来的第一次，要知道，天主教在基督教里可是处于垄断地位的。腓特烈二世曾经说过，就连女人都不再在乎加尔文和路德的思想了，现在他不得不承认他说错了。自此之后，所有人都把这场战役看作新教的抗争，虽然打赢这次战役的腓特烈二世并没有把自己视为一名十字军斗士，因为在他看来，所有的宗教都是同样的愚蠢。当他的士兵在战前吟诵赞美诗的时候，他说："我不喜欢这个，这会把我的小伙子们吓坏的。"

　　乔治二世现在觉得腓特烈二世是值得他支持的，他没有批准《克洛斯特-采文协定》并且召回了坎伯兰公爵；之后他请腓特烈二世让不伦瑞克的费迪南德担任英国—汉诺威联军统帅。虽然不太情愿，腓特烈二世还是照办了。他自己也缺少优秀的将领，而他的这位妻弟在每一场战斗中都表现突出。在西线，费迪南德公爵把法军牵制得无暇他顾，无法给腓特烈二世再制造任何麻烦。英国议会表决同意向普鲁士提供一百万英镑，虽然腓特烈二世希望自己不用被迫使用这笔钱，但是这至少说明他的形势在好转。

消除了法国的威胁之后，他就可以腾出手来处理西里西亚的问题了，自从温特费尔特战死后，那里的形势不断恶化。腓特烈二世已经派遣不伦瑞克-贝芬不惜一切代价守卫重镇希维德尼察（Schweidnitz），但是这里最终还是沦陷了，查理亲王在这里缴获了大量的战利品。腓特烈二世指责不伦瑞克-贝芬自暴自弃，并且说如果他真的绝望了的话，他还有更加光荣的方式来解决自己。玛丽亚·特蕾莎慷慨大方地未收取他的赎金就把他放了回来，但是腓特烈二世既不回复他的信函也不愿意见他，只告诉他可以去管理什切青，不伦瑞克-贝芬依言而行，在那里治理有方、表现突出，最终得到了国王的谅解。

现在，奥地利人占领了西里西亚，腓特烈二世认为除非他能尽快把奥地利人赶出去，否则他可能永远无法再夺回西里西亚了。他留下詹姆斯·基思率领小股部队监视战败的法国，而自己率领大军，经过多次急行军赶赴奥德河地区（每天行进二十六公里）。在罗斯巴赫大捷的鼓舞下，他的军队士气高昂，路上没有一个士兵逃跑，而之前不伦瑞克-贝芬的部队出现了数千逃兵。当腓特烈二世抵达西里西亚时，他发现他得再打一次科林战役了：他的部队疲惫

168

不堪，敌军的人数是己方的两倍，这里的防御工事坚不可摧，查理
亲王和道恩元帅已经占据了洛伊滕地区防守严密、适于冬季居住的
营地。

在开赴西里西亚的路上，腓特烈二世收编了不伦瑞克-贝芬的
残部，刚刚打过败仗，这些士兵个个垂头丧气。他花了两天的时间
鼓舞士气，为此勉为其难地做了很多工作。他凝视着这些士兵，和
他们聊天；这些人可以毫无顾忌地哭泣，可以称呼他为"弗里茨"，
他和他们一起讲粗鲁的笑话，用荣誉和爱国主义之类的词汇鼓舞他
们；给每个团的士兵讲述他们所在团的光荣历史，向所有级别的军
人发放红酒。总之，他做了一切能够想到的事情来提振士气。在此
之前，他从没有这样做过，之后，他也再没有做过。他把那些参加
过罗斯巴赫战役并取得胜利的士兵与这些士兵混编在一起，以便让
他们振作起来。他还认出了一个被带进来的法军俘虏，想起来他是
个普鲁士逃兵，便对他说："你为什么临阵脱逃呢？""哦，您知
道，那时候的情况实在是太恶劣了。""我有个主意，"腓特烈二世
说，"今天咱们一起作战，如果失败了，明天咱俩一起逃跑！"

12 月 5 日的日出时分，腓特烈二世开始进攻奥地利军队。他之
前曾经多次在这里举行军事演习，所以他对洛伊滕地区的地形了如
指掌。之前的一天，普鲁士军队抢占了奥地利军队的食品库，道恩
才意识到他们准备进攻了。他恳请查理亲王采取防守为主的策略，
但是查理觉得凭借自己的兵力优势，这次完全可以彻底消灭腓特烈
二世，于是他出城迎战。腓特烈二世向着奥地利军队的右翼进军，
这里地势险要，奥地利军队凭借深沟高垒，防守严密。查理亲王在

169

右翼部队指挥官的反复请求下派遣部队前去增援，但是腓特烈二世的军队却突然穿越了奥军的防线，之前他藏身在一片丘陵后，没有被奥军发现。在洛伊滕城内教堂塔楼上的查理亲王，不知道他意欲何为，道恩误以为他打算撤退。奥地利军队的左翼地形比其右翼更加易守难攻，但是这里的守军都是巴伐利亚人和符腾堡人，因为他们与奥地利人一直不睦，显然很不可靠。腓特烈二世的部队刚向左翼发动进攻，他们便四散而逃，就连一些奥地利人也飞奔逃窜。道恩只好把自己的主力调动到这里以抵抗普鲁士军队。这次行动太困难了——在那个年代，可能也只有普鲁士军队才能完成这种任务。当之前支援右翼的奥地利骑兵最终赶到左翼加入激战的时候，战场上已经全部是奥地利逃兵和普鲁士追兵了，骑兵部队在这里根本无法发挥作用。下午一点战斗开始，到了傍晚八点，奥地利人已经开始全面撤退，成百上千的奥地利人沦为战俘，如果太阳能够再晚两个小时下山的话，腓特烈二世就能把敌军永远赶出西里西亚了。

当天午夜，腓特烈二世来到利萨（Lissa）城堡，几乎就是孤身一人。他推开前门，震惊地发现大厅里挤满了奥地利军官，他觉得这种时候他还是得客气一点，就对他们说："晚上好，先生们。这里还有我的位置吗？"这些奥地利军官本来可以不费吹灰之力就抓住腓特烈二世，但是他们却对他深鞠一躬后离开了城堡。此时，田野里歌声嘹亮，普鲁士军队在各团军乐队的伴奏下，高唱着路德教派的圣歌：今当齐来谢主，以心以手以声。

战后的扫尾工作持续了十天，成千上万的奥地利士兵逃到了布雷斯劳，不久之后他们就在此地被俘投降了，奥军其他士兵则遭到了齐滕锲而不舍的追击，狼狈不堪地逃回了家。齐滕很荣幸地成为第一个开始这场战役，也是为这场战役收尾的将领。查理亲王被解除了兵权，返回了布鲁塞尔，在战争开始之前，他和他的亡妻就曾在这里管理低地国家。他是一个悲剧人物，他在意的所有人都被卷入了战争，而他自己的战争岁月却到此结束了。洛伊滕战役的伤亡及损失情况大致如下：普鲁士五千人；奥地利三百名军官，两万一千名士兵，一百三十四门大炮，五十九面军旗。在布雷斯劳，又有十三名将军、六百八十名军官和一万八千名士兵被俘。

170

　　玛丽亚·特蕾莎已经哭不出来了，她说："最终，上帝一定会怜悯我们，把这个魔头碾成粉末。"

我的姐姐拜罗伊特夫人

Ma Sœur de Bayreuth

1757 年 12 月 15 日：

　　非凡的侯爵，您已经卧床养病八个月了，想必已经休息好了吧，您能来西里西亚陪我度过这个冬天吗？这里没人可以陪我聊天，也没有什么消遣的事情。您可以入住我在布雷斯劳的住所，从这里能够看到大教堂里贝尔尼尼设计的墓地[1]。当然，如果达尔让斯夫人愿意的话，请您也带上她一起来。

　　就算是自私的达尔让斯也很难拒绝这样的邀请，他和夫人一起来到布雷斯劳，腓特烈二世特意命令从柏林到布雷斯劳沿途的所有

---

[1]　此处原文有误，教堂里的墓地是由贝尔尼尼的学生多梅尼科·圭迪（Demenico Guidi）设计的。

旅店为他们准备暖气充足的房间。腓特烈二世身体不佳，这八个月的战事令他筋疲力尽，紧张异常。因为消化功能不良，他已经瘦得皮包骨头了，伏尔泰听到的说法是他不仅仅身体有病，精神也不正常了。他自己心里也升起不祥之感："如果明年还是这样，我只能指望那是我生命中的最后一年了。"他总是一个人待在房间里，晚上常做噩梦。有一次，他梦到他的父王带着六名卫兵进来给他戴上了镣铐。"为什么这样？"他问威廉明妮。"因为你对他的爱不够深。"腓特烈二世从噩梦中惊醒，一身冷汗。还有一次，他梦到腓特烈·威廉和老德绍走过来，他问德绍自己的表现如何。"很好。""我最在意的是您和我父王的评价，其他人说什么无所谓。"

在布雷斯劳，陪同他的人除了达尔让斯以外，还有他那个尚未婚嫁的妹妹阿米莉亚公主、他最小的弟弟费迪南德、安德鲁·米切尔爵士和吉夏尔上尉（Captain Guichard）。吉夏尔曾经写过一本关于希腊与罗马之间战争的专著，腓特烈二世总是叫他昆图斯·伊西利于斯（Quintus Icilius）。这位国王总是会说错外国人的名字，有一次他提到了吉夏尔书中的一名百夫长昆图斯·伊西利于斯。"是昆图斯·凯基利乌斯（Quintus Caecilius）"，吉夏尔纠正他说。"哦，是的。"国王说，"那么你就叫昆图斯·伊西利于斯吧。"他派人取来军官名录，划掉了吉夏尔上尉的名字，改成了昆图斯·伊西利于斯少校。这个名字叫开了，他再也没有喊过他吉夏尔，而吉夏尔从此即陪伴在国王身边，有些像宫廷小丑。腓特烈二世和他开了很多令人厌恶的玩笑，一度有人认为他会成为第二个贡德林，但是他是一个聪明人，很有个性，而且还是个一流的军人。腓特烈二世很快就对他刮目相看，他仍然会戏弄他，但是都是充满善意的了，他们一直保持着亲密关系，直到1775年昆图斯·伊西利于斯去世。

国王的另一个朋友是在1758年初来到他身边的亨利·德·卡特，他是一个瑞士人。两年前，他们在荷兰相识，当时为了能够欣赏一些荷兰富人的画廊，腓特烈二世戴上了黑色假发，冒用了"波兰国王的首席音乐家"身份。那些收藏家并不相信他的这个身份，不同意他进入画廊。在乘船返回乌特勒支的途中，他认识了卡特，两人进行了一番有趣的哲学谈话。第二天，卡特听说这个见多识广、生气勃勃、好斗自信的人竟然是普鲁士国王。不久，他收到了来自波茨坦的来信，说如果他愿意与当初那个惹恼他的人重叙友情的话，欢迎他前来一叙。但是卡特去不了，他已卧病在床。"有同情心的人才是善良的人。"现下腓特烈二世已与他的朗读官闹翻，他想起这位年轻的瑞士人，并且要雇用他。当他到达的时候，国王说："你还能认出我来吗？""能。""怎么会呢？我现在都这么瘦了。""通过你的眼睛。"他说他想要的只是诚实和独立判断，艾歇尔将会和他讨论工资问题。很快，就有人向卡特介绍了详细的情况。

达尔让斯：

我们的哲人王很喜欢你，他一旦对别人做出判断，就不会变化。不要得意忘形，当他介绍自己的家庭情况时，不要开玩笑或者恶作剧，也不要显得过于感兴趣。最重要的是，千万不要批评他的

173

作品，也不要和他太亲密。

米切尔：

国王非常欣赏你，我觉得你也会喜欢这个职位。你只需要简明扼要地阐释一下文学、哲学、形而上学和法国诗歌，但是多留点时间给国王，让他多说些。如果他不提出要求的话，就不要评论他的诗歌。

（米切尔曾经对霍尔德内斯勋爵[1]说过，在他认识的所有作者中，这位无忧宫的哲人王是最能容忍批评的。）

腓特烈二世也给出了自己的建议：

会不断有人来找你，希望能通过你了解我的一言一语。这些副官们都很好，但是其中一个人嫉妒心比较强，另外一个人不喜欢与别人合作，第三个总是心怀不满、郁郁寡欢。如果他们敢找你麻烦的话，你一定要告诉我。如果可能，不要借钱给他们，不要陪他们赌博，也不要参加他们的疯狂聚会。米切尔是一个无可挑剔的好人。

他还问卡特，第一次见面时他对自己的印象如何。卡特说自己

---

[1] 霍尔德内斯勋爵（1718—1778），英国外交官、政治家。

当时觉得他一定是个法国贵族。紧接着，他就要面对一个两难的问题了：腓特烈二世一直在拿昆图斯·伊西利于斯开玩笑，这次他问卡特觉得这位可笑的少校怎么样。

卡特说看上去他似乎有些学识。"的确如此，但是他的学识在社交界没有什么用处。""但是陛下，一个热爱文学的人也应该能够容忍一些与上流社会不太相符的行为。"腓特烈二世转移了话题，他无疑已经感受到卡特对他的反驳，之后每次卡特责备他的时候他总是这样。"如果没有美德和人品，"他说，"即使是最伟大的天才也毫无用处，只能成为一个空响的锣和叮当的钹（你看，我也知道《圣经》吧）。世界上最伟大的天才就是伏尔泰，但是我对他却怀有不折不扣的蔑视，因为他不诚实。"然后，他又教卡特跳小步舞，说他真希望道恩和查理亲王现在能够看到他们跳舞的样子。卡特是个一本正经的人，没有幽默感，不喜欢腓特烈二世这么愚弄自己。但是，他还是很快就喜欢上了腓特烈二世，在其后几年中，他一直陪同着国王并记录了他们在一起的时光，这些记录有助于人们了解国王的本性。当卡特在柏林与一个女孩订婚时，腓特烈二世对达尔让斯说卡特这么做简直是疯了。达尔让斯说他自己也已经离不开妻子了。于是国王写了几首情诗让卡特送给他的未婚妻，这些诗感觉就像是腓特烈二世写给自己未婚妻的。

在战场上取得了两次压倒性胜利后，腓特烈二世希望蓬帕杜夫人和她的好朋友玛丽亚·特蕾莎能够考虑议和。他戏弄皇后的套路之一就是嘲讽她和道德败坏的路易十五及其"夫人"的同盟。他伪造了一封玛丽亚·特蕾莎写给蓬帕杜夫人的信件，之后这封信广为

174

传播，在信中，他以玛丽亚·特蕾莎的口气称蓬帕杜夫人为姐妹。这封伪造信写得十分逼真，就连很多享有盛誉的历史学家都会把这封信真的当成玛丽亚·特蕾莎所写并且加以引用，这既忽视了玛丽亚·特蕾莎的性格，也没有考虑到当时的惯例。虽然玛丽亚·特蕾莎从未给蓬帕杜夫人写过信，但是她曾经向她赠送过一个镶有真金的写字台，她们之间通过帝国驻法国大使保持着密切的联系。这两位女士从未想过要与普鲁士媾和，而是相互鼓励着希望能够战胜腓特烈二世这个魔头。况且，路易十五无论如何都不可能仅在一场战役之后就抛弃自己的新盟友。很明显，腓特烈二世在下一年里仍将继续面对困难的局面。

　　到 1758 年 3 月，他已经重振了军队的士气，3 月 14 日，他与陆军元帅詹姆斯·基思一同率部离开布雷斯劳，开始围困希维德尼察，这里已经是奥地利军队在西里西亚占据的最后一个军事重镇。每当要包围一座城市时，其实是每一次进行作战时，腓特烈二世都会不停地在附近进行考察，与当地的民众、乡绅和神职人员交谈。在波希米亚，他还会随身携带一本捷克语字典，虽然与听懂对方的话相比，提问要简单得多。卡特把自己的工作做完后，就会一直陪着他。他们花了五个星期才拿下希维德尼察，之后他又把目光转向摩拉维亚的奥洛穆茨（Olmütz），一旦占领此地，他就准备进军维也纳。道恩原以为他会进攻波希米亚，整个冬季都在这里练兵备战。奥洛穆茨被围时，维也纳方面感到了紧张，但是道恩并没有采取任何措施援救这座城市，其部队驻扎地距离奥洛穆茨很远，需要两天才能赶到，他就在那里等待着。占领这座城市所花费的时间超出了腓特烈二世的预期，包围战仍在持续，而道恩依旧无动于衷。
6月16日，腓特烈二世对卡特说6月18日是他最害怕的日子。他
梦到了他的父王、威廉明妮和奥古斯都·威廉。到了18日那天，
从柏林赶来的信使向他报告说普鲁士亲王去世了。"什么原因？"
"因为痛苦和悲伤。"信使回答道。腓特烈二世转身离开了（但是
尸检报告显示亲王死于脑部的肿瘤）。稍后，卡特找到了国王，当
时他正在自己的营帐里泪流满面，两个人一起痛哭流涕。腓特烈二
世说他很担心，怕卡特和他在一起会过得太悲伤。他写信给威廉明
妮说，虽然奥古斯都·威廉给他造成了麻烦，但是这更多源于他手
下人犯的错误，而不是他自己的问题。他还说，如果威廉明妮再出
什么事情的话，他就真的没法活下去了。普鲁士亲王直到生命的最
后都在咒骂温特费尔特，亨利亲王一直都是与奥古斯都·威廉站在
一起的，他与国王之间的通信语气冷淡，因为他觉得国王对待弟弟
的方式让自己愈发不满。奥古斯都·威廉的长子腓特烈·威廉继承
了他的爵位，成为普鲁士亲王。

国王现在面临着军事上的严重挫败。一队由四千辆马车组成的
运输队被劳登将军（General Loudon）击溃，物资被洗劫一空，齐
滕派来护送这些给养的两千名士兵全部战死。本来，腓特烈二世是
指望利用这些补给维持军力的，这下子他在1758年的作战计划泡
汤了，只能重新规划。他立即下令解除对奥洛穆茨的包围。这是典
型的腓特烈二世的做派：一旦他做出一个决断，就会立即战胜绝
望，重回精力充沛的状态，令所有人都觉得他似乎刚刚赢了一场
战役。他改编了拉辛的作品《阿达莉》中的几首诗，用虔敬的皇后

替代了原诗中不敬的女王，原诗为：

> 哦，我的上帝啊，屈尊降贵，
>
> 在马唐和她的心里填满了鲁莽与罪过，
>
> 这预示了国王们的衰落。

他对这首诗的前半部分作了修改：

> 哦，我的上帝啊，屈尊降贵，
>
> 在考尼茨和她的心里填满了鲁莽与罪过，
>
> 这预示了国王们的衰落。

当他朗诵着"哦，我的上帝啊，屈尊降贵"的时候，卡特就知道他的心情已经恢复了。事实也的确如此，而且他还颁布命令，任何神情沮丧的军官都将被立即就地解除军职。很快，他就踏上了征程。腓特烈二世的大军行进时，队伍长达四十英里，这本来为道恩提供了绝好的进攻机会，但是他过于谨慎了，让腓特烈二世平安抵达柯尼格拉茨（Königgrätz），到了这里，腓特烈二世知道自己安全了。他评估了当前的形势：西线传来捷报，不伦瑞克的费迪南德在克雷费尔德（Krefeld）击败了法国军队，迷人的吉索尔（Gisors）在此役中战死；英国人在北美也捷报频传，战胜了法国人。但是费莫尔元帅（Marshal Fermor）率领的俄国军队占领了东普鲁士，并迫使首府柯尼斯堡的民众宣誓效忠于伊丽莎白女皇。腓特烈二世永远无法原谅他们，也再未去过这座城市。费莫尔稳扎稳打，向奥得河地区进发，关于俄军恐怖暴行的消息不断传来，整个欧洲都被吓得瑟瑟发抖。

腓特烈二世继续向北行进，8月底到达昆斯特林，在这里与费莫尔的军队相遇，双方的兵力旗鼓相当。其实，他本来是可以不用交战就能把俄国军队赶出勃兰登堡的，但是一如既往，他再次操之过急，因为他急于返回西里西亚。此外，虽然詹姆斯·基思一再提醒他俄国士兵非常强悍，但是他依然认定这是一群乌合之众，吓唬吓唬老百姓还可以，在正规军面前就不堪一击了。他在昆斯特林附近的曹恩道夫（Zorndorf）发动了进攻，这是一场惊心动魄的血战，尽管腓特烈二世宣称自己取得了胜利，但是至少不能称之为全胜——俄国士兵发扬了英勇顽强的英雄主义精神，拒不承认战败，他们坚守阵地，并在第二天继续开战。普鲁士军队损失了一万一千人，费莫尔损失了两万人，但是他最终被迫退出兰茨贝格并撤回俄国，完全是因为俄国一贯的后勤供应问题，否则的话，他可以继续坚守此处，并且重新组织自己的部队。普鲁士军队疲惫不堪，士气低落，有些团因为作战不力而遭到腓特烈二世的薄待，这种薄待一直延续到他去世为止。他说"他们就像妓女一样逃跑"。另一个让他不安的因素是瑞典人，他们在汉密尔顿伯爵的统帅下于波美拉尼亚表现突出，不过很快就因为士兵哗变而遭遇挫败。

亨利·德·卡特之前就被要求留在萨克森后方，但是他还是固执己见地跟随着国王。当他追上国王的队伍时，腓特烈二世的随从强烈建议他赶紧离开，因为"国王现在脾气火爆，你也不应该待在这里"。但是卡特还是很冷静地去拜见国王，腓特烈二世见到他既感动又开心，他告诉卡特这里没有马车，只能骑马行进。卡特便骑马跟随着国王，并参加了曹恩道夫战役。他听说在半路上，国王不断询问是否有人看到了他，他是否安全。在接下来的几天里，他陪同国王住在坦塞尔，这里是腓特烈二世当年的情人弗拉希夫人的家。俄国军队曾经占领过这里，留下一片可怕的废墟，门口一个女人的尸体被残忍地砍断了四肢，家里的东西都被砸烂或者焚毁了。当时弗拉希夫人已经逃到柏林，腓特烈二世给她寄去了一些钱，结果弗拉希夫人给他写了无数的求援信，他亲笔回了每一封，但是没有再给过她一分钱，他告诉她："我们的情况都一样。"他现在经济拮据，不得不从英国借给他的贷款中提取了第一笔——二十万英镑。

　　看起来一切都对腓特烈二世极为不利。他赶赴南方与亨利亲王会面，亨利亲王之前被他留下来防守萨克森。此时亨利三十二岁，开始展示自己的军事才能。他率领着手下的小股部队战无不胜，确保受到道恩威胁的德累斯顿平安无事。腓特烈二世与亨利亲王一起进餐，国王说这是几个月来自己听到的最好消息。亨利对国王重展友好，兄弟两人都因为一个坏消息而担忧——威廉明妮病情严重。"要知道，"腓特烈二世在写给亨利的信中说，"我是和姐姐拜罗伊特夫人一起出生一起长大的，这种血缘关系是牢不可破的，我们之间的亲情也从未有过一丝一毫的变化，虽然我们是不同的两个人，但是我们的灵魂是一体的。"这段时间里他写给威廉明妮的信充满了悲伤，祈求她千万不要抛弃自己："如果没有您，我的生活是无法继续的，这一点千真万确。"已经耗尽体力的威廉明妮无法亲自回信，只能口述了一些哀婉的回信："只要我知道您是幸福的，无论是生是死，我都会心满意足。"

在西里西亚，到处皆是奥地利军队，他们依靠当地的食物保证后勤供应。奥地利军队包围了尼斯和科塞尔。腓特烈二世希望能够救援尼斯，但是道恩一如既往，在德累斯顿附近据守要塞，不与腓特烈二世正面交战。腓特烈二世曾经说过，道恩肯定是出生在山里的，他一见到有人来，就只知道爬到山顶躲着。在长达一个月的时间里，腓特烈二世无计可施，只能等待和观察，这令他担忧。最后，他决定后撤，让奥地利军队来追赶自己。霍基尔希村（Hochkirch）位于一个树林环绕的小山上，从这里可以看到敌人的追兵，腓特烈二世选择在这里安营扎寨，他的将军们劝诫说这里太危险，但是他听不进去，其实他们完全没有必要劝说他，终其一生，腓特烈二世从未召开过战前商讨会。就连被他器重的陆军元帅詹姆斯·基思第二天抵达后都对他说："如果奥地利军队能够让我们待在这里，那他们就真的是蠢到该被绞死的程度了。"腓特烈二世只是笑了笑，说自己希望奥地利军队更害怕的是他，而不是绞刑架。到目前为止，道恩还从未敢主动进攻过他，所以他觉得他永远也不敢这么做。

但是，1758年10月14日，当霍基尔希村教堂的大钟敲响第五下的时候，帝国军队发动了猛攻，很多普鲁士士兵在营帐里酣睡时就被杀死了。当时一片漆黑，一切都混乱不堪，直到奥地利军队点燃了这个村庄才有了一些亮光。詹姆斯·基思、腓特烈二世的妻弟

179

不伦瑞克的弗朗西斯以及另外五名将领和四分之一多的士兵全部战死疆场，一百零一门大炮和大部分的帐篷落入敌军手中。一向不屑于下达撤退命令的腓特烈二世收拢残部，重新组织阵形，歼灭了六千奥地利士兵，还有至少两千奥地利士兵在树林里逃跑了。紧接着，当道恩还在考虑下一步行动时，腓特烈二世已经阻断了他通往西里西亚的道路，他只好去往德累斯顿，但腓特烈二世再一次跑到了他的前面。凭借着过人的智慧、勇气和干劲，国王再次减小了败局的影响。

奥地利人声称取得了霍基尔希战役的彻底胜利，大肆庆贺，教皇克莱门特十三世为一把宝剑和一顶帽子祈福并送给了道恩，很久之前教皇们会用这种方式赏赐打败异教徒的将领们（他的前任、刚刚去世不久的教皇本笃十四世绝不会这样自取其辱）。对于腓特烈二世而言，最令他伤心的是失去了基思。但是现在，一切的悲伤和失败都不再重要了，因为他一生中令他悲伤到极点的消息传来了，就在霍基尔希战役那一天，威廉明妮去世了。他听到这个消息的时候，刚刚写完给亨利亲王的信："万能的主啊，求您保佑我的姐姐拜罗伊特夫人吧！"只要不是在行军，或者不是在努力迫使奥地利军队于入冬前展开决战，其他时间里，他都是待在自己的房间里，只有卡特一个人能够一直陪着他。亨利亲王的到来对他是个安慰，但是与威廉明妮和他自己相比，亨利亲王、费迪南德和阿米莉亚都太小了，感觉不像是一家人，他们不知道腓特烈二世童年时期所经历的紧张与压力，也无法替代威廉明妮。另外，他也一定知道，亨利亲王对自己的爱并不那么发自内心。在姐姐去世后，腓特烈二世发生了很多的变化——他不再那么轻松愉快了，也不再关注社交。"之前的我，就像一匹欢快的小马，在田野里飞奔；现在的我，就像年老的涅斯托尔（Nestor）[1] 一样，头发已然花白，心灵为哀伤所蚕食，身体愈发虚弱，残躯只能用来喂狗了。"他对卡玛夫人说，就像所有老年人一样，他已经没有胃口吃晚饭了，只能吃点巧克力。"您已经认不出我来了，我的头发花白，牙齿脱落，脸上就像裙边一样满是褶皱，弯腰驼背，看上去就像一个特拉普派（Trappist）的修道士。"

180

到了 11 月，经受了马鞍上多日征战、酷寒气候的折磨后，腓特烈二世终于病倒了，高烧不止，脸上手上都是红色的斑块。卡特请求他坐在马车上继续行进。"坐在马车上！你这是出的什么主意啊！要知道，我又不是七老八十的老太太。况且，我的士兵们看到他们的国王轻松地坐在马车上会怎么说！这又会给军官们造成什么样的影响？他们就会开始在最小的琐事上娇惯自己！"冯·察斯特罗（von Zastrow）将军也来探视国王，催他坐上马车。"你把我当成老婊子了吗！"腓特烈二世说。在一个冰冷的黎明，他再次爬上战马，说他从来没有觉得这么冷过，那天晚上，他病得更加严重，剧烈的头痛使他无法理政，第二天他感觉好多了，便又骑上了战马，后来他的病居然渐渐缓和了。不管怎样，这种病痛的侵扰越来越频繁，而他处理病痛的方法也一直如此，只有在罹患风湿病和痛风而自己实在无计可施的时候，他才会允许别人抬着他。他从不信

---

[1] 涅斯托尔，希腊神话中的皮洛斯国王，年老时参加过特洛伊战争。

任医生，觉得他们只是"我们病痛的无能旁观者"而已。有一次，卡特不断地说，他身边居然没有一个医生，这太奇怪了，令他愈发恼火。

入冬后，他在德累斯顿停留了三个月，其间没有出门一步。据说，由于受到他的虐待，波兰王后生病了，后来被杀害，这样，他就可以住在王宫里，欣赏那些藏画，有时候在画廊里一坐就是五个小时。他开始撰写他的《七年战争史》和献给姐姐的诗体信。他一直想念着姐姐，也在不停地谈论着姐姐，不论他走到哪里，心里总是充满了悲伤。卡特自己有宗教信仰，他觉得国王其实本能地相信来世之说，却在强迫自己不去相信。"或许我还可以看到她，看到我心爱的弟弟和母亲，看到我曾经如此仰慕的伟人们。如果我们不相信上帝的话，又如何去解释世间万物呢？"但是当他不再如此悲伤时，他又会恢复到从前的样子，开始当着卡特的面戏弄宗教，而卡特则会平静地回答说："总有一天，您会相信的，这一切都将在瞬间发生。"12月，他赶赴布雷斯劳的冬季营寨。虽然道恩凭借霍基尔希战役的胜利得到了神圣的宝剑和帽子，但腓特烈二世仍然是萨克森和西里西亚的主人。他把道恩称作"被保佑的人"，说如果他真的有一顶圣帽的话，那他早就应该赢得这场战争了，这样看来，上帝似乎已经听到了自己的祈祷：

哦，我的上帝啊，屈尊降贵，

在考尼茨和她的心里填满了鲁莽与罪过

……

腓特烈大帝

The Great Frederick

　　1759年注定是腓特烈二世一生中最为艰难的一年，在这一年里，他身患重病而且悲痛欲绝，他说自己已经厌倦了生命，如果不是考虑到自己的荣誉的话，他早就自杀了。到这一年，他所有最挚爱的人几乎都去世了，他麾下最优秀的将领也损失殆尽。现在，他的军队里全是四处征募而来的新兵，有些军官才刚刚十五岁。就像曼特农夫人和惠灵顿公爵一样，他希望年轻的士兵能够令敌军畏惧，就像他自己因为他们的年龄而感到害怕一样。这些士兵军纪涣散，对待百姓远不如之前的士兵那样文明，腓特烈二世和亨利亲王要比之前更加仁慈、更加体恤地耗费心力强化军纪。在这场战争中，农民遭受了可怕的损失，他们的大部分粮食被抢劫一空，他们的农田也被踩踏毁坏，最为悲惨的是，他们的住房皆被付之一炬，成为士兵们宿营的营火。这些士兵们也会收集木材来点燃营火，但是经过一天的行军或作战后，疲惫不堪的士兵们发现直接点燃房屋要比四处收集木材容易得多，于是他们便把房子点着，然后围坐在燃烧的房屋周围。这种"营火"容易点燃，发出的热量更多且燃烧时间更长。当然，按照军纪，他们是被禁止这么做的，但是腓特烈二世统计过，他的军队大概点燃了一千所房屋，而俄国士兵则焚毁了一万五千所房屋。普鲁士军队不会单纯为了表现他们的残忍而残忍，但是奥地利军队尤其是匈牙利军队在这方面则要恶劣得多。他们有一个恶习，就是每到一处就把农民的床劈开，把后者耗费数年时间才能收集起来准备做成被子的羽绒扔掉，这样农民们就失去了
183 家里唯一可以给他们带来舒适感的东西了。但即使是奥地利军队也会被他们俄国盟友的残暴震惊：他们会犯下人间一切的暴行，他们会强暴所有人，甚至包括比托姆（Beuthen）的市长，这位市长的妻子说她一直以为俄国人只会强奸女人。

腓特烈二世对将领们更加苛刻了，有时令人难以忍受。"进攻，像我一样！"这是他说得最多的一句话。这句话说起来容易，能做到却很难。现在，他手下堪当大任的将领只有两个：不伦瑞克的费迪南德此时正在与法国军队交战，无法脱身；还有一个就是亨利亲王，腓特烈二世曾经说他是"我们中间唯一一个从来没有犯过错误的人"。亨利并没有回应国王的这种夸赞，因为其性格和才能都使他总是提防别人，他也总是把他的哥哥看作一个疯狂的投机商，在任何时候都有可能一招不慎而满盘皆输。他说腓特烈二世所获得的胜利与他的军事才能无关，完全是因为他们的父王给他留下了一支训练有素的军队（但是拿破仑说帮助普鲁士抵御欧洲三大强国长达

七年进攻的，不是普鲁士军队，而是腓特烈大帝）。在亨利殿下的高级将领中，指责腓特烈二世及其功勋是一件时髦的事情，虽然曾经在他那里待过几个星期的卡特说年轻的现役军官们非常崇拜腓特烈二世。

在法国，舒瓦瑟尔公爵现在主管战争事务，他比他的前任贝尼斯枢机主教更加积极地推动战争的进程。舒瓦瑟尔出生于洛林，他既忠诚于法国也同时效忠神圣罗马帝国，因此对于这个新的同盟，没有谁能比他更加忠心耿耿的了。腓特烈二世原本打算与法国单独媾和，现在已经不可能了，相反，路易十五和玛丽亚·特蕾莎还重新签署了一份更加具有约束力的条约。而英国人则变得有些三心二意，他们按照约定向普鲁士支付了钱款，但也仅此而已。腓特烈二世希望英国人能够派遣舰队赶往波罗的海地区，但是他们说所有的舰船都在其他地区忙于战事。于是，腓特烈二世开始变得对米切尔极其冷淡。有一次，普鲁士将军们看到米切尔在午饭时间回到了自己的营帐，一边走一边沮丧地说："没有舰队，我就没有了午饭。"他们把这件事告诉了腓特烈二世，他哈哈大笑着派人把米切尔请了回来。腓特烈二世曾经想挑动土耳其苏丹与奥地利开战，以便牵制奥地利军队，但是英国驻土耳其宫廷的大使却极力破坏他的这种努力。

184

战役终于开始了。大批俄国军队在新统帅佐尔蒂科夫（Soltikoff）将军的率领下扑向勃兰登堡，而此时，腓特烈二世还在试图与道恩决战。8月，道恩派遣能征善战的劳登将军率领一部分奥地利军队加入了佐尔蒂科夫将军的俄国军队。劳登曾经在俄军服役十年，会说俄语。腓特烈二世再次委派亨利亲王专司防守，自己则率部前往东北地区抗敌。此时热浪袭来，酷暑难耐，大军缺乏饮用水，粮食供应也不时中断，士兵们宁可作战也不想如此行军，而且勃兰登堡地区炙热的地面、多变的地形和沙化的土壤亦使这次行军成了一场噩梦。国王已经一个星期无法入眠了，他本应该早点阻止劳登，使其无法与俄军在奥得河畔的法兰克福地区会合。俄国军队与奥地利军队的合作并不愉快，因为虽然劳登带来了俄军急需的骑兵部队，但却没有携带粮草，所以佐尔蒂科夫不断地辱骂和指责劳登。像往常一样，俄国的后勤补给一团混乱，虽然俄军士兵们见什么抢什么，但是他们还是吃不饱。当奥地利军队前来会合时，佐尔蒂科夫正在考虑是不是要撤回俄国呢。

腓特烈二世的军队有五万人，他们要对抗的是六万八千人的俄奥联军。战役初期，这一差距并没有太大的影响，但是经过了一段时间的战斗后，他开始怀疑自己能否赢得这场战役了。更糟糕的是，哈迪克（Haddik）将军率领的一支奥地利军队正在向柏林进发，这又迫使腓特烈二世立即进攻俄国军队，他说哪怕是炼狱中的亡灵也比他的处境好。

1759 年 8 月 12 日的库勒斯道夫（Kunersdorf）战役惨烈得令人无法直视。所有的情况都对国王不利。他的士兵们两夜未睡，几乎没有吃到任何东西，还得去搬动沉重的大炮。他对这里的地形不熟悉，而且这里的地形还有利于敌军。劳登将军的能力超过了腓特烈二世麾下的所有将领，俄国士兵的勇敢也和他们的野蛮程度相当，这一点是他几乎没有注意到的。但是，战役还是朝着有利于普鲁士军队的方向发展着，虽然普鲁士士兵大多是新手，但是他们还是击溃了俄军左翼，缴获了七十门大炮。腓特烈二世派人带话给住在柏林的王后，说他们赢得了今天的战斗。之后，普鲁士军队又发动了三次英勇的进攻，把俄军赶出了他们的预备阵地。此时，腓特烈二世手下的将领们对他说士兵们已经耗尽体力了，应该停战休息；到了第四次进攻后，他们再次恳请他停战。但是只要普鲁士军队拿下最后一个建有炮台的小山丘，他们就可以大获全胜了，这种情况下，腓特烈二世是不可能下令停战的。就在他距离山顶仅仅两百码的时候，劳登率领掷弹兵赶来了，他们击退了普鲁士军队。腓特烈二世命令炮兵前移，但是炮车都陷进了泥沙之中，动弹不得，国王亲自率领骑兵冲向山顶："孩子们，跟我一起！跟上我！"这些骑兵紧跟着他，但是这简直就是一场屠杀，他的精锐骑兵几乎全军覆没，没有取得任何战果。劳登发起了反击，普鲁士步兵已经在炮火中战斗了十五个小时，依然坚守阵地，腓特烈二世却下令让这些新兵重新发起进攻，这些新兵全力以赴但还是以失败告终。最后腓特烈二世的士兵死伤过半，他自己也身先士卒、奋不顾身，两匹战马均被射杀，衣服破烂不堪，兜里的一个鼻烟壶被摔得粉碎。"难道就没有一颗该死的子弹能够打死我吗？"但是他并没有被击中，几个忠心耿耿的胡萨尔骑兵保护着他逃离了战场。他看上去就像个梦游者，一头倒在了柴草堆上，几个小时后，当人们找到他和他的卫队时，他们犹自呼呼大睡。

所有人都认为俄奥联军很快就会占领柏林进而占据整个勃兰登堡。腓特烈二世率领着六个残缺不全的军营驻守在菲斯滕瓦尔德

（Fürstenwalde），此处位于敌军驻地与柏林之间。在这里，他把自己关在房间里待了整整两天，放出话说他已经病入膏肓。他把指挥权交给了冯·芬克将军，命令所有军官宣誓效忠于他的继承人普鲁士亲王，并任命亨利亲王为军队总司令；他要求王后带着他的档案前往波茨坦或者勃兰登堡，在那里等候命令；他还抽出时间给柏林的达尔让斯写了一封信，信中也作出了相同的指示。很明显，他是准备自杀的。最终阻止他自杀的很可能就是达尔让斯的回信，达尔让斯在信中说，只要国王还活着并且身体健康，他就不会离开；如果国王发生任何不测的话，那么他的国民将会陷入无法描述的恐怖之中。恺撒、蒂雷纳和孔代都曾经经历过类似的困境，腓特烈二世必须目光长远，最终一切都会变好的；如果他现在死了，亡国的罪名就会永远落在他的头上。两天后，腓特烈二世回信说，敌人似乎正在撤回奥得河畔的法兰克福，他也很想与达尔让斯见面，如果他能来的话就带上御厨诺埃尔。但是就在同一天，他又给达尔让斯写了一封信，信中说："道恩正在向柏林进发，请你不要来；立即离开我这个不幸的国度。军队士气低落，我要给他们发放烧酒，希望他们喝了酒之后可以战死疆场。"

日子一天天过去了，敌军并没有乘胜追击，扩大战果。"他们正在庆贺他们的胜利，"腓特烈二世说，"祝他们好运，但是别让他们对我们发动最终的致命一击。"他的精神状态有所改善。此时在联军总部，俄奥双方发生了激烈的争吵。俄国人指责奥地利人把最激烈的战斗都留给了他们，并且威胁说如果奥地利方面不向他们提供军饷和弹药，他们就返回俄国，而玛丽亚·特蕾莎既缺少军饷又没有弹药。联军最终还是向西里西亚进发了。腓特烈二世打起精神，提升士气，终于挡住了他们，不久，俄军就回国过冬了。道恩包围了德累斯顿，那里只有少数城防部队，很快就投降了，他进城后坚守不出。在维也纳，人们一分一秒地等待着腓特烈二世的彻底灭亡，但实际情况令他们极为失望。道恩的声望变得极低，以至于他的夫人都不敢走出自己的府邸。

腓特烈二世在萨克森的弗赖贝格度过了冬季。其间，他每天都忙着想与玛丽亚·特蕾莎的所有盟友议和，但是一切的努力都徒劳无获。他东拼西凑地组织了一支十万人的部队，但他自己也承认，这里面大部分都是未经训练的萨克森农民、敌军的逃兵和各路乌合之众。他说这支部队只能装装样子，基本上没有什么作战能力。他又陷入了绝望之中。"我现在忧心忡忡，焦虑不安，不堪重负。"如同之前一样，他的解决办法就是读书和写信。他对他的朋友们说"一定要给我写信啊！"达尔让斯的来信满是鼓励之词，他从巴黎得到消息，法国已经丢掉了魁北克，现在比当初路易十四最黑暗的时代还要不堪一击。他们肯定无力向皇后提供经费了，那么皇后也就没法给那些俄国野蛮人提供军饷了，到了春季就有可能议和。腓特烈二世请他前往无忧宫看一下他的御花园。"我感觉如此年迈，如此羸弱，如此沮丧。"他现在定期给伏尔泰写信，这让米切尔感到了一丝不安：

因为我相信法国王室在利用伏尔泰的生花妙笔，试图从普鲁士国王那里刺探一些情报，如果这位国王把他们的通信当成两位智者

187

之间的交流，他一定十分轻率。但是令我吃惊的是，每当普鲁士国王提到伏尔泰的时候，他总是会说他是"一个品行低劣的人，一个当代最伟大的流氓"，这种评价符合事实，但是尽管如此，他还是和伏尔泰保持着通信联系。之所以如此，是因为这位国王希望能从一个伟大、高雅的作家那里得到想要的歌颂，在此过程中，他最终会上当受骗：因为就我对伏尔泰品行的了解，对于他们之间曾经发生的事情，他可以掩饰，但是绝不会忘记，更不会原谅。

英国人也不希望腓特烈二世与凡尔赛宫议和，除非法国人愿意彻底放弃对"鳕鱼和海狸的土地（加拿大）"的主权声索。虽然国王通过伏尔泰向舒瓦瑟尔提出了一些意向性的提议，但是他也总说只要英国不同意，他就绝不会与法国议和，也绝不会透露任何秘密。在腓特烈二世与伏尔泰的来往信件中，伏尔泰还是在不停地抱怨发生在法兰克福的事情，腓特烈二世总是善意地解释事件中他的立场。最后，他终于厌烦了德尼夫人和她所谓的悲惨遭遇："我不想再听到关于伏尔泰的这个外甥女的任何事情了，她实在令我讨厌，而且她还没能像他的舅舅一样犯下那种高质量的错误。人们现在还在谈论莫里哀的厨师，但是没人会记住伏尔泰的外甥女。"

优秀的观察家都认为腓特烈二世和他的军队不可能在 1760 年的战役中存活下来，他自己可能也没对此抱有太高的期望。当冯·芬克将军率领的部队奉命追击马克森（Maxen）附近的敌军时，竟然一枪未放就径自举手投降了，这令腓特烈二世大感震惊。亨利亲王和他的部下认为这完全就是腓特烈二世的错，他不应该派遣冯·

芬克去执行一个他根本就无法胜任的任务，但是很多人认为这一事件是普鲁士军队士气开始涣散的表现。"一切都变得糟透了。"腓特烈二世说。道恩从德累斯顿的制高点上观察了形势，决心征服萨克森。俄国军队再次涌向柏林，劳登正在等待着与另外一支驻扎在西里西亚的俄国军队会合，现在只剩下亨利亲王所率领的一支实力不济的部队可以阻止他了。腓特烈二世试图重夺德累斯顿，但是失败了，他气急败坏，绝望之中下令炮轰这座城市，这次炮轰震惊了整个文明世界，但是还是没能攻下。又有消息传来，说格拉茨已经落入劳登的手中。他说，不是这个月就是下个月，他就要彻底完蛋了，至于到底是哪个月，这并不重要。"上帝站在了军力强大者那边。"安德鲁·米切尔爵士焚毁了他的文件，末日似乎即将到来。

　　腓特烈二世的痛风和痔疮非常严重，只能躺在担架上行进，就像是件"神圣的遗物"，但是整个夏季，他都在四处奔波。虽然病痛缠身，但是一如往常，他也享受到很多幸福时光。当他经过迈森时，当地一家瓷器厂的工人们全都跑出来，在乐队的伴奏下为他演唱小夜曲，因为他们都很喜欢这位国王；他为达尔让斯设计了一套餐具，里面什么都有，共计四十八件物什；他还向卡玛夫人、富凯和其他老朋友寄送了礼物。亨利亲王此时还在勇敢地袭扰着西里西亚东部地区的俄国军队。和往常一样，俄国军队依旧是组织混乱，供给不足，甚至有可怜的俄军士兵跑到普鲁士军营里要饭吃。俄军的暴行如此令人发指，腓特烈二世就此致信劳登将军，但是劳登觉得西里西亚是向腓特烈二世缴税的，这里人口减少，腓特烈二世的税收也会减少，这对奥地利有利，所以他们没有采取任何措施阻止其俄国盟友的暴行。

到了8月，劳登率军包围了布雷斯劳，佐尔蒂科夫也已经启程赶来，他们约定在此会合。腓特烈二世的部将陶恩齐恩（Tauentzien）手下只有四千名士兵，还要看管九千名奥地利俘虏，因此无法保卫这座城市。劳登写信给他，说他最好能在野蛮的俄国军队到达前投降，但是陶恩齐恩不为所动。他又写了一封信，威胁说如果陶恩齐恩固执己见，坚持不投降的话，那他就要屠城，哪怕是襁褓中的婴儿也不会幸免，对此，陶恩齐恩回复说他又没有怀孕。陶恩齐恩判断所有这些威胁只能说明劳登弹药不足。他率部向奥军大营开枪射击，居然打中了劳登的起居室；第二天一早他很高兴地发现敌人不见了。亨利亲王在三天时间内，急行军九十英里，赶来痛击了劳登，阻止他与饿着肚子的俄国军队会合。三十年后，当陶恩齐恩去世时，人们把他埋葬在了布雷斯劳的城墙下。

8月1日，对此毫不知情的腓特烈二世离开迈森，前去支援布雷斯劳。他的前方有道恩率领的奥地利军队，后方有拉齐（Lacy）统帅的奥地利军队，从远处看去，这三支部队就像是同一支大军在行进。刚开始的时候，情况令人绝望：当腓特烈二世抵达列格尼茨时，他发现道恩、拉齐、劳登和佐尔蒂科夫率领着大军已经在此等着他了，他的将领们告诉米切尔，他们的粮草只能维持四天。腓特烈二世的营寨位于列格尼茨城外。8月13日，一个喝醉的爱尔兰人因为对奥地利人不满，叛逃出城，步履蹒跚地来到腓特烈二世的大帐，坚持要面见国王。普鲁士人费了半天的时间，给他灌了几加仑的茶水和很多灌肠剂，才让他从宿醉中醒来说明情况。他告诉国王，道恩今夜就要进攻。于是，腓特烈二世立即率部撤离大营，只留下一些农民点着营火，又派了一些鼓手制造声响，听上去就像平常一样。他自己和士兵们一起睡在了美丽星空下的野地里。到了黎明时分，道恩和劳登对普鲁士大营发动了攻击，劳登的任务是抢劫粮草，道恩负责消灭普鲁士军队，但是他却发现这是一座空营，无人可杀。之后腓特烈二世猛攻劳登的侧翼，打死打伤六千余人，俘虏四千余人。道恩试图救援劳登，但是被齐滕牵制，无法组织队形进行攻击。后来他意识到劳登已经彻底失败，无法救援，便率部撤离了战场。

腓特烈二世在这场战役中活下来，不啻一个奇迹——敌军士兵直接向他射击，他的战马被击毙，他的衣服也被射穿。普鲁士士兵趁着夜色打扫战场，集合战俘，把受伤的士兵扶上马车，整理战利品。第二天早上热浪逼人，他们继续行军，所有人——包括国王和他的将军们——都步行前进，这样才能保证让轻伤员骑在马背上。腓特烈二世带领着这支疲惫不堪的军队将俄国军队和奥地利军队分割开来，令他们不敢发动进攻。俄军被迫退过了奥得河，佐尔蒂科夫又像以前一样把脾气都发在了道恩身上。同时，亨利亲王派遣了自己的部队赶来支援哥哥。

亨利自己则返回了格沃古夫，在那里生了几个月的闷气。他和腓特烈二世在战略部署上观点不一，觉得自己没有得到公平的对待。在战役中，他率领着一支实力并不强大的部队，却发挥了极为重要的作用（腓特烈二世是第一个承认这一点的人）；现在，两支军队在一起，那么他就得听从腓特烈二世的直接指挥了，这是他难以忍受的，所以直到第二年4月，他才出现在腓特烈二世的指挥部里。腓特烈二世继续让他独立指挥部队，防守萨克森。和往常一样，当亨利亲王试图挑衅国王时，国王选择视而不见。整个冬季，他都充满感情地给弟弟写信，5月，他还给妹妹阿米莉亚公主写信说："亨利完成了不可能完成的任务。我必须要说我真的很爱他。他兼具智慧与能力，这两点都弥足珍贵。我完全依仗于他。"

　　1760年10月，三万俄国人在柏林城下被击退，据在场的达尔让斯说，普鲁士方面只有两位受伤的老将军指挥着柏林市民与俄军激战了五天，打退了敌人的进攻。但最终由于兵力悬殊，柏林迫不得已投降，被俄国和奥地利军队占领。令所有人大为震惊的是，这次俄国军人尤其是哥萨克士兵表现得非常文明，反而是奥地利军人在城里无恶不作，犯下了滔天罪行。如果不是一位杰出的共和体制支持者、荷兰驻普鲁士大使范德尔斯特（Vanderelst）向联军将领们提出了强烈的抗议，事情还会更加糟糕。达尔让斯说柏林市民的表现实在是太好了，在信中，他一再强调这些市民是多么优秀——他们的心里只有他们的国王。他还请腓特烈二世放心，他的王宫没有受到破坏：无忧宫和波茨坦城内的宫殿都完好无损，当时埃斯特哈齐（Esterhazy）亲王[1]就住在波茨坦的宫殿里，他只拿走了一支笔——作为腓特烈二世给他的纪念品。但是夏洛滕堡宫被洗劫一空，很多藏画被盗，好在《热尔森画店》尚存。波利尼亚克枢机主

---

[1]　埃斯特哈齐亲王（1714—1790），匈牙利亲王，热爱艺术，是作曲家海顿的资助人。

教的古董也被砸坏了，但是应该很容易修复（腓特烈二世听说这些破坏以及宫殿里的污秽混乱都是萨克森人造成的）。奥地利人在这里横征暴敛，但城里的元老们，尤其是令人敬重的富商戈茨科夫斯基（Gotzkowski）似乎找到了办法解决这一问题。俄奥联军想到腓特烈二世可能会赶回柏林，他们很快就撤退了。身陷焦虑之中的腓特烈二世令达尔让斯去戈茨科夫斯基那里，看看他都有哪些名画，因为他早就听说他收藏了很多很好的画作。达尔让斯回复说：都是传世之作，包括他从罗马偷带出来的提香和拉斐尔的作品。戈茨科夫斯基还拥有一家瓷器厂，战后腓特烈二世从他那里收购了这家工厂。

11月3日，腓特烈二世率领四万四千名士兵在德累斯顿附近的托尔高（Torgau）战胜了道恩的五万大军。对奥军来说，这场战役本来可以轻松地成为科林战役的翻版。道恩依旧占据着最好的防御阵地，仅仅一年前，亨利亲王的小股部队就是在这里抵挡了道恩的大军。战前，腓特烈二世告诉他的士兵们，他将带领他们去进行一次极其危险的战斗，士兵们则回应说他们一定会全力以赴。他赢得了这场赌博，奥地利人从西里西亚撤军，只保住了德累斯顿，一直到战争结束，他们才放弃这座城市。为了庆祝托尔高大捷，伦敦鸣放礼炮以示祝贺。托尔高战役与列格尼茨战役的胜利使得腓特烈二世重新赢得了声望，虽然他自己也说这两次胜利并没有改变他的境况，打了这么多的战役，获得了这么多次的胜利，腓特烈二世依旧面对着毫无希望的局面。他的西部战线令他焦虑不安，恢复元气的法国人在夏天多次击败不伦瑞克的费迪南德所部。国王预想，等到

1761 年，一切都要结束了："一切都是如此黑暗，我似乎已经置身坟墓之中。"

莫佩尔蒂去世了。达尔让斯说他看到了莫佩尔蒂的鬼魂，他请求他的鬼魂去找伏尔泰并且去吸伏尔泰的血。腓特烈二世在写给萨克森-哥达公爵夫人的信中说："我已经失去了我所有的老朋友和老熟人——就连哲学也拯救不了我了。"在写给公爵夫人的信中，他总是展示最好的一面：内容简洁，语气谦逊，绝无丝毫炫耀之意，有时候读起来几乎就是情书，让公爵夫人不得不斥责他。他曾经说，对他而言最幸运的事情就是一场灾难性的失败使他来到了她的府邸，"公爵夫人，我的姐妹，你已经占有了我的灵魂"。当冬季来临、大雪纷飞时，他依然住在帐篷里，他写信邀请达尔让斯夫妇来列格尼茨过冬，他已经太久都没有朋友的陪伴了。达尔让斯回答说："一定来，哪怕是用担架把我抬过来。"但是，到了 3 月，他又必须回家了，因为每到 3 月中旬，他总是生病且腹泻不止。他知道国王对疾病不以为意，但是陛下也得明白，在战场上光荣牺牲与死于腹泻还是有天壤之别的。

国王在列格尼茨附近的阿佩尔之家（Apel House）度过了一个愉快的冬季，陪同他的有达尔让斯、米切尔和昆图斯·伊西利斯。米切尔已经学会了德语，对这门语言兴致盎然，并且劝国王与大学教授们多交流，在大学里关于德语及其未来有各种热烈的讨论。国王并不看好德语，认为这门语言没有什么前途。他阅读了大量的书籍，觉得《老实人》是唯一一本值得反复阅读的小说。

达尔让斯向国王描述了萨克森士兵如何劫掠、破坏夏洛滕堡宫以及他们如何在宫殿里做出污秽之事，这些都是他亲眼看到的，他的描述令腓特烈二世心生怨恨。他给波兰的奥古斯都三世写信描述了这一情况，但却没有收到回复，于是他决定将奥古斯都最喜爱的狩猎行宫胡贝图斯堡洗劫一空以示报复，还准备出售狩猎行宫里的物品用以资助他的战地医院。为此，他招来萨尔登（Saldern）将军，在列格尼茨战役中，萨尔登将军打扫战场的速度之快，创造了纪录。他命令萨尔登率领一个小分队去劫掠胡贝图斯堡，这令将军非常难堪，请求国王另派他人前往。国王向他解释说，要想让世界上的一些强者意识到他们做了错事，唯一的方法就是拉扯他们的头发，让他们感受到切肤之痛。萨尔登说他不能这样做。国王怒不可遏地离开了房间，而萨尔登将军也不得不离开了军队（战后，他还是回到了军队，而腓特烈二世也把他当成最优秀的步兵将军）。昆图斯·伊西利于斯被派去执行这一任务，后来国王总是没完没了地提起这件事情，拿他寻开心，说他本来应该在这次行动中劫掠更多的财富。

达尔让斯一回到柏林就赶赴无忧宫，这里的画廊刚刚建成，其中都是传世佳作，除了罗马的藏品外，这些画作是世界上最好的作品了。达尔让斯想告诉腓特烈二世，卡特的状况很好，不用担心。如果路易十四知道本地治里（Pondicherry）[1] 已经沦陷，知道目前的税率比他统治时期还要高，知道已经有十五万名法国士兵战死在德意志地区，而其结果却是壮大了奥地利的势力，知道所有这一

[1]　本地治里，位于印度南部，曾经是法国的殖民地。

切都是圣德尼街上的一个婊子（蓬帕杜夫人）和圣叙尔比斯神学院的一个滥竽充数的诗人（贝尼斯枢机主教?）策划的，真不知道他会怎么想。

进行大规模战役的日子结束了，普鲁士军力匮乏，国库空虚，已经无力再次发动进攻。1761年的大部分时间里，国王都待在希维德尼察附近的本泽尔韦茨（Bunzelwitz）。虽然没人胆敢进攻，但是他也无力阻止希维德尼察的沦陷，只能眼看着奥地利人在西里西亚和萨克森过冬。在北方，联军已经攻占了科尔贝格（Kolberg）港，波美拉尼亚也是唾手可得。现在，所有这些地方都在向腓特烈二世的敌人纳税，当地人加入他们的军队。乔治舅舅的去世对他而言也是一个沉重的打击，虽然他并不喜欢他，但是却说他是一个守信用的人，绝不会抛弃自己的盟友。新的英国国王是个地道的英国人，对其在德意志的领地并不在意；英国在殖民地战争中已经打败了法国，现在乔治三世想要议和了。皮特已经离开了内阁，现在能够影响国王的是布特勋爵。布特向腓特烈二世提议，让他放弃一些领土以便达成和平协议，在腓特烈二世拒绝这一提议后，英国就取消了对普鲁士的资金支持。他写信给萨克森-哥达公爵夫人说："这些英国绅士背叛了我。这给了米切尔先生重重的一击。"公爵夫人提出她可以给乔治三世的母亲写信，乔治三世的母亲与公爵一母同胞。腓特烈二世认为这毫无用处，反而可能会引发家庭矛盾。布特说只要符合国家利益，英国总是会牺牲盟友的利益，这令腓特烈二世很是恼火，但他忘了他自己也是持有相同论调的。

194　　在《七年战争史》一书中，腓特烈二世描述了1761年底，他在布雷斯劳过冬时的情景。在他麾下的所有将领中，只有在莱茵兰地区的不伦瑞克的费迪南德公爵能够战胜敌军且损失不大，其他各个战场几乎都是节节败退。亨利亲王丢失了萨克森山区，控制的地区太小，已经无法为自己的部队提供给养了。在萨克森的敌军占据了所有的要塞之地，估计很快就可以占领萨克森全境。虽然亲王殿下的境况已经很糟糕了，但和国王相比还是好得太多。丢失希维德尼察直接导致了当地山区和半个西里西亚地区的沦陷。现在国王只控制着格沃古夫、布雷斯劳、尼斯和科塞尔，他还控制着奥得河的两岸，但是这里的农村地区惨遭俄国人的蹂躏，几乎颗粒不剩。腓特烈二世的部队不得不在河两岸同时作战：一边是俄国军队，一边是奥地利军队。与柏林的通信联系也是时断时续，而最令人绝望的是科尔贝格港的沦陷。现在已经无法阻挡俄军开春后进攻什切青、柏林与勃兰登堡了。国王在西里西亚只剩下三万名士兵，亨利亲王的部队人数相近，被派往波美拉尼亚抵抗俄军的部队已经全军覆没。大部分的领地和邦国都已经被敌军占领或毁灭了，无人知道能到哪里去招募新兵、采购战马或其他商品，到哪里去采购粮草与弹药。

现在，国王唯一的指望就是土耳其能够对奥地利宣战，但是如果在下次战役开始时他们还没有任何动静的话，他就只能自杀了。"我的青春年代献给了我的父王，我的中年时代献给了我的国家，我想我应该有权利自行处置我的晚年了。"

米切尔在写给布特勋爵的信中说："必须向您坦承，我很不放心普鲁士国王。"

1762 年 1 月 5 日，腓特烈二世收到了达尔让斯的来信，他的来信总是令人充满希望，但是这次国王回复说："我一直在和你说，发生奇迹的年代已经过去了。"但是他不知道的是，恰恰就在那一天，奇迹发生了：俄国的伊丽莎白女皇驾崩了，时年五十三岁，多年以来，她一直是疾病缠身。战争刚一开始，腓特烈二世就很希望她能早点死掉，因为一旦她去世，前线的俄国军队必定会土崩瓦解。不过最近，他已经放弃这个希望了。当他听到这个消息时，他说："野兽死亡之时，毒液也随之消亡。"这个消息传播得很慢。女皇去世两周后，驻柏林的丹麦特使才听到这个消息，但是他只宣称一个重要国家的帝王去世了，却不明说是哪个国家，令所有人焦躁不安地又等了三天。女皇去世的后果颇具戏剧性：她的外甥和继承人做了一件疯狂的事情，而他的愚蠢却挽救了腓特烈二世，因为这位继承人是普鲁士国王的狂热拥趸。他登基成为彼得三世的第一天就下令让德意志地区的俄军改变立场，接受腓特烈二世的指挥，他们所占领的东普鲁士和其他地区全部交还给普鲁士国王。瑞典人对于这场战争本就是三心二意，此时正好乘机退出战争，并放弃了他们占领的波美拉尼亚。腓特烈二世得以重获这些土地和这些地方的税收。

他写信给达尔让斯说："北方的梅萨利纳[1]死了，我们也摆脱了希柏里尔人[2]派来进攻我们的军队。"这样，达尔让斯和柏

---

[1] 梅萨利纳，罗马皇帝克劳狄一世的第三个妻子，以淫乱和阴险出名。这里指俄国的伊丽莎白女皇。

[2] 希柏里尔是一个传说中的国度。在传统的希腊神话中，希柏里尔人是居住在希腊以北极远处的民族，大概在乌拉尔山附近。

林都平安无事了。但是，如果俄国的这位新皇帝很快就死掉了，又会怎么样呢？这不太可能——这位新皇帝很年轻，而且现在也不再是美第奇家族[1]的年代了。此时，匈牙利女王每日只能以泪洗面，祈祷上天的保佑了。但是腓特烈二世心中却充满了甜蜜的宁静。夏洛滕堡宫必须立即恢复原样，达尔让斯被命令负责此事。

然而很快，人们就发现俄国还是处在美第奇家族的时代：彼得三世被他的妻子下令勒死，这位皇后是安哈尔特-策布斯特（Anhalt-Zerbst）的公主，孩提时代，还曾经与亨利亲王一起玩耍。第二年，她又谋杀了腓特烈二世的侄子、已经被废黜的伊凡六世，从此之后，这位皇后成了叶卡捷琳娜大帝，在国内再无对手，直到1796 年去世，一直牢固地统治着俄国。腓特烈二世曾说，就连被关押在普鲁士的俄国战俘也因为这些继承权纷争而四分五裂，大约有一半人支持伊凡六世，所以难怪这位女皇要如此谨慎行事。这位女皇改变了其丈夫生前几乎所有的政策，不过让腓特烈二世感到幸运的是，她发现了一些腓特烈二世写给彼得三世的信件，信中腓特烈二世要求彼得三世善待皇后，所以她仅仅终止了俄国与普鲁士之间的联盟，并没有继续发动对普鲁士的战争。腓特烈二世成功地说服了俄国将领们，让他们在接到回国的命令后又多待了几天，帮助他发动了对道恩的几次小规模攻击。在完成了这些进攻后，所有的俄国军官都向他索要他的著作《杂诗集》（*Poésies Diverses*）。"这个世

196

---

[1] 美第奇家族是意大利佛罗伦萨著名家族，创立于1434 年，1737 年因为绝嗣而解体。美第奇家族在欧洲文艺复兴中起到了非常关键的作用。在其家族史中，曾因为继承权问题发生刺杀、战乱等。

界上唯一能够让我的诗歌广为流传的地方可能就是俄国了。"

法国损失惨重，希望和谈；凡尔赛宫发现奥地利现在不可能夺回西里西亚了，而如果奥地利得不到西里西亚的话，根据协议，法国也无法得到奥属尼德兰地区。因此，法国停止了战争进程。这样，实际上就剩下腓特烈二世和玛丽亚·特蕾莎单打独斗。亨利亲王发动了这年夏天唯一的一次大规模战斗，进攻施托尔贝格（Stolberg）亲王，并且取得了决定性的胜利，这是他打得最漂亮的一仗，也是这次战争的最后一仗。腓特烈二世说："你粉碎了奥地利人的固执，这完全是你一个人的荣耀。"

1762 年 11 月 3 日，法国与英国在枫丹白露签订了对法国极为不利的和平条约，一切都像皮特所规划的那样结束：腓特烈二世在德意志战场上帮助英国人得到了加拿大和印度。路易十五和腓特烈二世并未相互宣战，也就不用签署和平条约，法国军队随即从莱茵兰地区撤军。1763 年 2 月 15 日，奥地利、普鲁士和萨克森三国在胡贝图斯堡签署了和平条约，规定一切回归战前状态。腓特烈二世几乎就要彻底战败了，最终却摆脱了败局，并且还得到了上下西里西亚和格拉茨，这实在是一个不解之谜。关于奥地利失败的原因，外交界有各种传言。有人说是因为神圣罗马帝国的皇帝拒绝拨款给皇后维持战争，因为他本人和约瑟夫大公都反对这次战争，而道恩也觉得再继续这场战争并不明智。也可能是因为玛丽亚·特蕾莎觉得已经严厉惩罚了腓特烈二世，而且她无法控制普鲁士，于是便停止了这场战争。1762 年 12 月 31 日，萨克森-哥达公爵夫人在写给伏尔泰的信中说：

　　或许您不知道，我们曾经在家里非常荣幸地接待了腓特烈大帝　197
二十四个小时……他坚韧不拔，志存高远，才华横溢，魅力四射。
我无法用语言描述他对我们的礼貌与善意。但是我发现他苍老了
很多。

人生而劳碌

Man is made to work

　　终于实现了和平，但是此时，腓特烈二世的身体和他的国家一样，已然千疮百孔。肉体上的疼痛钻心刺骨，难以忍受；精神上不再像以前那么斗志饱满，言辞也失去了犀利。富凯恳请他时不时地发发脾气，这对他的身体有益，但是他的怒火只体现为平静而又尖酸的讥讽。他才五十一岁，但是已经像个年迈的老人了，尽管他依然精力充沛，并且按照自己的理解在为国家的利益而奋斗。在签署《胡贝图斯堡条约》当天，他给萨克森-哥达公爵夫人写信说："和平需要巨大的努力才能得到，而人生而劳碌。"在他的回忆录中，他描绘了普鲁士在战争后的悲惨状况："如果不是亲身目睹的话，没人能够想象出这种样子。"他肯定不敢回到柏林，所以才会尽量推迟前往柏林的行程，他先是视察了惨遭蹂躏的西里西亚，在签署和平条约六个星期后才回到了首都。他说在柏林，自己能够看到的只有断壁残垣，所有他熟悉的地方都被夷为平地，只剩下了留存在心中的记忆。对他忠心耿耿的柏林人专门为他打造了一辆凯旋马车，高举彩旗与鲜花等待着国王的到来。但是他无法面对他的臣民。他悄无声息地穿过柏林没有路灯的黑暗街道，没有通知任何人就回到了自己的王宫。王后为他举办了一场小型的家宴，还邀请了米切尔与荷兰驻普鲁士大使范德尔斯特。但是第二天上午，他还是邀请不伦瑞克的费迪南德和他一起登上了那辆凯旋马车去接受欢天喜地的柏林人的欢迎。之后，他便立即开始了他的工作。各地前来表示祝贺的代表团被告知，他们不需要多说感谢的话，而要告诉国王，为了重振农业，他们需要他做些什么。他采取的第一项措施就是把三万五千匹战马无偿发放给农民。

199

腓特烈二世饱受诟病的一点是他从不授权他人处理政务，总是事必躬亲。麦考利勋爵说，被一个爱管闲事的人统治，是世界上最难忍受的事情。在腓特烈二世统治后期，尤其是在普鲁士国力恢复之后，这种批评或许能够成立，但是在 1763 年，普鲁士王国所需要的正是他废寝忘食的工作和他所采取的简单而创新的政策。他的鹰眼能够关注到每一个细节，他认为所有一切都在自己的职权范围之内。例如，在库勒斯道夫战役期间，他注意到当地农民在耕种的时候存在各种各样的问题，现在他终于有时间谈论这些问题并进行改革。

在参战的欧洲大陆国家中，普鲁士是唯一一个在战后得到战争赔偿的国家。腓特烈二世得到了足以再发动两次战役的现金，现在这笔钱全部被用于恢复国民经济。在战争期间，很多城镇都被迫向占领军缴纳了巨额的赔偿金，除了柏林缴纳的赔偿金是由国库拨款外，其他地方的赔偿金都是由当地的资产阶级承担的。腓特烈二世更看重贵族和农民，因为他们代表了军队和农业，而资产阶级与这两种人都没有丝毫关联。他估算普鲁士人口中的九分之一已经死于战火（有一百二十名将军战死疆场），因此他采取了一切措施以鼓励外国移民进入普鲁士，从事农业生产。这些移民大多来自德意志和波兰，此外还有希腊人和其他地中海沿岸地区的人。他还在威尼斯设立了办事处，他认为不同人种的融合才能产生更多的人才。像维多利亚女王一样，他也厌倦了每天都只能看到蓝眼睛的白种人，甚至考虑过修建清真寺以便吸引土耳其人。到了他的统治末期，有六分之一的普鲁士臣民是外国人。他很快就着手改变勃兰登堡地区的土地沙化问题，只要能够种植灌木或树木的地方皆要播种，凡是能够开垦农田的地方，一定要垦荒。国家掌控一切，在丰收的年份里，政府会开办市场便于农民买卖交易；歉收的年份里，政府会和农民共度时艰，而所谓的政府，其实就是腓特烈二世自己。他竭尽所能地帮助农民，而当时在整个欧洲大陆，农民是最受压迫的阶层。他不允许破坏农田（在神圣罗马帝国的其他地方，这种事情时有发生），并且允许广袤的王室土地上的农民继承农田。但是在那个年代，一个并不令人愉快但却又无法摆脱的事实是：要想国家繁荣，农民们就得付出更多的劳动，却只能得到极少的报酬。这些农民实在太可怜了，他们无法接受教育，也不可能有多聪明，因此即使是腓特烈二世推动的简单的农业改革——如农作物的轮作以及家畜的选种改良——也由于这些农民的保守而受挫。他只能利用自己的权威推动这些改革，同时当他看到这些农民如此愚蠢、浪费时，当这些农民无法执行甚至理解自己的命令时，他还是有些抓狂。相对而言，富裕的西里西亚人要比普鲁士人更加聪明一些，所以他更喜欢西里西亚人，每年都会在布雷斯劳居住至少两个月，举行军事演习。在他去世前，他曾经说过，在他统治西里西亚的四十年间，他只签署过一份死刑命令。

　　萨克森-哥达公爵夫人写信给伏尔泰说："为了人民的福祉，腓特烈二世正在夜以继日地工作，他也受到普鲁士人民的深深爱戴。"然而，腓特烈二世似乎正在试图摧毁人民对他的爱戴：他的行为方式极其粗鲁，甚至可以说是残忍。他的军事改革也是毫不手软，缺乏人情味：在战争结束后，他从来没有表扬或者祝贺过任何部下。战争甫一结束，他就立即遣返了所有来自资产阶级的年轻军官，在战事紧张时他不得不征召他们，而且这些军官数以百计的伙伴都为他而战死沙场。与普鲁士本地的军官相比，腓特烈二世更喜欢来自国外的军官，他们常常会带领着相当数量的士兵。他对贵族并不迷信，也不认为贵族阶层的人就必然会比其他阶层的人更好，但是他坚持认为，这些贵族的视野和社会组织结构决定了他们更加适合担任指挥官。最理想的军官是一个大庄园主，可以带着很多一起成长的租户参军。但是，即使是这样的军官也不能指望得到任何优待。昆图斯·伊西利于斯曾经请求他为某些军官提供帮助，这些军官因为自掏腰包支付士兵的军饷和粮草而破产。而国王的回答是："你的这些军官们就像乌鸦一样不停地偷盗。我绝对不会给他们一文钱。"所有曾经被俘的军官在回国后，都会被关押到牢房里等待军

201　事法庭的审判，甚至包括他钟爱的富凯。国王说富凯在被俘前作战勇敢，就像罗马人一样，这样他才得以脱身，但是冯·芬克将军就被判处在施潘道服刑一年。腓特烈二世还派遣年轻的平民巡视员去监督那些在各自势力范围内独揽大权的上校们，这些巡视员只对国王本人负责。另一种对军人的侮辱方式是：他会按照各团在战争期间的表现发放军饷。在他把数目众多的老兵遣散之后，就只能从头开始训练新兵了。这些新兵训练了整整七年之后，国王才对他们表示满意。不过在1764年，他写信给富凯说他的军队正在像凤凰涅槃一样重新崛起。虽然他做了这么多对军人不利的事情，终其一生，他都受到了军人们的爱戴。他会拿自己的怪癖和士兵们开玩笑，其中很多是士兵们多次讲述过的"老弗里茨"的故事。而且，他们都以他为荣，并以自己能够追随这样一位英雄而感到自豪。

　　腓特烈二世决心把普鲁士改造成为一个工业化国家，但是他的观念过于老旧，还在遵循着科尔贝的理论，执行贸易保护主义的原则。如果他能够用更加现代的方式加以组织的话，普鲁士的复兴本来是可以更加成功的。他说服法国哲学家爱尔维修从英国来到柏林，担任他的顾问。爱尔维修让腓特烈二世改变了原有的普鲁士征税体制，换用法国的模式。为此，腓特烈二世从法国请来了很多的征税官员，但是这种做法却严重伤害了普鲁士资产阶级的感情。国王脑子里有一个根深蒂固的观念，那就是不仅仅普鲁士的税收制度毫无希望，就连那些征税的普鲁士官员们也欺诈成性、不能信任，因此，他让法国人洛奈先生负责监管他们。洛奈在普鲁士宫廷举足轻重，还得到了高额的收入，所以普鲁士人都很痛恨他。米切尔这样写道：

　　这一新税制的征收官们大部分都是爱尔维修推荐的，他们都是法国人，原本在法国的地位很低，而且对普鲁士的语言、习惯、风俗一窍不通。其中有三个人在法国的时候已经破产了，坎迪（Candi）先生就是一位。后来坎迪先生与洛奈发生争执，被洛奈射杀了。这种新的税制令普鲁士臣民很是不满，也极为严重地削弱了他们对国王的爱戴。

　　负责收税的人员中，只有十分之一是法国人，但是他们的做法却激怒了普鲁士人民，虽然如此，公众的这些反对意见并没有对腓特烈二世产生任何影响，他依旧是我行我素。

　　他最为看重的工业企业是柏林的瓷器厂，对这间工厂，他花费了巨大的心血。战争期间，他在迈森的朋友们同意带着秘密配方离开萨克森，迁往柏林（这也是他对萨克森人印象不好的一个原因）。很快，他们便生产出一种质地精美、世间罕有的瓷器。腓特烈二世把其中的第一件瓷器送给了萨克森-哥达公爵夫人（1763 年 1 月 10 日），说："如果我的这点敬意配不上您这位女神的话，尽管把它打碎、扔掉并且抛至九霄云外，与您的友谊才是我最为珍视的财富。"就像法国国王们会极力推销塞夫勒瓷器一样，他也强迫人们购买柏林瓷器。他自己的餐桌上用的是这种瓷器，送给国内外朋友们的礼物也是这种瓷器。但是那个时候，大部分的欧洲君主们都有自己的御用瓷器厂，所以这家瓷器厂的销量并没有达到他的预期。其他的工业企业也令他失望。他曾经派人从萨克森偷来了很多只羊，一方面是为了增加家畜的存栏量，一方面是在人为地制造羊毛短缺，以便增加普鲁士羊毛的销量，但是即使如此，他的羊毛贸易依旧停滞不前。由于他坚持要求使用明亮、艳丽的颜色，所以普鲁士的丝绸业发展得很好；另外，棉纺业发展迅速，亚麻制品出口量巨大。在矿产资源丰富的西里西亚，采矿业一直表现平庸，直到18世纪70年代，腓特烈二世找到了一位精明能干的萨克森人冯·海尼茨（他是洪堡的老师）并任命他为矿业部大臣。有些普鲁士商品质量低劣，还有一些则价格过高，如柏林制作的钟表，这些钟表都是腓特烈二世的瑞士臣民制作的，他们来自纳沙泰尔。当他询问为何他用的纸张都这么差时，有人告诉他说这是因为造纸所需的碎布不够。他说他知道是怎么回事了——他总是看到女佣们用碎布点火，因此必须立即禁止这种做法。在普鲁士国内，工业制成品并没有很大的市场，农民们太穷了，根本就买不起这些东西。同时，与经贸发达的城市——如汉堡和莱比锡——的产品相比，他的这些老套的产品也缺乏出口竞争力。总的来说，虽然有一些不利因素——如土壤沙化、气候恶劣等，但是普鲁士的农业还是蒸蒸日上，然而工业却被远远抛在后面。1766年席卷整个帝国的财政危机给普鲁士的发展造成了一些冲击，等到财政危机结束之后，普鲁士终于逐步从战争的破坏中恢复过来了。

虽然腓特烈二世在方方面面都是事必躬亲，但是唯独从不干涉法官的审判（除了我们将会看到的一些著名案件外）。他的法治改革是最令他满意的。死刑判决必须经他同意才能生效，而除了谋杀案之外，他从没签署过死刑命令。在一个父女乱伦的案件中，父女两人都被判处死刑，他质疑如何才能断定他们两个是父女关系呢。就这样，他释放了他们。他也从不处决那些杀害自己婴儿的妇女。在那个年代的英国和大多数欧洲国家，就连犯有偷盗之类轻罪的人都有可能被处死，但是在普鲁士，腓特烈二世每年只会签署八到十二份执行死刑的命令。

腓特烈二世始终认为，奥地利一定会再次发动对普鲁士的战争，因此七年战争刚刚结束之时，他便开始四处搜寻盟友。通过一系列的联姻，波旁王朝已经与哈布斯堡王朝密不可分。英国人对腓特烈二世没有了丝毫的好感，虽然他们自己也行为不端，但是却发自内心地讨厌腓特烈二世，他在英国一直被当作一个侵略者和暴君，"他的恶行，历史都无法正视；他的恶名，讽刺作品都耻于提及"（麦考利勋爵）。此外，正如米切尔所注意到的那样，英国人不喜欢一个国王说出这样的话："屠夫是为了满足人们的需求而杀戮，但是他本人并非乐在其中；嗜猎者（sportsman）却为了娱乐而杀戮，所以屠夫的社会地位应该比嗜猎者更高。"曾经有一段时间，英国人把他当成潜在的敌人来对待，而不是盟友。1762年，腓特烈二世派往俄国的特使看到一份加立津（Galitzin）亲王从伦敦发来的报告，这份报告记录了亲王与布特勋爵的对话：布特勋爵建议彼得三世不要与腓特烈二世媾和，因为这样一来，势必会耽搁一个整体解决方案的达成。为此，腓特烈二世对这位英国首相恨之入骨，甚至将自己的一匹马命名为布特勋爵，并让这匹马去犁田，或者做其他最肮脏的工作。接下来还有叶卡捷琳娜大帝。腓特烈二世和她签

署了一份协议，并为了与她保持友好关系而付出了巨大的代价，但
是，对于这样一个野心勃勃而且强势的女人，腓特烈二世是不可能
把她当成自己的盟友的，而且俄国人在工作中的表现之差，令他再

204 也不愿意邀请他们来西欧了。虽然这一协议几经波折，但是最终还
是得以长期保留并执行，也成了普鲁士对外政策的基石。腓特烈二
世认为他有责任把普鲁士建设成为一个实力强大的国家，不必依靠
任何盟国的帮助，他把他的余生都奉献给了这一事业。

或许是因为疾病，腓特烈二世变得举止怪异，他的勤俭节约也
达到了吝啬的程度。他的军装上打着补丁，他的军靴破烂到完全应
该扔掉，他唯一的一套便服从来没有更换过；他的意大利灵缇犬被
宠坏了，四处破坏，扯烂了他的窗帘，把他的椅子撕成了碎片；无
忧宫里的景象给人的感觉就像是一个乞丐住进了富人的豪宅。但是
对待老朋友，他依旧是慷慨大方——住在农村的富凯给他写信说，
不需要再给他送钱了，不过他很喜欢国王刚刚寄给他的咖啡、瓷器
和助听筒。

他在公共事务中的节俭与私人生活方面的吝啬有目共睹，所以
当他开始建造新的宫殿时，人们大感震惊，资产阶级十分恼怒。战
争刚刚结束，他就着手在无忧宫的花园里修建一座大型的宫殿——
波茨坦新宫，并且不惜代价地进行装饰。他从没在这里居住过，但
是会经常陪同来访的外国元首们到这里参观，或者在这里为年轻人
举办晚会。有人认为，他之所以要修建这座宫殿，是为了向世人展
示他并没有被打倒；还有人认为，他要把这座宫殿打造成普鲁士产
品的展厅。或许真正的原因是：在之前的七年时间里，他的生活极

其艰苦，之后的生活又索然无味，他觉得自己理应享受一些快乐。这座宫殿的修建耗时三年，宏伟壮观，内饰绚丽多彩。宫殿的屋顶上有一个封闭的皇冠，里面有帝国皇后、女沙皇和蓬帕杜夫人的裸体形象。

德意志大叔

The Uncle of Germany

　　腓特烈二世一直与萨克森-哥达公爵夫人保持着通信联系，与她分享自己的最新动态。达朗贝尔先生于 1763 年 6 月来到了波茨坦，他本人比他的著作更好：他天性率真、自然、宁静，而且幽默睿智。腓特烈二世希望他能够撰写两本书来教育公众：一本是把他自己的作品《哲学与几何学原理》详加解释，另一本描述培根时代以来的物理发现。要不是那个老女人（伊丽莎白女皇）吐血而亡的话，给德意志地区带来启蒙的一点点良知和理智都会湮灭于愚昧的迷信之中。虽然如此，受益良多的腓特烈二世还是高兴不起来，因为尽管战争已然结束，他却依旧无法见到公爵夫人。他想了各种办法以实现这一愿望。他听说公爵身体不佳，而且他上次在哥达的时候也注意到，公爵的状态并不好，公爵夫人不得不准备好面对即将到来的分别。现在，腓特烈二世已经拥有了一大堆的侄子、侄女、外甥、外甥女和侄孙、侄孙女、甥孙、甥孙女，很快，他就要成为德意志大叔（Uncle of Germany）了，就像当年的德·松斯菲尔德小姐被视为每个人的阿姨一样。如果一个人不能成为爷爷，那他还可以当上伯公、舅公，可以用自己老糊涂的样子哄孩子们开心——这便是人生这部戏剧的第五幕[1]，人们只能在一片嘘声中告别人世［他对亨利亲王说，他应该为孩子们举办一次舞会，但是能邀请的人却太少了，或许他得在《情报广告报》（Intelligenzblatt）上刊登一个告示了］。在阿姆斯特丹和汉堡，有不少在战争期间大发横财的金融家都破产了，很多人都认为王室在战争中受到重创，此时他们却可以支付一切，实在令人费解。世上的事情总是出乎意料。我们因何而生？为什么要度过白痴般的童年时光？我们为何要费尽心力地教育后代？我们为什么要不停地吃、喝、睡，不停地拆解、积累再挥霍一空？如果人们以为死亡就可以把这一切都抹去，那就太幼稚了。

腓特烈二世对年轻人充满同情，即使年事已高也还记得青年时的遭遇。卡玛夫人这时负责管理王后的宫廷事务，她在写给腓特烈二世的信中提到一个女佣怀孕了，应该加以处罚，他回复道："如果有人对一个可怜的女孩温柔相待，对她说一些甜言蜜语，再给她一个孩子，难道这就那么可怕吗？对一些老处女而言，这个女孩或许太有爱了，但是我喜欢这样的人。请您务必让这个女孩离开王宫，但是不能让别人知道她的丑闻，要尽力保住她的清白。"卡玛

[1] 按照亚里士多德的说法，戏剧应该分为五幕，这里指人生的最后一个阶段。

夫人虽然并不满意国王的这种决定，但也不得不照办。

他经常把他的侄子、侄女、外甥、外甥女召集到宫殿里，想尽办法逗他们开心，曾经有一次还请来了著名的演员列肯（Lekain），让其专门从巴黎赶来就是为了能让孩子们开心。他还鼓励孩子们去拜访伏尔泰，告诉他们如果能涉猎文学，他们一定会受益良多，对于那些有幸能够在年轻时就喜爱文学的人来说，这可以成为他们一生的快乐与慰藉，也会成为他们最终的乐趣。这些年轻的客人们从来不知道他们能够在此停留多久，等到国王对他们感到厌倦的时候，他就会说："听说你们明天就要走，我很难过啊！好吧，天下没有不散的宴席！"

不幸的是，他的继承人腓特烈·威廉却总是令他失望。战争期间，腓特烈·威廉年纪尚小，腓特烈二世很喜欢他，也很是为他的金发碧眼和魁梧身材而感到骄傲，但是很快，他就变得肥胖、放纵并且愚蠢。当腓特烈二世派他出使外国宫廷时，他又常常成事不足而败事有余，总是被当成傻瓜对待，进而遭到轻视。他与表亲结婚，本想亲上加亲，但是他的妻子不伦瑞克的伊丽莎白却不同于大部分逆来顺受的王妃们，她无法忍受他的不忠。在有了一个女儿（后来的约克公爵夫人）之后，她自己也开始找情人了，这引发了巨大的争论，人们也不敢再指望她为王室繁衍王位继承人了。国王的兄弟们说，他们决不能把普鲁士王位交给一个没有王室血统的杂种，他们迫使亲王同意离婚，虽然他并不情愿，毕竟他还是很喜爱妻子，且一直善待着她。伊丽莎白前往什切青定居，在那里一直住到 1840 年去世，到那里的人们都会前去拜访她，而她也一直很开心。腓特烈·威廉再次结婚，很快拥有了一个庞大的家庭，成了一个极为居家的男人：他有两任夫人、两个情妇、无数的小妾和一大群孩子，所有的孩子都是由他抚养成人的。除了把孩子放进摇篮和摇晃着摇篮哄孩子睡觉，他已经没有任何时间做其他的事情了。

腓特烈二世非常看不起腓特烈·威廉，但是对他的弟弟——下一代的亨利亲王却青睐有加，这位亲王相貌英俊，为人善良，勤奋好学，并且已经拥有了成人的判断力。对于这位亲王，腓特烈二世视如己出："我深深地爱着他。"但是 1767 年，死神再次把腓特烈二世钟爱的人带离了他的身边，这位年轻的亲王死于天花。当腓特烈二世写信给弟弟亨利亲王通报这一噩耗时，眼泪打湿了信纸："悲哀正在吞噬着我——哪怕我知道一切都会有终结之时，但是，亲爱的弟弟，这也丝毫不能让我减轻悲痛。"假如死于天花的是腓特烈·威廉，那么腓特烈二世很有可能会与小亨利亲王合作，把一部分职责转交给他——腓特烈二世从来没有把任何职责移交给腓特烈·威廉。虽然这并不能改变普鲁士的历史，因为没有什么能够阻挡法国大革命的全面胜利，但是至少，腓特烈二世晚年的生活会感觉幸福些。

同一年他还去拜访了公爵夫人，他曾经于春天见过她，但是到了 10 月，她就去世了。萨克森选帝侯夫人玛丽亚·安东尼娅取代了公爵夫人成为腓特烈二世最为喜爱的女性笔友。七年战争结束不久，奥古斯都三世及其长子布吕尔（Brühl）伯爵在几周内相继去世，新的选帝侯只有十三岁，于是他四十岁的母亲玛丽亚·安东尼娅便成了萨克森的摄政。玛丽亚·安东尼娅是查理七世皇帝的女

儿，但是她比她的父皇更有想法，比其兄更有见识。她主动致信腓
特烈二世，给他寄去了自己创作的剧本，并且请求腓特烈二世尽力
帮助自己的儿子成为波兰国王。腓特烈二世直截了当地对她说这是

208　不可能的事情：叶卡捷琳娜大帝一心要在波兰扶持一个自己的傀儡
政权，所以他也无能为力。虽然在这件事情上腓特烈二世没有帮
忙，但是两人之间的友谊却得以发展。选帝侯夫人对波茨坦进行了
为期九天的访问，说这是她一生中最快乐的时光。从那之后，她和
国王就开始定期通信了。

　　在所有的子侄当中，腓特烈二世最为厌恶的是乌里卡的儿子、
瑞典国王古斯塔夫，1792 年古斯塔夫在一场化装舞会上遇刺身亡。
威廉明妮唯一的孩子弗雷德里卡（Frederika）也难以讨得他的欢
心，对腓特烈二世而言，这个孩子只会制造麻烦。在她十六岁那
年，她与一位二十岁的符腾堡王子成婚。当时腓特烈二世就说，这
两个人年龄太小，爱得太深，反而难以天长地久。之后，男方开始
结交情妇，腓特烈二世说弗雷德里卡应该明白他们之间的关系已经
无法回到从前了，对她而言，最好的办法就是把丈夫变成最好的朋
友。威廉明妮当初曾经成功地做到了这一点，但是或许是因为性格
差异，弗雷德里卡却无法做到，最后他们的婚姻每况愈下，没有生
育一儿半女就以离婚告终了。

　　虽然腓特烈二世对王后的兄弟姐妹以及他们的孩子们关爱有
加，视作自己的手足或孩子，而且到了晚年，他也不再像当初那么
排斥女性，但是他对王后本人却依旧冷若冰霜。他每年都会在王后
的宫殿进膳数次，但是每次都是一言不发，只是向王后鞠躬致意，

然后就坐到王后的对面开始进餐。在他人生的最后十五年里，他所做的仅限于走向王后，问候一下她的身体状况，然后便缄默不语了，这令他的随从们极为震惊。

战后，亨利亲王也甩掉了他未曾生育的妻子，他允许这位王妃居住在其柏林宫殿的一翼，但是不允许她前往莱茵斯贝格。他有可能是个同性恋，因为从很年轻的时候开始，他的生活中就没有女性出现。我们听说过这样一件事：他曾经在化装舞会上扮演成市场上的女奴，但是这并不能说明什么，因为那个年代的人们都喜欢扮演异性的角色，腓特烈二世的父王可谓男人中的男人，但是也曾经与老德绍共舞。随着年龄的增长，腓特烈二世与亨利亲王之间愈发亲密，当然，亲王依然会对国王心存妒忌，对身边的所有人——甚至包括访问莱茵斯贝格的外国宾客——说国王的坏话。腓特烈二世去世两年后，他的著作《我这个时代的历史》面世，亨利把自己的怨恨都发泄在了对这本书的批注中。他说腓特烈二世在书中对其父王的致敬是"全书中仅有的几句实话"。1791 年，他在莱茵斯贝格树立了一个纪念碑，缅怀奥古斯都·威廉和其他在历次西里西亚战争中表现卓越的将领，但是其中却没有温特费尔特，更为诡异的是居然也没有腓特烈二世。但是，国王一如既往，并没有注意到——也许是装作没有注意到——这些事情。在他写给亨利的信中，手足之情表现得更加强烈：他几乎是每天给亨利写信，告诉他国家的机密大事、在波茨坦发生的一切、他的爱犬们的疾病或死亡以及他自己所患的重病。这些信的开头一般都是"我最亲爱的兄弟"，偶尔是"我亲爱的心肝"，如果亨利没完没了的抱怨越过了腓特烈二世的底

209

线，他会以"阁下"开头。亨利的兄弟们总是会叫他"亨里"，同样，腓特烈二世被唤作"费代里克"，阿米莉亚被称为"阿梅莉"，乌里卡则为"乌尔莉克"。但是在写给亨利的信件中，仍有极少数的几封是用德语写的，在这些德语信件中，腓特烈二世称他为"我的弟弟亨利希"。他在柏林菩提树大街为自己的弟弟修建了一座宫殿。他们的一位堂亲勃兰登堡的查理边境伯爵于 1762 年去世，因为这位边伯没有子嗣，腓特烈二世便把他的财产也赏赐给了亨利亲王，以表彰他在战争中的卓越表现。现在，亨利亲王俨然成了一个腰缠万贯的富翁。

当国王回到柏林时，他唯一能够找到的老朋友就只剩下达尔让斯一人了。在战争期间，达尔让斯写给腓特烈二世的每一封信都充满了乐观主义和高昂斗志，腓特烈二世对此感激不尽，也非常欣赏他。但是现在，他却发现和他相处不像以前那么容易了。他们都罹患重病，神经系统都经受不住太多的压力。腓特烈二世再次犯了旧毛病——每次他和达尔让斯在一起的时候，他都会开一些过分的玩笑戏弄他。这封信或许能够说明他们之间是如何相处的："我答应你，你一说笑话我就笑；我会说艾克斯是全欧洲最美丽的地方；会说你的洗衣女工是整个普鲁士王国里最优秀的洗衣工，你的贴身仆人都聪明，也是最好的仆人……" 1765 年，达尔让斯回到了普罗旺斯的家中，在那里度过了一年的时光，在此期间，他们的来往信件中充满了情意。但是当达尔让斯回到国王身边的时候，国王又开始对他进行嘲弄，1768 年，他再次请求国王允许他回家居住。他从第戎写给国王的信中满是伤感，说他对国王的崇拜、忠心与敬重是

无人可及的。在波茨坦，他住的都是金碧辉煌的宫殿，但是每次离 210
开时都忐忑不安，回来时总是因为国王过分的玩笑而伤心欲绝。在
此之后，他与国王之间就没再联系了，直到 1769 年，国王写信给
他说希望能够在 9 月见到他。但是，他 9 月的时候并没有回去，到
了 1771 年 2 月，他就去世了，为他们之间三十年的友谊画上了一
个令人悲哀的句号。腓特烈二世亲手写了三封关怀备至的长信给侯
爵夫人，说如果有任何需要他做的事情，请侯爵夫人尽管说。而从
侯爵夫人的回信中我们可以看出，她并没有对国王心怀不满。他在
普罗旺斯首府艾克斯的一座教堂里为达尔让斯建立了纪念碑。

　　基思勋爵在他的一小群鞑靼人的陪伴下，从 1754 年开始担任
纳沙泰尔的长官。从抵达这里的第一天开始，他就不喜欢这个地
方，这里气候恶劣，一年中有八个月是难以出门的；当地连个聊天
的人都找不到；在这个死气沉沉的地方，就连孟德斯鸠的著作《论
法的精神》都无法引发人们的兴趣。这里的一位牧师在谈及上帝的
仁慈时说，上帝是不太可能永久惩罚一个人的，就因为这句话，他
遭到了其他牧师的迫害。当地很多人都陷入了一场疯狂的辩论之
中，他们的辩题是——人在死后所受的惩罚是永恒的还是暂时的？
腓特烈二世说，那些支持永恒惩罚的可以以身试法，而不能指望别
人也得到同样的厄运；而在人世间的惩罚方面，"讯问"与"悔罪
席"在纳沙泰尔依旧存在，而在普鲁士，这些惩罚措施早就被废除
了，这令基思勋爵感到惊恐。这里没有剧院，也没有歌剧表演，基
思勋爵认为此即这里的人们如此顽固守旧的原因所在，人们总是需
要观看某种表演才能开拓视野，如果没有更好的渠道，哪怕是看看

那些小丑演出也是可以的。虽然如此，鉴于不想增加国王的负担，基思勋爵还是忍受住了这里的晦暗生活。

1759 年，腓特烈二世曾经请求他的新盟友乔治二世宽恕基思勋爵，并且撤销剥夺其财产的命令。为此，英国议会通过法案解决了这一问题。当时，基思勋爵已经赶往西班牙执行一项秘密使命：尝试劝说查理三世利用其所提供的援助向法国施压，让这个未经宣战就对普鲁士发动进攻的国家退出战争。不幸的是，查理三世是奥古斯都三世的女婿，因此基思勋爵无功而返，但是他还是与整个西班牙王室、显要以及出生于爱尔兰的西班牙外交大臣沃尔（Wall）重建友谊，并且因此而耳闻了法国波旁家族与西班牙波旁家族之间的一项秘密协议。他立即向皮特递交了一份相关的报告，要不是受到内阁中其他大臣的反对并且很快就被迫辞职，皮特肯定会立即对西班牙宣战。这一事件没有对西班牙造成任何损失，基思勋爵却在英国获益匪浅。当沃尔知道了他造成的危害后，他只得立即逃离西班牙，而他要去的地方就是伦敦。

他受到了英国国王的热情款待，并在宣誓效忠国王后又回到了纳沙泰尔。不久，英国政府又帮助他解决了很多的问题。与其他的詹姆斯党人一样，他的地产遭没收后就被约克房屋互助协会（York Building Society）购买，现在正在清算中。1763 年，潘穆尔（Panmure）伯爵、索塞斯克（Southesk）伯爵和马歇尔伯爵的地产在爱丁堡公开拍卖，这些地产原来的拥有者纷至沓来，其他人自然也不与他们竞争。在众人的雷鸣欢呼声中，所有人都用极为低廉的价格重新得到了自己的土地。看上去基思勋爵可以回来长期定居了。但是，他刚刚在他的基思府邸住下来，就得了重感冒。不久，他就开始抱怨这里的气候和邻居们，感觉这里还不如纳沙泰尔。他的邻居们也不欢迎他的到来，他们觉得他对权贵变得过于谄媚，已经全然忘却了他的老朋友；对于他对西班牙人的所作所为，他们也感到震惊。他对查理·爱德华大加责难，指责他犯下了人世间所有的罪孽，比如胆小、怯懦等，但是对此，其他人却无法认同。这些苏格兰乡下人不知道在弗洛拉·麦克唐纳（Flora Macdonald）[1] 时期的浪漫岁月之后，基思勋爵曾经经历过什么样的苦难。与此同时，腓特烈二世开始请求基思勋爵前往无忧宫居住：

　　我阅读了维吉尔的《农事诗》，早上我把我的园丁赶去了地狱，因为他说我和维吉尔对于园艺都是一无所知。我种的西芹已经长出来了，我以前种的树发出了新芽，放养的鹅也都回来了，你给我寄的草莓种子已经收到了。有空的时候，我会走进花园，体会春天的来临，看新芽勃发，赏春花烂漫，用丰特奈尔的话说，就是我在当下享受春天。我觉得——我也认定，亲爱的大人——你一定知道我们欢迎你的到来，但是如果你希望我重复一遍的话，我想向你保证，不论冬夏还是昼夜，一年四季，任何时候，每一分钟，你最忠诚的朋友都在这里伸开双臂，热诚地迎接你的到来。

　　基思偷偷地把他刚刚收回的土地卖了出去，永远地离开了

[1]　弗洛拉·麦克唐纳（1722—1790），苏格兰麦克唐纳部落的女英雄，曾协助"小僭王"查理·爱德华逃生，两人之间曾产生情愫。

这里。

基思勋爵属于那种朋友遍布天下的人，他曾经有一个令人意想不到的朋友。1762 年，让-雅克·卢梭同时写信给他和腓特烈二世，希望能够前往纳沙泰尔避难，他对基思说自己是一个惨遭迫害的作家，曾经寻找容身之处但是被拒绝了。在写给国王的信里，他说：

我曾经说过您的坏话，可能以后还会继续说。我被法国人、日内瓦人、伯尔尼人赶了出来，现在我希望在您的领地内找到一处容身之所……我没有资格向您索取什么，也不想这样做，但是我想对陛下说，现在我完全置身于陛下的控制之中，陛下可以对我随意处置。

恰巧基思勋爵一直仰慕卢梭的作品，盼望与他会面。而腓特烈二世虽然对卢梭的著作很是厌恶，但也很快回复说他们应该为这个可怜的人提供庇护，他唯一的罪过也仅仅是把生活看得过于简单而已。况且，让卢梭住在纳沙泰尔，正好能让他无法继续写作，因为这里的居民大多刁钻不驯，这里的神职人员保守极端，卢梭则保证说他在这里不再读书、不再写作，什么都不做，只会专心思考。他在莫蒂埃（Môtiers）借到一处住所，与泰蕾丝·勒瓦瑟（Thérèse Levasseur）一起就在那里定居了。他告诉基思，他将花时间与村里的女人们结识并和她们交谈。这两个男人用一种夸张的方式相互称呼："我的儿子"和"我的父亲"，他们决心永不分离。"如果能够完全依靠与我们住在一起的人，那我们也就实现了生活的主要意

义，与卢梭和埃尔梅图拉在一起就是这种感觉。"当基思勋爵前往
苏格兰时，卢梭打算陪他一起住在基思府邸，他说这是"我们的空
中城堡"，而腓特烈二世则考虑为他在无忧宫修建一处隐居场所。
这两个计划最终都没能实现，不然的话，腓特烈二世就可以与另一
位哲学家密切交往，并使之传为佳话了。但很快，卢梭就把纳沙泰
尔搅动起来，他无法在此居住了。人们开始注意到他似乎有些疯疯
癫癫，而且就像伏尔泰所说，他不是那种能让人开心、不伤害任何
人的疯子，而是特别令人厌恶。基思勋爵继续保护着他，说他遭遇
了太多的不公与不幸，所以应该把他当成一位病人来对待，对此，
腓特烈二世也持有相同的看法。但是之后的几年中，基思勋爵因为
卢梭的问题而给自己平添了太多的麻烦，他也注意到卢梭过于敏
感，而且行事不正，不可能成为他真正的朋友。他给了卢梭一些
钱，恳请他不要再给自己写信了，因为到了他这个年纪，自然希望
生活平静而安详。

　　基思勋爵决定前往波茨坦定居，对他和国王来说，这的确是一
个正确的决定，他们从未因此后悔过。腓特烈二世为他修建了一座
小房子，房子的对面就是无忧宫所在的山坡，背面是波茨坦城。这
座房子有独立的花园，园内有一道门可以直通国王的花园。基思勋
爵还得再另外买一块地，因为国王在亲自设计这座房子的时候，遗
漏了存放木材的棚子、存放肥料的小屋以及制作熏肉的地方。基思
勋爵的家里遍布宠物，还有陪伴他的鞑靼人，他还养了一条狗——
名叫"施内尔先生"——和很多的猴子，这些猴子经常逃出去，所
以从他的房子通往无忧宫的那条路就被称为"猴子路"，这个名字

213

一直保留至今。在腓特烈二世的餐桌上，始终为这位老人保留着一个位子，不管他是否会坐在那里。他和腓特烈二世从来没有厌烦过对方。

在很大程度上，腓特烈二世与伏尔泰也已经重归于好了。伏尔泰对国王的态度很像亨利亲王对国王的态度——无法抗拒他的魅力，然而心里却总残存着挥散不去且日趋腐臭的仇恨残渣。为了保持这种友好关系，他们没有再见过面，但是他们的来往信件中着实充满了温情暖意。伏尔泰说他当初在无忧宫度过的那几年是一生中最幸福的时光："想想我要在如此远离您的地方终老一生，我就无法使自己心情平静。"腓特烈二世则回复说："无论发生什么事情，这是属于您的时代，我只是这个时代的一部分。"伏尔泰开始为国王处理难题（换言之，就是修改他的诗歌），而国王则在金钱方面为伏尔泰提供帮助，同时向这位法国宗教法律的受害者提供道义支持；为了替自己辩护，这位老诗人已经花费了太多的时间和精力。

214 腓特烈二世指出，无辜的卡拉先生的惨死不同于那些明知故犯、公然违法的人的死亡。在这一案件中，应该修改的是法律。他补充道，任何死刑判决都应该在君主深思熟虑并且同意之后才能得以执行。随着年纪越来越大，他们两个愈发痛恨那种有组织的宗教团体，因为很多残忍的事情都发端于这种团体。腓特烈二世说作为一个君主，他对人性的理解令他觉得再用两个世纪也无法消灭这种宗教迷信。是他第一个使用了"卑鄙无耻的东西"（l'infâme）一词（意指宗教迷信），之后伏尔泰才提出了著名的口号"消灭卑鄙无耻的东西"。

寡居的瑞典王后乌里卡前来看望腓特烈二世，这是她在 1746 年结婚后第一次见到他。她说没有了伏尔泰的柏林显得很是乏味，腓特烈二世回答说自己也感觉到了这一点，而且这种感觉已经持续了十六年。

马铃薯战争

The Potato War

　　1765 年，神圣罗马帝国皇帝弗朗茨驾崩，皇太子约瑟夫继承帝位，同时还和他的母后玛丽亚·特蕾莎一起统治她的属地。腓特烈二世非常迫切地希望与他会面，但是新皇帝的导师考尼茨与皇太后玛丽亚·特蕾莎都不同意他与这个魔头举行会谈。到了 1769 年，发生了一件震惊国际社会的大事：土耳其进攻俄国。土耳其人的战役部署平庸无奇，给了俄国人一年的时间进行准备，而俄国人备战也依旧是效率低下。战争开始后，双方的指挥机构与后勤保障如出一辙，表现糟糕，不过俄国人很快就轻松获胜了，这令俄国的邻居们警觉起来，他们认为是时候团结起来应对俄国了。于是，考尼茨和玛丽亚·特蕾莎允许约瑟夫在尼斯城与腓特烈二世会面。刚一见面，约瑟夫就被腓特烈二世的魅力所折服："他真是一个天才，一个无与伦比的演说家，虽然他说的每一个字里都流露出邪恶……我们每天会谈十六个小时。他本人与任何有关他的描述都不一样。"
从约瑟夫活泼得像个小松鼠一样躺在妈妈怀抱里开始，他就被教育
说普鲁士国王是一个恶魔。当然，他现在还是很活泼，腓特烈二世
也被他吸引，并说："他那可爱的天性令人充满活力，尽管他想要
学习，却缺乏进行研究的耐心。"腓特烈二世对自己的这位皇帝表
现得很有礼貌，甚至令人觉得有些讽刺的意味：每当皇帝上马或者
下马的时候，他都会跑到马镫旁搀扶着这位年轻的皇帝，就像过去
的骑士对待自己的领主一样，这令约瑟夫很是尴尬。普鲁士人和奥
地利人一样都身着白色军服，他们不想在双方会面时还穿着昔日与
之敌对的蓝色战地军装。不幸的是，腓特烈二世的白色军装很快就
被吃饭时的油渍、鼻烟和狗毛染成了花色。"在您面前，我的衣服 216
不够干净，"他说道，"我不应该穿和您一样颜色的军装。"这次会
见之后，各国得知这两位君主已经签订了一个协议，约定在英国与
法国之间的战争中保持中立，腓特烈二世还向皇帝赠送了莫里斯·
德·萨克森著作《我的梦想》的副本（这本书一直放在约瑟夫的
床头，但是当他去世时，人们才发现这本书从来就没有打开过）。
此外，还有传言说有人多次看到他们在俯身查看波兰地图。腓特烈
二世回国后，在自己的卧室悬挂了一幅约瑟夫的画像，说："我们
最好盯着点这个年轻的家伙。"他认为这个皇帝野心勃勃。

　　第二年，他们在摩拉维亚再次会面。这次考尼茨陪同约瑟夫一
起参加了会晤，并且与腓特烈二世展开了长时间的政治对话。考尼
茨对他进行了鼓吹，就像他对玛丽亚·特蕾莎进行鼓吹一样。他所
说的主要内容是俄国与土耳其之间的争端对欧洲构成威胁，但是这

一次，波兰地图再次被摆到了桌子上。他敦促腓特烈二世利用自己对叶卡捷琳娜大帝的影响，促进她与玛丽亚·特蕾莎皇太后之间的联系。腓特烈二世也的确全力以赴地做出努力，但是收效甚微。皇帝的团队里还有利涅（de Ligne）亲王，这是一位魅力四射的人物。他的地产位于布鲁塞尔附近，在帝国境内，他更像是一个法国人而不是德意志人。他称得上是一个满腔热忱的战士、一个文采出众的作家、一个才华横溢的演说家，某种程度上，他就是为了腓特烈二世而生的：每次他在场的时候，两位君主就会觉得会谈更加融洽顺利，因此利涅亲王几乎参加了他们的每一次会晤，后来，当约瑟夫最终与叶卡捷琳娜大帝会见时，情况也是如此。利涅亲王曾经参加过七年战争，所以他和腓特烈二世会站在不同的立场上，讲述各次战役的小道传闻。在回忆录里，他叙述了腓特烈二世讲话时表现出的魔力。"有人说他嫉妒基思和什未林，所以才会乐见他们战死沙场，这些都是一些平庸之辈贬损伟人时常用的伎俩。"当他们告别时，腓特烈二世诚挚地邀请利涅亲王访问无忧宫。

几个月之后，1770 年冬季，亨利亲王前去拜访叶卡捷琳娜大帝，他们是从孩提时代就相识的老朋友了。这时，她开始向西扩张领土，已经占领了多瑙河地区的邦国，对瑞典和波兰虎视眈眈。奥古斯都三世去世后，她在腓特烈二世的默许下，不顾玛丽亚·特蕾莎的反对，把她旧日的情人波尼亚托夫斯基（Poniatowski）扶上王位，而且也实际上控制住了这个处于无政府状态的国家。圣彼得堡的朝臣们觉得亨利是一个好玩、古板的小人物，穿着保守，戴着怪异的假发，但是他与叶卡捷琳娜相处得很好：他们都喜爱法国文学，具有同样的幽默感。他给国内写信，叙述他的所见所闻，腓特烈二世一本正经地回信说，与亨利亲王所参观的女童学校相比，那些宫殿、官邸一点意思都没有。亨利亲王此次访问表面上是为了讨论俄国与土耳其的战争问题。腓特烈二世说，鉴于他本人与圣彼得堡相隔九百英里——谢天谢地，他能够离俄国这么远！——他授权亨利亲王全权负责与俄国的谈判。但是现在，出现了一个更有意思的话题，有人报告说奥地利借口控制瘟疫传播，占领了波兰境内的两个地方。叶卡捷琳娜笑着说："我们为什么不也这样做呢?"很快，这个玩笑就成了现实，几个月后，叶卡捷琳娜女皇、玛丽亚·特蕾莎皇太后和腓特烈二世共同完成了第一次瓜分波兰的行动。这次瓜分，使波兰丧失了四分之一的领土，而奥地利和俄国得到的土地是普鲁士的十倍多。

对于横亘于勃兰登堡与东普鲁士之间的那片波兰领土，腓特烈二世垂涎已久，所以他很快就同意了这个安排，而且不会对此感到内疚——虽然其他各国都认为这是一次抢劫。波兰政府治国无能，堪比土耳其，因而也无法实现腓特烈二世的目的——成为替西方阻挡俄国的屏障。波兰人民生活在饥饿的边缘，过着牲畜般的生活，腓特烈二世知道，他可以改善他们的生活。他也错误地认为只要能够提高人们的生活质量，就可以弥补他们的亡国之痛。玛丽亚·特蕾莎和他不一样。她一直引以为傲的是她从未破坏过任何国际道义准则，而且她依旧记得，1683 年，正是扬·索别斯基率领波兰人从土耳其人手中拯救了维也纳。因此，她极力反对这次瓜分计划，但是却无法说服约瑟夫和考尼茨，这令腓特烈二世很开心，他说道：218

"她哭泣着反对，但是却不得不接受。"最终她占据了加利西亚，说："既然这么多学识渊博的伟人们都想要这个地方，那我们就要了吧。但是，等我死了以后，人们就会看到破坏规则的后果了——这些规则一直以来都神圣不可侵犯。"1793年和1795年波兰全境被彻底瓜分。如果腓特烈二世能够活到那个时候的话，他也一定会反对这种做法，因为他从来都没有想过要让波兰彻底灭亡。

他去视察了自己新的国土，并且写信给亨利亲王说西普鲁士的确是一块值得拥有的地方。但是，为了不引起其他国家的嫉妒，他打算把那些土壤沙化，四处都是松树、帚石楠和犹太人的地方让出去。的确，这里的条件实在是太恶劣了。在进行了长时间的视察后，1773年，腓特烈二世写信给伏尔泰说：

我已经废除了农奴制，改革了严苛残暴的法律，修建了一条连接所有主要河流的运河；我也已经重建了那些在1709年瘟疫中被夷为平地的村落，排干了沼泽地里的水，在当地第一次建立了警察机构……一个诞生过哥白尼的国度不应该因为暴政而陷入荒蛮之中。那些直到最近还掌握着权力的人关闭了学校，因为他们认为没有受到过教育的民众更加容易屈从于压迫。这些省份无法与欧洲任何国家的地方相比，唯一类似的地方大概只有加拿大了。

腓特烈二世认为，对于一个国家而言，教育是头等大事，因为国家的未来取决于下一代人的发展。但是他却很难找到教师，在有些学校，他不得不退而求其次，让一些年老体弱无法作战的士兵充数。当时，所有的天主教国家都已经开始驱赶受过良好教育的耶稣会士，1773 年，教皇更是下令解散耶稣会，这令腓特烈二世很高兴，他立即表示欢迎耶稣会的神父们到他的王国来。

人们绝不能破坏事物（他在给伏尔泰的信中说）。之前摧毁詹森主义的大本营王港修道院是一个严重的错误，现在的詹森主义者是多么的愚蠢啊！为什么要破坏那些收藏了大量希腊和罗马文明成果的地方，迫害那些人文学者呢？最终受害的是教育，但是既然那些忠实信仰基督、使徒一般的国王们把他们都赶了出来，那我就可以尽量把他们都请过来。我要保存这些种子，不久我就可以再次利用他们来获利了，我是这样对他们说的——我说，我的神父，我可以很轻松地用你换来三百塔勒，而如果是一位管辖教区的神父的话，就可以换来六百塔勒了。

伏尔泰对此评论道，腓特烈二世已经从一位军队将领变成了耶稣会的将领。

这时的伏尔泰心里只有一个念头，就是把希腊从土耳其人的统治中解放出来。腓特烈二世抱怨说自己曾经因为发动战争而被伏尔泰尖刻地讽刺挖苦，这位启蒙哲学家也曾经对他说过，所有的战争都是不道德的，但是现在，他却收到伏尔泰的二十多封来信，敦促他插手东方的纷争。"告诉我，"他写道，"既然您和其他大学问家如此鄙视军人，为何又要在此搅动欧洲，使之陷入战争之中呢？"而且，伏尔泰也说过绝对不能在希腊恢复民主制度："我不喜欢流

氓政府。"腓特烈二世曾经听说过，希腊人和土耳其人一样野蛮粗
鲁；他没有一丝一毫的意愿给自己增加麻烦，发动十字军东征。叶
卡捷琳娜倒是想过要把自己的第二个孙子扶上君士坦丁堡的宝座，
并且为此专门给他配了希腊保姆。当她有了第三个孙子的时候，腓
特烈二世调侃说毫无疑问，这个孙子注定将会成为大莫卧儿。

　　腓特烈二世能够把基思勋爵请来陪伴自己实在是一件幸事，他
本就为数不多的朋友们纷纷去世：1771 年米切尔去世，当他的灵车
通过王宫的时候，腓特烈二世站在阳台恸哭不已；在此之前，堪称
高寿的"姆妈"卡玛已经过世；匡兹也于 1773 年离世；富凯去世
于 1774 年；紧接着在 1775 年，昆图斯·伊西利于斯故去，他的去
世令亨利亲王很是为他的哥哥担忧，因为这一年对于腓特烈二世而
言已然是祸事不断。他的很多牙齿脱落了，已无法再吹奏他所钟爱
的长笛（作为补偿，他现在允许自己每天在床上多睡一个小时）；
他的耳朵上和腿上开始出现脓肿，严重的痛风多次发作，这些都令
他苦不堪言；他在自己的房间里一待就是几个月，有传言说他行将
就木。奥地利驻柏林大使会定时向约瑟夫通报情况，因为约瑟夫已
经派遣大军前往波希米亚，只要腓特烈二世一死，他就可以从这里
进攻勃兰登堡，索回西里西亚。从那时起，腓特烈二世就愈发不相
信约瑟夫了，情况越来越明显：这位皇帝打算征服所有的德意志王
公并且挑战腓特烈二世在帝国内的权威。

　　"如果巴伐利亚选帝侯比我早去世的话，"腓特烈二世在给亨利
亲王的信中说，"我们就得再次跃马疆场了。"两年后的 1777 年，
他的话变成了现实：统治巴伐利亚的维特尔斯巴赫家族幼支绝后，

哈布斯堡家族决心吞并巴伐利亚作为失去西里西亚的补偿。无论是身在远方又没有子嗣的巴伐利亚继承人，还是这位继承人的侄子（第二顺位继承人），抑或是帝国中的任何人，除了提出抗议之外，都对奥地利的吞并无能为力，但是，腓特烈二世例外。奥地利驻柏林大使告诉玛丽亚·特蕾莎和约瑟夫，这位年迈的国王已经病入膏肓，无力卷入战争了。但是，腓特烈二世无法容忍奥地利如此大规模地扩张领土，他开始动员军队准备战争。

在普鲁士，很多人反对这场战争，因为师出无名，而且风险太大，国王的弟弟们更是带头表示反对。亨利亲王此时已不再年轻，而且也罹患痛风（虽然远没有腓特烈二世那么严重），他已经厌倦了戎马生涯，同时担心万一战败，会有损于他的威名。但是，当腓特烈二世准备开战时，他还是不得不同意指挥一支部队。费迪南德直截了当地拒绝参战，国王给他写了一封措辞尖刻的信，请他保重贵体，并且说为了他自己的健康，放弃喜爱的事业也是值得的。

腓特烈二世向自己的部下发表了讲话。他说虽然他这次不得不坐在马车上行军，但是当战斗开始的时候，他们一定会看到他骑在战马上。1778 年春，他率领十万大军离开柏林，前往距离格拉茨不远的西尔伯贝格（Silberberg）静候奥地利军队，而这个时候，考尼茨还在分析腓特烈二世到底是虚张声势还是确实要发动战争。这一次，萨克森选择支持腓特烈二世，这就保障了他与柏林之间的通讯。奥地利军队此时散落在各地，组织混乱，如果腓特烈二世想进攻维也纳的话，他可以很容易地直捣黄龙并在那里迫使奥地利人接受他的条件。但是，这时的腓特烈二世已经不再痴迷于战争，而是

221

竭尽所能地希望避免流血冲突。当军官们知道了他的这种想法时，非常不满，但是他依旧我行我素。双方的谈判进展缓慢，7月间，他和亨利率部进入波希米亚，其间只发生了一些小规模的战斗，亨利亲王所向披靡，凭借着精心策划的一些小规模军事行动，他再次声威大震。不过此时，奥地利也已经完成了大军的集结；腓特烈二世率军驻守在易北河岸，对岸则是约瑟夫、拉齐和劳登率领的奥地利军队。他坚信，约瑟夫正值壮年，心中充满了斗志，他在等着约瑟夫展示出他的斗志。的确，约瑟夫很想让世人知道他和其大军的能力，但是他也有自己的种种顾虑——玛丽亚·特蕾莎反对这次战争，她更担心俄国与土耳其之间的新和约会威胁大国之间的平衡，而且她的法国盟友也拒绝出战。虽然法国王后[1]是一位奥地利人，但是法国依旧无法信任神圣罗马帝国，法国外交大臣维尔热讷（Vergennes）更是把腓特烈二世视为唯一一个能够抵制奥地利野心的人。玛丽亚·特蕾莎说她和腓特烈二世都年事已高，不能继续争斗了，所以她背着约瑟夫给腓特烈二世写了信。

奥地利军队始终驻守在原地不动，到了10月，这场战争宣告结束。战争双方的主要任务是填饱各自士兵的肚子。这些士兵们的大部分时间不是用来战斗，而是用来四处找寻食物，所以他们把这场战争戏称为"马铃薯战争"。根据1779年5月签署的《切欣条约》，哈布斯堡家族放弃对巴伐利亚的主权声索，但是得到了面积不大却很富裕的博格豪森（Burghausen）地区。皇太后说："我并

---

[1] 即路易十六的王后玛丽·安托瓦内特。

非偏袒腓特烈二世，但是我必须公平地说他这次的做法高贵、光荣，他答应我签订合情合理的和平条约，他也的确做到了。"就这样，维特尔斯巴赫家族在巴伐利亚建立了牢固的统治地位，从1806年开始加冕为王，出现了像路德维希二世这样的非凡人物。这时，普鲁士在德意志地区的影响可谓如日中天。

腓特烈二世一回到波茨坦，就开始过问一位磨坊主阿诺德（Arnold）的案件。他最疼爱的一个外甥是不伦瑞克的利奥波德公爵，利奥波德的部队里有一个姓阿诺德的二等兵，曾经向他讲述了他的磨坊主兄弟遭遇到的司法不公。利奥波德觉得这位磨坊主的确有冤屈，就向他的国王舅舅作了汇报，而国王立即下令对此案进行调查。事情的原委如下：阿诺德从冯·施梅托（Schmettau）伯爵那里承租了一座水磨坊，这座水磨坊临近的河流经冯·格斯多夫（von Gersdorf）县长的土地。1770年，格斯多夫为了修建鱼塘从这条河开渠引水。阿诺德说因为他开渠引水，这条河的水量不足，无法推动水车轮，所以他拒绝支付租金。冯·施梅托伯爵则认为他必须支付租金，要么就退租，如果真的是因为水量不足的话，他也应该去控告格斯多夫。他给了阿诺德四年的缓冲期，之后便去地方法庭起诉了阿诺德（有人认为施梅托伯爵对这个法庭的影响力过大）。阿诺德败诉，水磨坊也被施梅托伯爵收回，判决书上给出的理由是根据一部古老的法律，格斯多夫有权任意处置流经其领地的河水；此外，水量是否真的减少到了无法推动水车轮的程度也令人怀疑。多年来，阿诺德和他精力旺盛的妻子辗转多个法庭提起诉讼，然而每每失败。这种事情最能激怒腓特烈二世，因为在他看来，这足以

222

说明贵族阶层在欺凌普通民众，而过于死板的法律也在助纣为虐。他下令最高法院审理此案，但是判决依旧不利于阿诺德一家。

腓特烈二世被气得有些失去了理智，他不顾手脚痛风发作的折磨，派人招来菲尔斯特（Fürst）大法官和三个审理过此案的法官。他是在柏林的王宫里召见的他们，当时他的腿上盖着毯子，双手放在暖手筒里。他对他们说，不能公正断案的法官比小偷的社会危害还要大。菲尔斯特想要辩解，但是腓特烈二世说道："赶紧走吧，我已经任命了您的继任者。"当这位大法官和其他三位法官离开王宫时，他们遭到了逮捕并被关押到监狱里，在那里他们还碰到了同样被关押的很多地方法官，而这些法官与阿诺德一案毫无关系。第二天，整个柏林的贵族阶层和地位较高的资产阶级都前去拜访菲尔斯特的府邸以示同情，腓特烈二世透过王宫的窗户可以看到排着长队的马车。在他的王宫外，也同样聚集了很多人，卡莱尔称之为"黑乎乎的农民"，他们大多是赶来诉冤的，说他们的遭遇也和阿诺德一样悲惨，甚至比他更可怜。阿诺德一案的是非曲直到今天也没有定论，但是腓特烈二世干涉司法的做法却激怒了司法界，令司法审判更加复杂，尤其在农村地区更是如此。或许腓特烈二世本人也意识到了自己犯下的错误，从此他再也没有打扰过任何一位法官。

寒 冬

Winter

◆ ◆ ◆

　　现在，国王已经老态龙钟，当他乘坐着简陋的马车行进在柏林大街上的时候，车队只能龟速前行，因为他的卫士们也同样衰老不堪，几乎跟不上马车的速度了。在他离开柏林，指挥马铃薯战争的时候，短短五天之内，又有两个在他生命中举足轻重的人相继去世。1778 年 5 月 24 日，马歇尔伯爵[1] 派人找来英国驻柏林大使休·埃利奥特（Hugh Elliot），对他说："或许我能帮您带个信给查塔姆勋爵（查塔姆已经在 5 月 11 日去世了），我打算明天和他见面。能带上您的外交信件我会很高兴。"第二天，他真的去见查塔姆勋爵了（去世了）。那时，他年近九十岁，身体过于虚弱，已经有一段时间无法参加国王的晚宴了，但是腓特烈二世每天都会和他

---

[1]　即基思勋爵。

见面，常常请他坐在无忧宫花园里的躺椅上，自己围着他散步。对于国王而言，他的去世是一个巨大的损失。埃尔梅图拉回到了纳沙泰尔，活到了一百岁，她在那里的生活一直索然无味，到了生命的最后几年，她几乎有些疯癫了。

　　5 月 30 日，伏尔泰在巴黎去世。巴黎上流社会认为，他对法国人造成的伤害超过了战争、瘟疫和饥荒。每次收到他的来信都会令腓特烈二世大喜过望，最近一个阶段，他们之间的通信充满了深情厚谊，相互仰慕，密切关系，似乎终于忘记了曾经的争吵。在给其他人的信中，每当提到腓特烈二世，伏尔泰也是用着同样友好亲密的语气。他是不是觉得他已经销毁了他的定时炸弹——《伏尔泰先生回忆录》呢？要知道，这本回忆录足以毁灭这位伟大的国王。那是不是可怕的德尼夫人偷偷地藏了一本呢？我们只能善意地如此假设了，因为 1776 年，他又撰写了其自传的第二部分《〈亨利亚特〉作者的著作的历史说明》。不幸的是，这部著作远不如《伏尔泰先生回忆录》出名，但是在此书中，他认真分析了他与腓特烈二世之间的友谊。他说，国王并不知道弗赖塔格在法兰克福所犯下的错误，双方很快就忘掉了那次不愉快的经历。这就像是情人间的争吵一样不会当真，而且（伏尔泰说）"一定是我做错了"。腓特烈二世很可能从未看过这本书，因为这本书并没有以伏尔泰的名义出版。他第一次知道《伏尔泰先生回忆录》是因为博马舍提出要把此书的原稿卖给他，他的回答是："出版吧，哪怕被人骂！"毫无疑问，他的内心受到了伤害，因为从这本书可以看出，伏尔泰已经恨了他四十多年，而他却一直把伏尔泰当成一位仁爱的导师，请他来指导年轻时在黑暗中摸索的自己，伏尔泰始终在取笑他，并且为了自己的利益而利用他。虽然大家都知道伏尔泰卑鄙无耻、口是心非，但是他对普鲁士人的评价依然会造成恶劣的影响。一位年轻的校长认为人性中善的因素要多于恶的因素，伏尔泰对他说："您不了解（德意志）这个该死的民族。"当一个柏林的书商来王宫请求国王准许销售《伏尔泰先生回忆录》一书时，国王马上同意并且预祝他能取得成功。虽然他已经变得越来越独裁，但是他从未改变对言论自由的支持，尤其是这些言论涉及他自己的时候。有一次在骑马出巡的时候，他看到一群人正在盯着一幅恶毒攻击他的漫画，这幅漫画挂得太高了，他命令他的副官把漫画放低一些。"太高了的话，大家看不清。"当他离开时，这些人高声地欢呼着他的名字。

在生命的最后几年里，他是否受到了人民的热爱呢？这一直是一个有争议的话题，但是人们公认，他已经成为穷人、失去继承权的苦命人和曾经追随他浴血沙场的老兵们的偶像。腓特烈二世觉得自己活得太久了，他的臣民已经对他感到厌倦，就像法国人厌倦了路易十四和路易十五一样。他对未来并不看好。被他鄙视的腓特烈·威廉现在更胖了，也更笨了，把更多的精力和时间用在了自己的女人和孩子们身上。国王几乎不召见他，也不太在意这位继承人。他对亨利亲王说他太热爱自己的祖国了，无法说出"我死后任他洪水滔天"这样的话，只要一息尚存，他就会竭尽所能地确保普鲁士有一个好的未来。但是他也知道，在他去世之后，不管出现任何问题，人们还是会责怪他的。 226

伦敦的报纸说柏林人很讨厌腓特烈二世，但是休·埃利奥特在写给威廉·伊登（William Eden）[1] 的信中说：

当民众看到国王骑马出现的时候，您无法想象他们欢呼雀跃的样子——格拉布街[2]的报纸上说普鲁士人民负担沉重，遭受着铁腕统治，整个国家都在痛苦挣扎，这些胡说八道都会在事实面前不攻自破：各个阶层的民众都在高声欢呼，一起展示他们对这位君主的热爱之情。

腓特烈二世每年还会前往布雷斯劳视察军事演习，他在这里同样受到当地人的热烈欢迎，每到傍晚，很多人会跑来围观这位国王策马返回行宫。有人评论说他在这里受到人民的深深爱戴。"找个老猴子骑在马上，"腓特烈二世回应说，"人们也会为它欢呼的。"这里的军事演习吸引了各国的军官，他们都想来看看这位伟大的国王是如何训练他的军队的。

令人难过的是，他和卡特之间保持了二十四年的友谊破裂了。他怀疑卡特收受贿赂——尽管没人相信卡特会这么做。卡特依然像过去一样谨慎而充满自尊，他只是说他是清白的，不能陪同国王实在令他非常难过。他并没有进行反驳，因为他肯定知道，国王的疾病令他的行为有些反常。

腓特烈二世已经找到了一个快乐的意大利年轻人来陪着他说

---

[1] 威廉·伊登（1745—1814），英国外交官，下议院议员。
[2] 诞生于16世纪的格拉布街曾是为生计挣扎的独立作家、新闻记者和出版商的传统聚居地，也是英国出版业的一个中心。

笑，此人是卢凯西尼（Lucchesini）侯爵，能够认识他实在是一件
幸事。有人对国王说卢凯西尼的才智足以胜任驻外大使的职务，腓
特烈二世对此表示赞同，并且说这就是他要把卢凯西尼留在王宫里
的原因。国王去世后，他理所应当地成了大使。他不仅聪明伶俐，
能够与腓特烈二世对话，而且平易近人、圆滑老到。他从不树敌。
参加波茨坦晚宴的将军通常沉默寡言，但腓特烈二世和卢凯西尼会
用法语滔滔不绝地畅谈。有时候，腓特烈二世也会邀请他的科学院
成员参加——这个科学院现在每况愈下、发展不顺。每年腓特烈二
世还会邀请莫佩尔蒂的遗孀参加晚宴。此外，他依然乐于接见外国
来宾，尤其是法国人。在利涅亲王与国王第一次见面十年后，他希
望能带着自己的儿子来见一见这位"历史上最伟大的人"。要穿越
普鲁士边境，他必须取得国王的许可，因为在巴伐利亚战争后，腓
特烈二世不再允许帝国军官随意进入普鲁士。毫无疑问，他愉快地
同意了利涅亲王的请求。

227

　　利涅亲王访问波茨坦的记录成了腓特烈二世同时代的人对他的
最后一次描述。这份记录也说明只要有意气相投的人陪伴，他依旧
睿智而开心——"一个老年奇才，他能知道每个人的所思所想"。
利涅注意到了他那一直有些奇怪但是富有表情的眼睛，美丽的嗓
音，说话时嘴唇迷人的动作，无所不包的对话内容和极其优雅的举
止。每当他问别人问题的时候，总会说："我可以问您一下吗？"
　　"我没想到您有一个已经成年的儿子。"
　　"他都已经结婚了，陛下，已经结婚一年了。"
　　"我可以问问是和谁结的婚吗？"

"是一个波兰人，一个马萨尔斯基家族的女性。"

腓特烈二世回忆起这个女孩的祖母，在斯坦尼斯拉斯·莱克辛斯基时代，她在但泽被围时表现卓越。他们的对话包罗万象，国王提到了他所认识的那些智者的故事，包括伏尔泰、莫佩尔蒂和阿尔加洛蒂（已于 1764 年去世），之后又谈到了历史上的英雄们：弗朗索瓦一世、亨利四世和荷马史诗。他们也提到了维吉尔。"他是一位伟大的诗人，陛下，但是确实是一个拙劣的园丁！""这要看您和谁说了！我不也曾经尝试照着《农事诗》种植、锄地、挖坑和播种吗？我的部下对我说：'先生，您和您看的书都太傻了，干活的时候可不能这个样子啊！'哦，我的上帝啊，多么破坏气氛啊！"每当腓特烈二世说"哦，我的上帝啊"这句话的时候，他就会慢慢地合上双手，然后再把双手紧紧握在一起，这样的动作让他看起来很是虔诚。

他已经听说洛林的查理亲王去世的消息了，并且告诉了利涅，他知道利涅对查理亲王很熟悉，因为他生活在亲王治下的奥属尼德兰地区。"这位可怜的亲王总是依靠太多的人，而我只依靠我自己。他们并没有为他提供好的建议，也不总是听从他的指挥，这种事情从来没有在我的身上发生过。"接着，他又提到了他一直崇信的理论：必须使帝国内部的各个民族相互融合，还说他就比较喜欢私生子，"看看莫里斯·德·萨克森和安哈尔特"（年轻的冯·安哈尔特伯爵是老德绍的孙子，也是一个私生子，现在已经成为腓特烈二世最为钟爱的军官）。

利涅完全被腓特烈二世的魅力征服了，他离开王宫后便写了一篇为腓特烈二世的政策辩护的文章。作为玛丽亚·特蕾莎最忠心的臣民，他认为皇太后当初没有把西里西亚交给腓特烈二世就是一个错误，之后又发动七年战争更是错上加错（就连托马斯·卡莱尔都没有如此为腓特烈二世辩护）。在腓特烈二世身上，利涅唯一不太喜欢的就是他对建筑和内部装饰的审美。利涅曾经多次前往凡尔赛宫，现在的凡尔赛宫流行的是路易十六式的风格：严肃、简单、蕴含古典风格。相比之下，腓特烈二世的王宫就显得过时、土气而且浮夸。

就像伏尔泰（和大部分的老年人）一样，腓特烈二世认为现在世风日下。在去世之前，伏尔泰还在因为莎士比亚作品在巴黎的突然流行而恼怒不已。他说他是第一个向法国介绍莎士比亚某些作品的人，这些作品就是"一个大粪堆里仅有的几颗珍珠"，而现在人们却把整个粪堆都吞下去了。腓特烈二世只能阅读莎士比亚作品的译本，所以他比伏尔泰更有理由把莎士比亚看成一个野蛮人。他对任何形式的浪漫主义都心怀恐惧，而那些野蛮人——即使是那些卓越的天才——则会令他感到绝望。他觉得新一代作家的作品根本无法阅读，所以他又拿起他自己年轻时的那些法国经典作品，从中寻找阅读的快乐。至于德意志文学，他甚至都怀疑它是否真的存在。他认为德意志文学缺失了两个关键因素：品位和语言。德意志的语言过于繁琐冗长，因为几乎所有受过教育的德意志人都说法语，所以他们的母语很少有机会得到改善提高；另一个弊病是方言太多，不同地区的人完全听不懂对方的方言，而且也没有一个可以用作官话的方言。德意志作家常常会犯一个同样的错误——事无巨细，把一切都详加描述——他们无法成为好的历史学家，因为他们过于迂腐、乏味，最多也就能写写法律文书。但是后来，他的想法也发生了一些改变，说越来越多的人开始喜爱文学，这是天性使然，也一定会出现一些奇才。一个诞生过莱布尼茨的国度一定会出现更多可以与他媲美的人才。腓特烈二世本人是无法看到这样的好时代了，他就像摩西一样，只能在应许之地的边缘看看，却永远无法进入这片幸福之地。但是当他阅读了歌德的《铁手骑士葛兹·冯·贝利欣根》后，却说这简直就是对莎士比亚最差作品的拙劣抄袭。

1780 年，当玛丽亚·特蕾莎去世时，腓特烈二世评价说她维护了帝位的荣耀，也为女性赢得了尊重。他曾经与她交战，但是并不是她的敌人。在写给亨利亲王的信中，他说："我已经一只脚迈进了坟墓，我必须加倍小心，采取一切措施，密切关注该死的约瑟夫每天酝酿的邪恶计划。只有当我这把老骨头被埋进黄土时，我才能真正得到安宁。"为了应对约瑟夫对帝国的安排，他组织了德意志王公联盟，这是腓特烈二世一生中最后的两个政治举措之一，另一个是与后来的美利坚合众国签订了最惠国协议。

在 1784 年的军事演习中，国王对其军队的表现很不满意，他说他宁愿率领着裁缝们上战场，也比带着这些士兵强，如果他的将军们不能有所改善的话，那就要把他们都关进大牢。第二年，他注意到为了让自己满意，军队做了很大的努力。8 月的天气总是阴晴不定，在这一年更是阴雨绵绵，有一天，不屑于穿雨衣的国王竟然冒着瓢泼大雨骑在马上，从凌晨四点一直坚持到上午十点。当他脱下战靴时，里面已经灌满了水，就像是两个水桶。之后，他又设宴款待他的将军们和外国来宾们，其中还包括两位曾经互为对手的人物——康沃利斯勋爵和拉法耶特侯爵。到他晚上上床时，他就开始发高烧了，高热始终不退，且病情愈发严重。即使这样，在他回到波茨坦之前，他还是视察了西里西亚，并且审阅了柏林附近的军事演习。

除了原有的疾病，他这次又患上了头疼和哮喘。"虽然要不了你的命，但是却可以无情地把你折磨到窒息的程度。"一连几个月，他晚上无法入睡，只能坐在扶手椅上。"如果你们想找个守夜人的话，可以雇用我。"他对来访者说。医生来给他看病的时候，他彬彬有礼，假装相信他们的药方，但是他很清楚，自己已经无药可救了。随着冬季的到来，没有安装火炉的无忧宫天寒地冻，他决定搬往波茨坦市内的宫殿。但是在波茨坦，他总是骑马出行，马车一直放在柏林。高傲的国王不愿破坏这个规矩，于是他只好等啊等啊，指望着有一天，他能恢复到可以骑马的程度，但是这是不可能的了。最后，人们只好在夜深人静的时候用轿子把他从无忧宫抬到了市内的宫殿。

1786 年 1 月，腓特烈二世接见了最后一位知名的外国访客米拉波。这次会见并不成功。米拉波怪异的服装和假发、粗鲁的举止和笨拙的表现都令腓特烈二世反感，这也是很多人对米拉波的第一印象。忍受病痛的腓特烈二世无力透过这些表象去洞察这个人的政治天分。他对亨利亲王说，米拉波准备前往俄国，这样他就可以安全地发表他那些抨击自己祖国的讽刺文章了。至于米拉波，他觉得并没有得到认可，腓特烈二世对他而言也没有什么吸引力。他所著的

230

《柏林宫廷秘史》一书中充斥着对国王的各种恶意中伤，而且他攻击的目标还不仅仅是国王本人，此书在德累斯顿和维也纳都引发愤怒。书中说费迪南德亲王并不是他孩子们的生父；亨利亲王也只会斗狠逞强。这本书出版的时候，亨利亲王恰好在巴黎，当被问及对此书的看法时，他很克制地说历史会为他证明一切。米拉波的巨著《腓特烈大帝时期的普鲁士君主制度》是由一名叫莫维隆（Mauvillon）的普鲁士人编辑的，书中描述了当时的经济情况，全书秉持着自由贸易的观点。

腓特烈二世自己都没有想到，他可以撑过冬天，回到无忧宫享受一个特别温暖的春天，这也是他最喜爱的季节。他甚至还能骑上他的白马"孔代"出行一两次。他每天的工作节奏依旧没有改变，当他完成了一天的工作时，就会和他的将军们以及卢凯西尼共进晚餐。8月10日，他写信向他的妹妹不伦瑞克公爵夫人告别："老人必须为年轻人让路。"他一生中听到的最后一个噩耗是公爵夫人的小儿子利奥波德在几个月前去世了，当时他正勇敢地营救一群被奥得河洪水围困的人，最后自己却被淹死了。

231　　王后请求探视自己的丈夫。"对您提出的愿望，我非常感激！但是我正发着高烧，没有办法答应您。"他也请求费迪南德亲王不要来。8月15日，他像往常一样，从清晨五点开始工作。第二天，他一直昏睡到中午十一点，然后尝试着向一群痛哭的将军们下达指令，但是却已经说不出话来了。他一整天都躺在椅子上，奄奄一息。他请朗读官为他诵读伏尔泰《路易十五时代简史》的一章，但是他已经听不到了。临近傍晚时，他又睡着了。午夜时分，他醒了，让仆人给他的狗盖上一条被子，因为他看到这条狗冷得瑟瑟发抖。后面的两个小时，他端正地坐在椅子上，这样更容易呼吸。1786 年 8 月 17 日凌晨时分，他终于告别了所有的苦痛。

他生前就在无忧宫山坡上为自己准备好了坟墓，与他的狗和马葬在一起。成千上万的人赶到柏林参加他的遗体告别仪式，仪式结束后，他的侄子还是把他埋葬在了格列森教堂（Garrison Church），紧靠着腓特烈·威廉一世的陵墓。二十年后，拿破仑站在他的墓前，说："先生们，请脱帽致敬！——要是他还活着，我们就不可能安然站在这里。"

索 引

（页码为原书页码，即本书边码）

图书在版编目(CIP)数据

腓特烈大帝/(英)南希·米特福德
(Nancy Mitford)著;罗峰译.—上海:上海人民出
版社,2021
书名原文:Frederick the Great
ISBN 978-7-208-16604-2

Ⅰ.①腓… Ⅱ.①南…②罗… Ⅲ.①弗里德里希二
世(Friedrich Ⅱ 1712-1786)-生平事迹-通俗读物 Ⅳ.
①K835.167＝41

中国版本图书馆 CIP 数据核字(2020)第 132143 号

责任编辑　黄玉婷　邱　　迪
特约编辑　范　　晶
装帧设计　COMPUS·道辙

腓特烈大帝

［英］南希·米特福德 著　　罗峰 译

出　　版　上海人民出版社
　　　　　(200001　上海福建中路 193 号)
发　　行　上海人民出版社发行中心
印　　刷　常熟市新骅印刷有限公司
开　　本　889×1194　1/32
印　　张　11
插　　页　5
字　　数　231,000
版　　次　2021 年 5 月第 1 版
印　　次　2021 年 5 月第 1 次印刷
ISBN 978-7-208-16604-2/K·2982
定　　价　78.00 元